패거리
심리학

패거리 심리학

—

2020년 8월 26일 초판 1쇄 인쇄
2020년 9월 16일 초판 1쇄 발행

—

지은이 세라 로즈 캐버너
옮긴이 강주헌
펴낸이 이종주

—

총괄 김정수
책임편집 유형일
마케팅 배진경, 임혜솔, 송지유

—

펴낸곳 (주)로크미디어
출판등록 2003년 3월 24일
주소 서울시 마포구 성암로 330 DMC첨단산업센터 318호
전화 번호 02-3273-5135
팩스 번호 02-3273-5134
편집 070-7863-0333
홈페이지 http://rokmedia.com
이메일 rokmedia@empas.com

—

ISBN 979-11-354-8631-9 (03180)
책값은 표지 뒷면에 적혀 있습니다.

—

• 비잉은 로크미디어의 인문 도서 브랜드입니다.
• 잘못 만들어진 책은 구입하신 서점에서 교환해 드립니다.

세라 로즈 캐버너 지음 | 강주헌 옮김

분열된 세계에서의
종족주의

패거리

심리학

HIVEMIND

Being

나에게 마음을 열고 생각하는 법을 가르쳐준

엘리자 프레토리우스,

주머니에 손을 넣은 채 생각하는 법을 가르쳐준

캐서린 맥러런 켄워스를 기리며

◎ 저자·역자 소개

저자 · 세라 로즈 캐버너^{Sarah Rose Cavanagh}

세라 로즈 캐버너는 정서 조절을 연구하는 심리학자이다. 보스턴 대학교에서 심리학을 전공했으며 터프츠 대학교에서 심리학 박사 학위를 받았다. 현재 어섬프션 대학교에서 심리학 교수로 있으며 어섬프션 대학교 부속 교육 수월성을 위한 다무르 센터 부국장을 겸임하고 있다. 그녀의 주된 연구 관심사는 정서가 삶의 질에 미치는 영향의 정도이다. 특히 최근에 데이비드 교육 재단에서 연구비를 지원 받아, 학기 초에 정서를 조절하는 도구를 학생들에게 제공할 때 학습의 성과에 미치는 영향을 연구하고 있다. 그녀는 심리학과 교육에 관하여 많은 글을 쓰는 작가로 교육에 관한 첫 저작인 《학습의 불꽃: 정서학 강의의 필요성》을 2016년에 발표했다. 강연자로서 여러 대학과 지역 학회에서 워크숍을 개최하고 감정과 교육 그리고 집단역학에 관한 기조 강연을 했다. 〈사이콜로지 투데이〉에서 개인 블로그를 운영하고 〈크로니클 오브 에듀케이션〉과 〈릿헙〉에 정기적으로 글을 기고하고 있다. 2019년에 발표한 《패거리 심리학》은 꿀벌의 사회성 패턴 연구에서 발견한 일치된 생각과 정서와 의견을 공유하는 집단의식, 집단이 하나의 생각을 가진 것처럼 행동하는 현상인 '하이브 마인드'를 통해 인간은 어떤 존재인지 또한 현대 사회는 인간을 어떻게 바꾸어놓고 있는지를 설명한다. 오늘날 흔히 볼 수 있는 마녀사냥, 가짜뉴스, 배타적 태도가 형성되는 근본적인 원인을 파헤치고 그에 따른 교훈과 통찰을 전한다. 좀비, 꿀벌, 밈, 음모론 등 다양한 소재를 넘나드는 그녀의 이 책은 우리가 직면하고 있는 새로운 도전을 이해하고 해결하고자 하는 결실이 담겨 있다.

역자 · 강주헌

한국외국어대학교 프랑스어과를 졸업, 동대학원에서 석사 및 박사학위를 받았고, 프랑스 브장송 대학에서 수학하였다. 뛰어난 영어와 불어 번역으로 2003년 '올해의 출판인 특별상'을 수상했으며, 현재 전문번역가로 활발하게 활동 중이다. 옮긴 책으로 《키스 해링 저널》, 《문명의 붕괴》, 《촘스키, 누가 무엇으로 세상을 지배하는가》, 《슬럼독 밀리어네어》, 《빌 브라이슨의 재밌는 세상》, 《촘스키처럼 생각하는 법》 등 100여 권이 있으며, 지은 책으로 《기획에는 국경도 없다》, 《강주헌의 영어번역 테크닉》 등이 있다.

해외에서 한달살이를 끝내고 귀국했다. 그때까지 코로나19가 아니라 우한 폐렴이란 표현이 더 자주 쓰였고, 우리 부부는 스스로 자가격리에 들어갔다. 때마침 거의 10개월 만에 귀국해 먼저 자가격리를 끝낸 아들 덕분에 먹는 것에는 문제가 없었다. 온라인 쇼핑으로 모든 것이 해결되었다. 오락거리도 힘들 것이 없었다. 넷플릭스로 웬만한 볼거리는 해결되었다. 많은 사람이 걱정하는 사회적 테크놀로지의 장점이 여실히 증명된 때였다.

그러나 어느 날 갑자기 우한 폐렴이 코로나19로 명칭이 바뀌었다. 해당 지역에 대한 혐오를 불러일으킬 수 있다는 게 이유였다. 그렇게 신속하게 변할 수가 없고, 보통 사람의 입에서도 우한 폐렴이 사라졌다. 그럼 멀리 스페인독감까지 갈 것도 없이 중동호흡기증후군(메르스)은 무엇인가? 그 명칭이 중동에 대한 혐오를 조장한 때문에 이번에 바꾼 것이라고? 그럼 그 이전에 발생한 중증급성호흡기증후군(사스)에는 왜 지역이 없는가? 코로나19와 사스의 발원지가 같은 국가이기 때문에 명칭도 지워진 것은 아닐까? 이런 의심이 그저 음모론일까? 음모론이든 아니든 명칭의 통일이 순식간에 이루어졌고, 모두의 머릿속에서 우한 폐렴이 사라졌다. 역시 사회적 테크놀로지의 힘이다.

인간은 사회적 동물이다. 교육받기 시작하면서 귀가 따갑게 들은 말이다. 정치가 인간의 이런 속성을 악용해 사회를 둘로 갈라놓았다. 스마트폰과 사회적 테크놀로지가 도래하며 정치의 조작이 더욱 쉬워졌다. 스마트폰이 탄생하고, 페이스북과 트위터 등 소셜미디어 플랫폼이 등장하며 정치와 사회의 양극화가 심화된 것은 분명하다. 그 결과로 진영의 문턱이 더욱 높아진다. 소속감이 곧 정체성이란 신화가 우리를 기만하고, 그 결과로 진영 간의 골은 더욱 깊어진다.

그러나 인간에게는 혼자이고 싶어 하는 속성도 있다. 누구에게도 간섭받지 않는 독립적 개인이고 싶은 때도 있기 마련이다. 따라서 저자는 인간의 삶을 집단주의적 성향과 개인주의적 성향의 긴장관계로 풀이한다. 그런데 언젠가부터 개인주의적 성향이 이기적 행위와 등식화되었다. 이기적인 개인은 무책임한 개인일 뿐이다. 자신에게 주어진 책임을 다하는 개인은 항상 조직의 장래와 이익을 고려한다. 조직 속의 개인에게는 항상 어떤 책무가 따르기 때문이다. 이것이 20세기 초에 페르디낭 드 소쉬르가 가르쳐준 구조주의의 본모습이다. 부분의 합이 전체인가? 무책임한 개인(부분)의 합은 전체(조직)보다 작지만, 책임을 다하는 개인의 합은 전체보다 크다.

이쯤에서 개인적으로 좋아하는 어원 분석으로 이 책의 내용을 요약해보려 한다. interesting은 '재밌다'라는 뜻이다. 왜 그럴까? interesting → inter(between) + est(being) + -ing. being은 '존재', 즉 독립성을 띤 개체이다. 그 자체로 유의미한 존재이어야 한다. 우리는 각자 현재의 공간에서 유의미한 존재이다. 그런 개체로서 서로 뒤섞일 때(between), 바로 그 순간(-ing)이 재밌는 것이다. 뒤섞인다는 것은 기름처럼 혼자 떠 있는 게 아니라 하나가 된다는 것이다. 하나가 된다는 것은 공감하고 동조하는 것이다. 공감하고 동조하려면 '역지사지'가 필요하다. 역지사지할 때 음모론에 휩쓸리지 않고, 포퓰리즘에 넘어가지 않고, 책임 있는 개인으로서 전체의 이익에 이바지할 수 있을 것이다.

충주에서 강주헌

⬡ 서문

    1962년 사우스캐롤라이나의 한 섬유 공장. 후텁지근한 6월의 오후였다. 그 공장에서 여름은 가장 바쁜 계절이어서, 모두가 잔업에 투입되었다. 그 주에는 진드기 같은 작은 벌레가 수입 옷감에 묻어 왔다는 소문 때문에 스트레스가 더욱 심했다. 그날 오후 늦게, 한 젊은 여성이 벌레에게 물린 것 같다고 호소하더니 곧바로 의식을 잃고 쓰러졌다.

    다음 주 화요일에는 또 다른 여성이 벌레에 물렸다며 전전긍긍하던 끝에 실신했다. 그날 오후에는 또 다른 여성이 쓰러졌다. 곧이어 다시 네 명의 여성이 어지럽고 구토 증세가 있다고 의사에게 하소연했다. 그 후로 11일 동안 62명의 직원이 벌레에게 물렸고, 그로 인한 다양한 징후로 의학적 치료를 받았다. 벌레에 대한 그들의 설명은 상당히 구체적이고 자세했다. 한 직공은 "뭔가에 다리를 물린 것 같았다. 그래서 다리를 긁었더니 손톱 밑에 작은 하얀 벌레가 묻어 나왔다. 그러고는 다리에 힘이 빠졌고 온몸이 아팠다"라고 회고했다. 놀랍게도 이 직공은 벌레가 흰색이라 말했지만 대부분의 다른 직공은 검은색이라 회고했다.

공장 경영진과 정부 당국이 광범위하게 조사한 결과에 따르면, 소수의 벌레가 발견되었지만 그 벌레들은 사람을 물지 않는 것으로 밝혀졌다. 따라서 그 벌레들은 공장 노동자들이 하소연한 증상의 원인일 수 없었다. 그러나 그들이 의식을 잃거나 구토했고, 오한에 시달렸던 것은 사실이다. 의사들을 비롯한 전문가들은 그런 외형적 증거를 검토한 끝에, 노동자들이 겪은 질환은 결국 머릿속에만 있었던 것이란 뜻밖의 결론을 내렸다.[1]

어떤 물리적 원인도 없이 어떤 징후가 사람들 사이에서 급속히 확산된 사례는 인류의 역사에서 세일럼 마녀 재판부터 빈 라덴 가려움증Bin Laden itch까지 항상 있었다.[2] 이런 현상은 '히스테리성 전염hysterical contagion'이라 일컬어지며, 더 극단적인 표현으로는 '집단 히스테리mass hysteria'로 불린다. 명칭이 무엇이든 간에 긴밀한 집단 내에서 확산되는 미지의 위협에 대한 두려움이 있다. 그 6월의 벌레 사건 이후로, 최근에는 뉴욕의 한 고등학교에서 여학생들이 투렛 증후군과 유사한 증상을 집단으로 보인 적이 있었다. 투렛 증후군은 자신도 모르게 경련을 일으키거나 소리를 내는 일종의 틱 장애이다. 그 소녀들은 여러 토크쇼에 소개되었고, 그들의 증상은 유튜브에 업로드된 동영상으로 떠돌았으며, 그들의 힘겨운 몸부림은 페이

스북에 공개되었다. 그 사례가 세상의 이목을 끌자, 법률사무 보조
원이자 환경운동가인 에린 브로코비치^{Erin Brockovich}가 그 현상을 조
사하려고 달려갔다(그녀의 삶에서 대표적인 사건을 묘사한 동명의 영화에서는
줄리아 로버츠가 그녀의 역할을 맡았다). 철저히 조사했지만 소녀들의 증상
을 설명할 만한 어떤 물리적인 증거도 발견되지 않았다. 따라서 소
셜미디어의 관심으로 악화된 집단 심인성 질병이었을 가능성이 크
다는 결론이 내려졌다.[3]

　이런 사례들의 공통점을 정리하면, 물리적으로 제한된 공간과
유대가 긴밀한 집단이다. 이런 집단에서 어떤 '지표적 징후'가 발생
하면 그 증상이 전염되고, 그로 집단에 극도로 불안한 상태가 지속
되는 동안 현기증과 경련 등 다양한 증상이 나타난다. 인간은 사회
적 동물이기 때문에 주변 사람을 지켜보는 것만으로도 몸이 진짜
아플 수 있고, 증상이 생각의 힘만으로도 많은 사람에게 확산될 수
있다.

　이런 히스테리성 전염은 무척 드문 편이다. 그러나 감정과 생각
이 주변 사람에게 확산되는 예는 드물지 않다. 우리는 천성적으로
사회적 동물이다. 이 책에서는 이런 사회성이 우리 의식에 얼마나
깊이 배었는지 살펴보려 한다. 한겨울에 감기 바이러스가 전염되듯
이, 생각과 기분 심지어 공황발작까지 주변의 영향을 받을 정도이
다. 우리는 생각과 기분, 즉 뇌 활동을 동조화하는 경향을 띤다. 따
라서 심리학과 뇌과학, 역사학과 인류학, 문학과 철학을 총망라해
이런 동조화 메커니즘과 그 영향을 살펴보려 한다.

물론 모든 사람이 똑같은 정도로 동조화하지는 않는다. 연령과 지역이 가까운 사람들과 우선적으로 교감한다. 물론 문화의 규모와 상관없이 문화의 공유 여부도 중요한 역할을 한다. 거시적인 차원에서는 사회 전체, 미시적인 차원에서는 응원하는 민족, 응원하는 정당과 스포츠팀 등 다양한 정체성을 확립하는 데 도움을 주는 것도 문화라 할 수 있다. 이처럼 내집단內集團을 형성하려는 부족적 성향이 전통을 형성하고 중요한 순간에도 영향을 미칠 수 있지만, 외집단과의 갈등을 유발함으로써 파괴적인 결과를 낳을 수도 있다.

인간의 사회적이고 집단지향적 속성에 대한 모든 연구를 하나로 통합할 목적에서 나는 '하이브 마인드hivemind'라는 비유적 표현을 사용했다. 그렇다고 내가 처음 사용하는 비유는 아니다. 하이브 마인드라는 개념은 일종의 집단 의식이나 집단 지식을 뜻하는 것으로, 학계에서만이 아니라 일반 사회에서도 오래전부터 사용되었다. 따라서 논의를 더 진행하기 전에, 이 책에서 내가 사용하는 하이브 마인드의 뜻을 명확히 규정해두고 싶다.

첫째로, 하이브 마인드는 우리가 관심과 목표와 정서를 집단적으로 공유하는 상태에 들어갈 수 있는 정도를 가리킨다. 실제로 우리는 우리 의식이 사회적 타자를 포용할 정도까지 확장되는 걸 경험하는 경우가 적지 않다.* 긍정 심리학자 바버라 프레드릭슨Barbara Fredrickson이 말했듯이 "감정의 발산은 피부 끝에서 멈추지 않는다.

---

* '의식(consciousness)'을 어떻게 정의하느냐에 따라 다르겠지만, 아무런 근거도 없이 의식을 '가장 난해한 문제'라 생각할 이유는 없다.

내 감정이 반드시 상대에게 영향을 미치는 것은 아니지만 (……) 두 사람은 감정을 공유하기도 한다."*

둘째로, 하이브 마인드는 우리가 안다고 생각하는 것이 독자적인 경험과 결정에 의해 알게 된 것이 아니라 집단적으로 형성된 것이란 원칙을 가리킨다. 의견과 패션, 더 나아가 세상을 해석하는 방법은 개인의 범주를 벗어나, 그 자체로 고유한 생명을 갖는다는 것이다. 18세기와 19세기 독일 철학자들이 '차이트카이스트^{zeitgeist}', 즉 시대정신이라 칭한 것으로, 여기에서 우리 동조성이 결정된다. 따라서 세상에 대한 해석이나 이야기를 뜻하는 '평가^{appraisal}'라는 심리학적 개념이 이 책에서 다루어진다. 또한 하이브 마인드가 세상에 대한 우리 평가에 어떻게 영향을 미치고, 우리가 선택한 평가가 우리 현실 자체에는 어떻게 영향을 미치는지에 대해서도 살펴볼 것이다. 하이브 마인드는 무엇이 진실이고 무엇이 참되며, 무엇이 정상이고 무엇이 중요하며, 무엇이 멋진 것인지를 집단으로 결정을 내린다. 그러나 하이브 마인드에 의해 긍정적이거나 부정적인 판단만을 내리는 것은 아니다. 오히려 세상을 인식하고, 합의를 도출하기 위해서도 하이브 마인드는 반드시 필요하다.

우리 내면에 깊이 내재된 사회성은 예부터 존재했다. 그러나 동조화 현상은 스마트폰과 소셜미디어의 등장으로 가파르게 상승했다. 지금 우리는 중대한 분기점에 있다. 두 테크놀로지 덕분에 우리

---

* 바버라 프레드릭슨의 강연을 녹음한 후에 그대로 옮겨 쓴 것이 아니라, 강연을 들을 때 끄적거렸다. 따라서 내가 정확히 인용하지 못했다면 프레드릭슨에게 깊이 사과하고 싶다.

가 새로운 정보통신의 세계에 들어갔을 뿐만 아니라, 우리의 사회적 기능에서도 혁명적 변화가 일어났다. 이제 우리는 원하면 언제라도 사회적 동반자의 생각과 감정에 접근할 수 있고, 그의 삶을 실시간으로 지켜볼 수 있다. 그가 세상의 반대편에 살고 있더라도 마찬가지이다. 이런 변화로 우리가 주의력을 유지하는 시간과 인간관계에서 치명적인 피해를 입었다는 증거가 많다고 대부분이 생각하지만, 진실은 그보다 훨씬 더 복잡하다. 이런 새로운 테크놀로지들은 반향실echo chamber 효과와 급진화, 사회의 파편화라는 우려스런 경향과 관계가 있지만, 한편으로는 새롭게 교감하는 방법을 제시하며 우리를 더 가깝게 묶어주는 동시에 인식의 범위를 넓혀주고 있다.

요즘의 하이브 마인드에서는 스마트폰과 소셜미디어를 불행의 주된 원인으로 비난한다. 그러나 현시대의 단절감은 사회적 테크놀로지의 등장과 맞물리지만, 후자가 전자의 원인이라 말할 수는 없는 듯하다. 요한 하리Johann Hari가 《물어봐줘서 고마워요》에서 말했듯이 "인터넷은 많은 사람이 이미 유대감을 상실한 후의 세계에 등장했다. (……) 소셜미디어의 강박적 사용도 커다란 공허감을 메우려는 안간힘이며, 그 공허감은 스마트폰이 등장하기 전에 이미 존재하던 것이었다." 따라서 이 책에서 나는 진정한 단절은 우리 사이를 가로막는 모니터가 아니라, 집단보다 개인, 이타심보다 야망, 인간의 진보보다 개인의 즐거움을 지나치게 강조하는 분위기에 있다고 주장할 것이다. 또한 얄궂겠지만 사회적 테크놀로지를 둘러싼 두려움에 대한 우리의 평가가 오히려 불안과 불행을 조장하고 있다고 주장할 것이다.

물론 우리가 사회적 테크놀로지를 어떻게 사용하느냐에 따라 소셜미디어가 우리 행복에 유익하거나 유해한 영향을 미치게 된다는 주장도 빼놓지 않을 것이다. 우리는 많은 증거를 검토해가며 그 모델을 함께 구축해가겠지만, 지금으로는 대략 이렇게만 요약해두려 한다. 현재의 인간관계를 능동적으로 향상시키고 사회 지원망에서 빈 곳을 메우려고 소셜미디어를 사용하면 긍정적인 결과를 낳지만, 사랑하는 사람과의 대면 시간을 대체하고, 특히 소극적인 사람이 잠과 운동 같은 활동 시간을 빼앗기며 사회적 테크놀로지에 몰두하면 부정적인 결과를 낳을 가능성이 크다는 것이다. 한 학술지에 실린 서평에서 말하듯이 "사회 연결망에서의 행동이 행복에 좋으냐 나쁘냐는 그 행동이 주변으로부터 인정받고 소속감을 느끼고 싶은 인간의 내적 욕망을 채워주느냐 억누르느냐에 따라 결정된다."[4] 달리 말하면, 사회 연결망을 위축시키지 않고, 크게 확대하고 확장하기 위해 소셜미디어를 사용해야 한다는 뜻이다.

나는 세 가지 목적에서 이 책을 썼다. 첫째는 우리가 때때로 독립된 개인이 아니라 벌집에서 조직적으로 움직이는 꿀벌처럼 행동하며 생각과 감정이 흘러넘쳐 서로에게 영향을 주는 정도를 탐구하는 것이다. 둘째는 스마트폰과 소셜미디어 등의 사회적 테크놀로지의 발전이 좋은 방향으로든 나쁜 방향으로든 집단주의 성향을 어느 정도나 증폭시키고 있는가를 평가하는 것이다. 셋째는 "그래서 어떻게 할 것인가?" "하이브 마인드에서 비롯되는 최악의 위험을 피하려면 어떻게 해야 할까?" "어떻게 하면, 소셜미디어라는 새로운 도구와 집단행동의 경이로운 공생력을 활용하면서도 하이브 마인드의 역기능을 피할 수 있을까?"라는 중대한 질문들에 대답을 제시해보는 것이다.

나는 이 책을 쓰겠다는 제안을 2015년 초가을에 처음 제안했다. 즉 브렉시트 전이었고, 2016년 미국 대통령 선거 전이었으며, 페이스북이 거짓 정보의 확산에 공모하기 전이었다. 달리 말하면, 이런저런 댓글로 짜인 감정적 지뢰밭이 전에는 서로 좋아하던 사람들 사이를 갈라놓고, 불화를 빚기 전이었다. 당시 나는 교수로서 안식년을 맞아 하프 마라톤을 훈련하고, 무라카미 하루키 소설들에 담긴 조리법을 실험하며 여유로운 시간을 보내고 있었다. 나는 심리학과 신경과학에서 내가 연구한 결과를 바탕으로 재밌고 가볍게 읽을 수 있고, 사회적 테크놀로지의 유혹을 견디려고 주먹을 꽉 쥐지 않고 오히려 그런 테크놀로지의 장점과 밝은 미래를 새롭게 바라보는 방법을 제시하는 책을 써보려 했다.

그러나 그 후로 시대가 달라졌고, 이 책도 처음의 의도와는 완전히 다른 책이 되었다. 인간성 말살과 음모론 및 정치적 양극화가 만연한 책이 되었다.

그렇다고 비관적 전망만 있는 것은 아니다. 우리는 깊은 협곡을 건너는 집라인을 함께 타고, 도박장에도 함께 가고, 주변 상황을 면밀히 지켜보기도 할 것이다. 또 세계 곳곳의 실험실에서 행해지는 놀라운 과학적 연구에 대해 듣고, 암울한 상황을 돌려놓기 위해 디지털 교육 현장에서 땀 흘리며 일하는 사람들과도 대화를 나눌 것이다.

이 책은 내가 지금껏 연구자로서 일하며 축적한 지식이 양극화된 세상을 해결하는 데 도움이 된다는 걸 깨닫게 된 과정을 이야기한 것이다. 또한 인간에게 내재된 집단주의적 자아를 이해하기 위해 손에 넣을 수 있던 모든 것을 읽고, 사회적 테크놀로지가 인간의 본성에 미치는 영향을 이해하는 데 조금이나마 도움을 줄 만한 사람을 만나 대화를 나누며 보낸 약 1년간의 이야기이기도 하다. 이 책에서 우리는 뉴잉글랜드를 샅샅이 뒤지고, 대서양 해안을 오르내리며 많은 사람을 만날 것이다. 솔트레이크시티의 협곡에서, 또 플로리다의 주도 탤러해시에서는 반얀나무 그늘에서 사람들을 만날 것이고, 식당과 루프탑 술집과 커피숍에서도 보통 사람들의 생각을 엿듣게 될 것이다. 내가 동료들에게 "대체 뭐하는 거야? 《왕좌의 게임》이라도 쓰는 거야?"라는 타박을 들으며, 먹었던 음식과 홀짝였던 술에 대해서도 듣게 될 것이다.

1장에서는 당신이 지금까지 고유한 개인사와 세상에 대한 견해를 지닌 독립된 자아로서 살아왔다는 생각 자체가 잘못된 전제라는 걸 설득력 있게 설명해보려 한다. 지금의 당신, 당신이 '나'라고 지칭하는 당신은 인간 군상human hive을 이루는 다른 사람들에게 영향을 받으며 그들과 뒤섞인 존재이다. 사회적 타자와 이런 상호작용이 없으며, 당신에게 피드백을 주거나 당신과 뚜렷이 구분되는 사람이 없다면 당신은 자신의 존재를 의식조차 못 할 수 있다. 20세기 전환기의 사회학자 찰스 호턴 쿨리Charles Horton Cooley(1864~1929)는 "사회적 타자로부터 받는 영향은 당연히 우리 사고 체계에 관여하며, 물이 식물의 성장에 영향을 미치는 것만큼이나 확실하게 우리 행동에 영향을 미친다"라며, 이렇게 사회적으로 형성된 정체성을 '거울 자아looking-glass self'라 칭했다.[5] 대부분의 경우, 우리는 사회적 타자들이 우리에게 보여주는 모습에 우리 자신의 정체성을 끌어낸다. 쿨리는 "우리 머리는 끊임없이 대화하며 살아간다"라고 말했다. 쉽게 말하면, 우리는 적어도 깨어 있는 시간에는 사회적 타자와 대화하거나 머릿속으로 미래의 대화를 상상하며 시간을 보낸다는 뜻이다.

다음과 같은 의문에도 대답해보려 한다. 어떻게 하면 내 생각을 당신에게 심어줄 수 있을까? 어떻게 하면, 지식과 믿음과 편견으로 이루어진 문화적 하이브 마인드, 즉 우리의 축적된 지식을 이용하는 법을 배울 수 있을까? 지구가 태양 주위를 돌고, 휘발유가 에너지로 변해 자동차를 움직이게 하며, 육안에는 보이지 않는 병원균이 혈류에 침입하면 우리는 병에 걸린다. 우리가 세계에 대해 알고 있는 이런 지식의 대부분은 직접 경험하지 않고, 학교 선생님이나 텔레비전 프로그램 혹은 다른 사람과의 대화를 통해 알게 된 것이다. 특히 진화생물학자의 입을 통해 진화생물학과 허구의 교집합적 관계를 들을 것이고, 역사학자 켈리 베이커Kelly Baker가 "현실과 허구의 경계에는 많은 구멍이 있다. 우리는 그 경계가 튼실하고 견고해서 투과되지 않기를 바라지만, 실제로는 많은 것이 그 경계를 통과한다. (……) 우리가 깨어 있는 시간에도 공상은 얼마든지 가능할 수 있다"라고

말했듯이 그 교집합의 정도를 평가해보려 한다.[6]

누구도 모든 인간을 동등하게 대하지는 않는다. 누군가에게 특별한 연대감을 느끼고, 누군가는 문지방을 넘기도 전에 따뜻하게 받아들이지만 누군가는 차갑게 냉대한다. 생물인류학자와의 인터뷰를 통해 그런 현상이 어떤 이유에서 어떻게 일어나는지를 살펴보려 한다. 예컨대 어떤 사람과는 친구가 되고 사랑에 빠지는데 어떤 사람에게는 그러지 못한 이유가 무엇이고, 어떤 국적과 성격을 지닌 사람은 우리 편에 포함시키는 반면 어떤 국적과 성격은 배척하는 이유에 대해 살펴볼 것이다. 또 뉴욕 시의 한 루프탑 술집에서는 사회적 테크놀로지가 행복에 미치는 영향, 구체적으로 말하면 스마트폰과 소셜미디어가 기존의 사회적 관계망을 강화하고 새로운 관계망을 구축함으로써 우리의 기운을 북돋워주는 동시에 인터넷을 통해 수치심과 희롱을 증폭함으로써 우리를 주눅들게 하는 방법에 대해 분석해보려 한다.

그 후에는 2017년 샬러츠빌의 폭동 현장으로 달려가, 사회신경과학자 짐 코언Jim Coan을 만날 것이다. 코언의 주장에 따르면, 신경학적 차원에서 우리는 가까운 사람을 신뢰한다. 따라서 가까운 사람의 포옹, 손을 잡는 행위, 온화한 미소 등과 같이 행위는 물리적인 의미에서 우리 마음을 달래주고 진정시켜준다. 의학적으로 말하면, 혈압과 스트레스 호르몬의 분비를 낮추고, 불안과 관련된 신체적 징후를 누그러뜨린다. 이런 상호작용이 없으면, 우리는 정신 건강만이 아니라 육체 건강까지 나빠진다. 이런 이유에서 짐 코언은 "외로움은 삶의 어느 단계에서나 어떤 이유로든 죽음으로 이어질 가능성이 크다"라고 말했다. 그의 연구에서도 이런 놀라운 결과가 부분적으로 설명된다. 인간의 사회적 성향에서 최악인 면, 즉 같은 부족에 속하지 않는 사람을 악마화하며 인간성까지 말살하려는 성향에 대한 연구에서는 코언이 무엇이라 말하는지도 살펴볼 것이다.

이 책에서 가장 어두운 부분을 다룬 6장에서는 역사학자 켈리 베이커가 주인공이다. 베이커는 큐클럭스클랜Ku Klux Klan, KKK과, 그 단체와 미국 주류 프로테스탄트의 관계를 다룬 책만이 아니라 좀비에 매료된 우리 사회를 다룬 책을 발표한 역사학자이다. 뒤에서 다시 언급되겠지만, 음모론과 대중운동과 광신적 종교 집단 사이에는 공통된 원칙들이 있고, 그 원칙들에는 어김없이 하이브 마인드가 끼어든다. 게다가 웹과 소셜미디어가 발달한 덕분에, 편집증적 집단과 사고방식을 옹호하는 사람들이 경악스럽게 하나로 똘똘 뭉칠 수 있게 되었다.

이런 얼음 폭풍을 맞은 우리는 메스껍고 불안한 감정을 달래기 위해서라도 영혼의 선한 면에 호소하려는 사람들을 만나기 시작할 것이다. 예컨대 스미스 칼리지의 임상심리학자 은남디 폴Nnamdi Pole은 우리에게 취약성의 정도가 사람마다 다르다고 생각하라고 촉구한다. 우리는 그 차이를 받아들여, 어떤 특정한 부류가 소셜미디어에서 부정적 영향을 크게 받는지 살펴보고, 그들을 보호하기 위해 무엇을 할 수 있는지도 살펴볼 것이다.

솔트레이크시티 동쪽을 둘러싼 산맥의 그림자에 앉아서는 소설미디어에 대해 떠도는 두려움과 불안이 우리 행복을 어떤 이유에서 해칠 수 있고, 어떻게 하면 우리 아이들에게 깊고 차분하게 호흡하는 방법을 가르치고 테크놀로지에 대한 건전한 습관을 키워가도록 유도할 수 있는지에 대해 살펴볼 것이다.

9장에서는 내가 지난 10~20년 동안 연구했던 분야, 즉 정서 조절과 스토리텔링과 의미 만들기에 대해 살펴볼 것이다. 우리가 주변 세계를 어떻게 이해하고, 우리가 인간으로서 누구인가에 대한 이해는 우리의 집단 사고에 의해 형성된다는 과거의 연구를 근거로 삼아, 우리가 자신에게 속삭이는 이야기를 바꾸면 우리 현실도 문자 그대로 바뀐다는 걸 보여줄 것이다. 특히 우리가 속한 하이브 전체가 관련될 때는 더욱더 그렇다. 또 여러 인종이 뒤섞인 환경에서 대학생들이 인종 문제를 논의할 때마다 느끼는 불안감을 떨쳐내도록 돕는 두 심리학자 키스 매덕스Keith Maddox와 헤더 어리Heather Urry와 가진 인터뷰도 요약해 소개할 것이다.

물론 독자를 절망의 늪에 내버려두고 싶지는 않다. 따라서 우리를 하나로 결합시켜주는 가장 강력한 매개체 중 하나, 반려견을 생각해보는 것으로 이 책을 마무리했다. 나는 전국 보조견 양성기관 National Education for Assistance Dog Services, NEADS의 뛰어난 조련사 캐시 포면Kathy Foreman과 대화하며, 보조견에게 주인과 하나가 되고, 주인이 표현하기 전에 주인의 욕구를 미리 예측하며 주인의 눈과 귀와 손발이 되도록 가르치는 방법에 대해 물었다. 집단주의적이고 친사회적인 본성이 개인적인 목표와 욕망을 성취하는 것보다 높지는 않더라도 같은 정도로 개인의 행복에 영향을 미친다는 교훈을 포먼과의 인터뷰에서 끌어낼 수 있었다.

궁극적으로는 우리가 좁은 내집단 밖으로 시야를 돌리고, 부족적 속성보다 하이브적 속성에 더 초점을 맞추는 것이 무엇보다 중요하다는 주장으로 이 책을 끝내려 한다.

이 책을 쓴 목적

─────── 이 책은 비판서가 아니다. 이 책을 덮을 쯤에는 사회적 테크놀로지가 인류에게 순전히 좋은 것이거나 순전히 나쁜 것은 아니라고 생각하게 될 것이다. 사회학자 트레스 맥밀런 코텀Tressie McMillan Cottom의 표현을 빌리면, 우리와 테크놀로지의 관계, 즉 테크놀로지가 인간의 집단주의적 속성과 관계를 맺는 방법은 사악한 문제로, 하나의 해설 기사나 일방적인 논증으로는 해결될 수 없지만 현재 사회가 직면한 "복잡하고 다층적이며 긴급히 해결해야 할 난제" 중 하나이다. 코텀은 "내가 사악한 문제들을 연구하고, 우리 세계를 존재하게 한 위대한 작가들의 글을 읽으며 깨달은 것 하나가 있다면, 영리한 사람은 확신을 피한다는 것이다"라고 말했다.[7] 이 책이 전하려는 핵심 내용 중 하나는, 선과 악의 이야기, 잘못된 이분법과 임시방편의 유혹이 하이브 마인드의 가장 위험한 면이란 것이다. 나는 근거 없는 주장을 단호히 거부한다. 내 연구를 비롯해 세계

전역의 심리학 연구소와 신경과학 연구소에서 얻은 증거들을 제시할 것이고, 이 문제에 대한 최고의 사상가와 최고의 작가를 통해 검증할 것이다. 그러나 테크놀로지가 인간의 집단주의적 속성에 끼어든 방법은 한 명의 권위자나 한 권의 책, 혹은 하나의 관점으로는 해결되지 않는 사악한 문제이다.

이 책은 미디어학 책도 사회학 책도 아니다. 물론 테크놀로지를 분석한 책도 아니다. 따라서 미디어학과 사회학의 관점에서 사회적 테크놀로지의 문제를 분석한 책도 아니다. 현재의 소셜미디어 플랫폼은 안팎에서 바로잡아야 할 적잖은 위험을 제기하고 있다. 내부적으로 테크놀로지 기업들이 스스로 해결해야 하고, 외부적으로는 정부 규제를 통해서라도 바로잡아야 한다. 이런 위험들을 간략하게 나열하면 디지털 독점, 개인의 사생활에 대한 위협, 알고리즘의 조작, 기존에 존재하는 사회적 불평등의 확산, 민주적 지배 구조에 대한 위협, 댓글 조작단, 가짜 정보의 확산, 조직적인 괴롭힘 등이다.*

이미 많은 유명 인사가 이런 쟁점과 그 영향을 다루었고 몇몇 가능한 해결책까지 제시했다. 그중 셋만 언급하면 첫째로는 시바 바이디야나단Siva Vaidhyanathan의 《페이스북은 어떻게 우리를 단절시키고 민주주의를 훼손하는가》이다. 둘째로는 크리스 길리어드Chris Gilliard의 사생활에 대한 연구, 또한 현대 테크놀로지가 과거의 불평등을 심화하는 동시에 새로운 불평등을 만들어내는 현상에 대한 연구도

---

* 거듭 말하지만, 간략하게만 나열한 위험들이다.

주목할 만하다. 끝으로는 터키 작가 제이넵 투펙치^{Zeynep Tufekci}의 테드 강연 '우리는 광고를 팔려고 지옥을 만들고 있습니다'와 관련된 연구가 있다.

'페이스북의 문제는 페이스북이다'라는 제목의 장에서 바이디야 나단은 이런 문제 중 하나를 간단명료하게 요약해주었다. "수백 개 국의 22억 명을 연결하고, 모든 이용자에게 무차별적으로 콘텐츠를 게시할 수 있도록 허용하며, 논쟁적인 콘텐츠를 선호하는 알고리즘을 개발하고, 대대적인 감시와 정교한 개인별 특성을 기초로 정확히 맞춤 광고를 제시하는 글로벌 시스템은 곁가지로는 개혁할 수 없다." 따라서 소셜미디어 플랫폼이 확산되는 데도 소수의 통제하에 있기 때문에 나는 독자들에게 위에서 언급한 학자들의 저서를 읽고, 디지털 권리와 인권을 동시에 보호하는 변화를 모색하는 입법가와 입법 행위를 지원하라고 독려하고 싶다.

그럼 이 책은
어떤 책인가?

──────── 이 책은 심리학 책이다. 달리 말하면, 우리가 무리를 지으려는 속성과 관계를 맺으려는 깊은 욕망을 표출하며 적극적으로 사회화할 때, 또 얄팍하고 손바닥 크기의 화면에서 사회적 동반자들의 생각과 감정을 밤낮으로 확인할 때 일어나는 개인적인 문제를 집중적으로 다룬 책이다.

마이스페이스^{MySpace}의 경우에서 보듯이 소셜미디어 플랫폼의 흥망성쇠는 예측하기 힘들다. 지금은 세계적인 규모의 플랫폼이더라도 사생활 침해와 조작 스캔들이 불거지면 순식간에 몰락할 수 있다. 게다가 요즘에는 외부로 노출하며 콘텐츠를 공적으로 공유하는 경향(예: 페이스북)에서 내부로 향하며 콘텐츠를 사적으로 공유하는 경향(예: 단체 대화방)으로 점점 이동하는 듯하다. 그러나 내 생각에는 문자메시지나 인스타그램, 페이스타임이나 가상현실 등 디지털 테크놀로지를 이용한 바람직한 방향으로 전개될 것 같지 않다. 적어도 가까운 장래에는 그럴 가능성이 낮다.

이 책에서는 사회적 테크놀로지가 인간 경험, 즉 당신 개인의 경험과 어떤 관계가 있는지도 따져볼 것이다. 내가 이 책을 쓴 데는 우리가 하나의 국민과 서구 사회인, 더 작게는 한 명의 인간으로서 지금 어디에 있는가를 알아가기 위한 목적도 있었다. 실제로 이 책을 쓰는 과정에서 나는 적잖게 안도하며 희망을 되찾았다. 이 책이 당신에게도 똑같은 효과를 발휘하며, 더 큰 공동선을 향한 길을 밝혀주기를 바란다.

이 책을 본격적으로 시작하기 전에 내 접근법에 대해서도 짤막하게 설명해두고 싶다. 나는 정서 조절^{emotion regulation}을 연구하는 학자이다. 사람들이 목적을 달성하려고 정서를 조절하기 위해 동원하는 전략들이 내 연구의 주된 대상이다. 나는 인간의 행동과 경험을 평가하는 컴퓨터 프로그램을 사용하고, 신체의 반응(땀과 심장박동)을 평가하는 정신생리학적 기록과 뇌기능을 조사하는 신경 영상법을 사용해 그 전략들을 연구해왔다. 또 대학생들이 교실에서 새로운 학문을 습득하고, 어떤 사람은 우울증에서 완전히 회복되고 어떤 사람은 그러지 못한 이유, 또 자연 재앙을 겪은 후에 겪는 트라우마의 정도가 사람마다 다른 이유를 이해하는 데도 정서 조절이 도움을 주는지를 연구해왔다.

그러나 나는 연구자이기에 앞서 가르치는 사람이다. 교수로서 경력을 쌓기 시작할 때부터 나는 교실 밖보다 교실 안에서 더 많은 시간을 보냈다. 나는 가르칠 때 심리학 문헌만이 아니라 학생들의 궁금증을 밝혀줄 만한 모든 지식 영역에서 적절한 정보를 끌어온다. 나는 이 책을 쓸 때도 이런 접근 방법을 썼다. 따라서 심리학을 틈틈이 언급하겠지만 역사와 인류학, 진화생물학, 철학과 문학까지 철저히 파고들 것이다. 내가 무심결에 잘못 정리하거나 지나치게 단순화한 부분이 있다면 동료 교수들에게 미리 사과하며, 트위터에 언제라도 연락하기 바란다.

나의 세 번째 전문 영역은 교수직과 관계있다. 지난 수년 동안 전국을 순회하며, 교수의 책무를 향상하는 방법에 대해 동료 교수들과 많은 대화를 나누었다. 그런 노력의 일환으로 교육자가 학생의 생각과 정서에 어떻게 영향을 미치고, 교육 개발자가 집단 전체에 어떻게 영향을 미칠 수 있는지에 대해 많은 생각을 해보았다. 그 과정에서 인간의 사회적 특성을 생각하는 내 시야도 크게 넓어졌다. 사회과학만이 아니라 다양한 분야의 교수들과 함께 대화하고 작업하며, 세상을 알아가는 많은 방법을 새롭게 터득한 덕분이었다.

이 책은 이야기식으로 풀어간 창의적인 논픽션이다. 따라서 논픽션의 관례를 따르면서도 명료성과 가독성을 높이고, 설득력 있게 의미를 끌어내기 위해 자료를 제시하는 방법을 약간 수정했다. 예컨대 인터뷰는 책에서 제시된 순서대로 진행된 것이 아니었고, 부분적으로 순서를 바꾸었다. 물론 모든 인터뷰를 녹음하고 충실히 녹취했지만, 말을 더듬은 부분들을 깔끔하게 다듬었고 때로는 논리적 일관성을 유지하기 위해 화제의 순서를 바꾸었다. 내가 겪은 과거의 일화들은 당시 녹음기를 갖고 있었던 것도 아니고, 설령 녹음기가 있었더라도 녹음할 생각이 없었을 것이기 때문에 전체적인 대화는 재구성된 것이다.

이 책은 전공자보다 일반 대중을 겨냥해 쓰였기 때문에 인용과 통계 수치를 지나치게 언급하지는 않았다. 또 이 책을 쓰는 과정에서 찾아낸 새로운 정보와 특정 연구는 출처를 밝혔고, 그 부분은 책 뒤의 주에 따로 정리해두었다. 내가 일차적으로 참조한 책들은 '하이브 마인드 추천도서 목록'에 모아두었다. 나는 직접 얼굴을 맞대고 인터뷰한 저자와 전문가의 의견과 주장을 대체로 신뢰하지만, 더 많은 것을 알고 싶어 하는 독자를 위해 곳곳에 추가로 읽으면 좋을 만한 도서와 논문을 덧붙여두었다.

이 책은 미국에 사는 미국인이 다른 미국인을 인터뷰한 결과를 쓴 책이다. 따라서 미국적 관점이 농후할 수 있다. 테크놀로지와 사회적 경험에 대한 쟁점은 지역마다 다른 식으로 표현된다. 그러나 모든 책에는 물리적 한계가 있고 나는 고향 가까운 곳에서 보았던 것에 초점을 맞출 수밖에 없었다.

　여하튼 하이브 마인드에 온 것을 환영하는 바이다!

◯ 목차

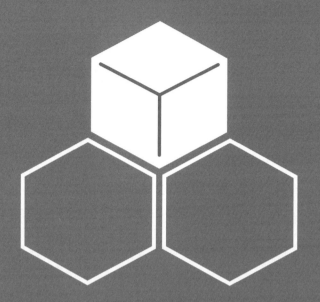

가을

HIVEMIND

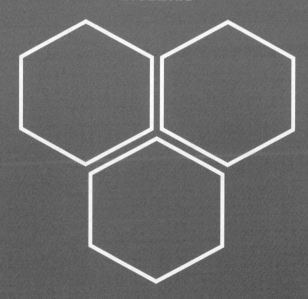

하이브 마인드에
오신 것을 환영합니다

디어필드, 매사추세츠

〈스타트렉〉에서는 붉게 빛나는 인공 눈이 보그족을 그들 종족의 하이브 마인드에 연결한다. 따라서 그 인공 눈은 동화를 위한 필수 조건인 셈이다. 〈닥터 후〉에서는 음험한 사이보그, 사이버맨들이 인간에게서 개인적인 속성과 욕망을 없애버리고 하나의 동일한 의지를 품도록 개조함으로써 우주를 정복하려는 욕망을 불태운다. 또 작가 매들렌 렝글Madeleine L'Engle(1918~2007)은 《시간의 주름》에서, 우주의 빛을 삼키며 확산되는 어둠에 대해 썼다. 이런 어둠 속에서 하나의 의식체가 끊임없이 활동하며, 인간이 세계를 지배하는 무형의 IT에 포함되지 않고 '자체적으로 독자적이고 개별적인 삶'을 살겠다고 고집하기 때문에 불행한 것이라고 주장한다.

위에서 언급한 SF 영화와 소설은 개인의 욕망이 다수에게 철저히 예속되는 사회에 대한 섬뜩한 경고들로 채워진다. 성공적인 하이브 마인드를 성취하기 위해서는 개인의 차이를 희생하고, 모두가 똑같이 생각하고 똑같이 행동하며 서로 완벽하게 맞추어야 한다는 것이 그런 사회의 핵심 전제이다. 인간에게 내재한 개인주의적 속성과 집단주의적 속성 간의 이런 갈등은 우리의 집합의식collective consciousness에 항상 존재한다.

인간의 집단주의적 속성에 대한 이런 뿌리 깊은 두려움은 자율성의 결여에서 비롯되는 듯하다. 사회에 지나치게 의존한다는 것은 우리 삶의 운전대를 외부의 영향에 무의식적으로 넘겨준다는 뜻이다. 그러나 논리적이고 철저히 의식적인 자아가 항상 운전석에 앉아 있는 것은 아니라는 증거가 심리학과 신경과학 연구에서 축적됨에 따라, 우리가 대체로 자신의 태도와 감정과 결정을 의식적으로 통제할 수 있다는 가정도 점점 의심스러워지는 것이 사실이다.

신경과학자 데이비드 이글먼David Eagleman은 《익명으로: 뇌의 비밀스런 삶》에서, 이에 대한 최근의 연구를 요약해 보여주었다. 이글먼이 제시한 많은 증거는 운동과 지각perception의 기본 원칙들과 관계있지만, 그의 책에서 정말 흥미로운 부분들은 상대적으로 복잡한 행동과 경험을 다루고 있다. 예컨대 '진짜 멜 깁슨 씨, 일어나 주시겠습니까?'라는 소제목을 붙인 부분에서, 이글먼은 1980년대의 인기 배우, 멜 깁슨이 음주운전으로 체포되었을 때 반反유대주의적 비방을 쏟아냈던 사건을 언급했다. 깁슨과 그의 많은 친구는 유대인에 대한 생각과 감정에서 술에 취하지 않은 깁슨은 전혀 다른 사람이라며, 술에 취해 횡설수설한 말은 무시해야 마땅할 것이라고 주장했다. 그러나 "술에 진실이 있다"라는 옛 속담을 거론하며 그런 변명을 비웃고, 술에 취하면 우리가 평소에 억제하던 본성, 즉 내면에 감추어졌던 진실한 감정이 드러난다고 주장하는 사람도 적지 않았다. 그러나 이글먼의 주장에 따르면, 뇌는 다수의 하부 조직과 경향이 민주적으로 경쟁을 벌이며 시시때때로 주도권을 차지하려고 씨름하는 조직처럼 기능한다. 알코올 때문에 우리 자아 중 일부, 즉 통제된 신중한 자아가 취하면 편견과 저급한 욕망과 이기적인 충동이 행동의 통제력을 빼앗을 수 있다. 그러나 취하든 않든 간에 어떤 자아도 '당신 자신'은 아니다. 각각의 자아는 다른 식으로 짜인 중립 회로에 불과하다.

통제된 의식적인 자아가 운전대를 잡고 있는 경우도 다른 자아가 여전히 우리에게 영향을 미친다. 이글먼은 이에 대한 많은 증거를 제시한다. 예컨대 사회적 의식을 지닌 선의의 사람들이 종족과 성별에 대해 다른 생각을 지닌 사람들과 암묵적이고 부정적으로 연대하고, 어떤 교수의 신체적 매력에 대한 평가는 그 당시 그에게 강의를 듣는 학생 수에 영향을 받는다. 학생 수는 교수에 대한 관심의 척도이기 때문이다. 또 병아리의 성별을 감별하는 직업을 구하려고 병아리의 은밀한 부위를 뜯어보는 사람들은 암수의 다른 점을 말이나 글로 명확히 설명하지 못하지만, 그들의 추정이 맞는지 틀리는지를 기계적으로 알려주는 병아리 감별사 옆에 서서 암수를 구분하는 방법을 배울 수 있다.

우리 의식은 지나치게 느릿하게 기능해서 대부분의 결정과 움직임에 대처하지 못한다. 따라서 신경과학자들은 우리에게 의식이 있는 이유가 순간순간 결정을 내리기 위해서가 아니라 사회적이고 정서적인 정보를 처리해 우선순위를 따지고, 누가 친구이고 누가 적인지를 구분하기 위한 것이라 추정한다.[1] 이글먼은 의식에 대한 이런 평가를, 지구가 우주의 중심이 아니라는 갈릴레오의 발견에 비유한다. "자신을 알기 위해서는 '알다'라는 개념의 정의를 바꿔야 한다. 이제 자신을 알기 위해서는 의식적인 자아가 뇌라는 거대한 저택에서 아주 작은 방 하나에 불과하고, 의식적인 자아가 우리 주변의 현실을 거의 통제하지 못한다는 걸 깨달아야 한다." 달리 말하면, 과거의 경험에 기초한 지각과 예측의 무의식적인 면이 빚어낸 우리 주변의 현실도 결국에는 하이브 마인드가 우리에게 전해준 현실에 대한 합의된 이야기라는 뜻이다.

《중산의 노래》에서, 양봉가이며 작가인 재클린 프리먼Jacqueline Freeman은 꿀벌의 협력하는 속성을 서정적으로 묘사했다. 꿀벌들은 서로 협력할 뿐만 아니라 꽃과 태양, 계절의 변화로도 조화를 이루며 존재한다. 각 꿀벌은 개별적인 개체로 존재하지만, 집단의 일원이자 큰 유기체의 세포로서도 존재한다. 프리먼은 독일어 '빈Bien'을 거론하며, '빈'이 큰 유기체로서의 하이브(벌 떼)라는 의미만이 아니라, 하이브가 그 자체로 존재하는 생태계에 의존하는 동시에 대응하는 정도까지 뜻한다고 말한다.

꿀벌처럼 인간도 적어도 부분적으로는 집단 내에 둥지를 틀고 존재하기 때문에, 우리 개개인의 정체성은 공유하는 세계로부터 영향을 받고 그 세계에 완전히 파묻힐 수 있다. 우리가 독자적인 몸과 뇌를 갖지만 생각과 정서와 기억은 공유한다. 뒤에 다시 보겠지만, 그렇게 공유된 정신적 경험은 뇌 활동의 동기화로 나타난다. 이런 정신적 현상은 우리 몸의 물리적 경계에 국한되지 않고, 주변 사람들의 머릿속으로 확산되며 우리가 세상을 비슷한 방식으로 경험하도록 유도한다.

　그럼 꿀벌처럼 우리도 적어도 부분적으로는 집단주의적 성향을 띤 종種이란 것일까? 우리는 유전적으로 다른 과정을 밟았지만, 결국에는 꿀벌과 상당히 유사한 해결책, 즉 협력하는 해결책에 도달했던 것일 수 있다.

인간: 90퍼센트는 침팬지, 10퍼센트는 꿀벌?

──────── 현재 뉴욕대학교 경영대학원의 윤리 리더십 교수로 재직 중인 사회심리학자 조너선 하이트Jonathan Haidt는 많은 학술 논문만이 아니라 일반 대중을 위해 서너 권의 심리학 책을 발표한 저자이기도 하다. 심리학적이고 진화론적인 증거에 대한 하이트의 자세한 분석에 따르면, 인간은 "90퍼센트는 침팬지, 10퍼센트는 꿀벌"이다.[*2] 침팬지처럼 우리는 자신과 부족의 안녕을 걱정하고, 때로는

───────

* 　물론 비유적으로 말한 것이다.

원하는 것을 얻기 위해 폭력을 휘두르는 걸 두려워하지 않는다. 그러나 본성에서 우리는 공동체를 결성하는 꿀벌과 유사한 면을 갖는다. 하이트의 표현을 빌리면, 우리는 '집단지향적groupish'이다. 하이트는 19세기 프랑스 사회학자 에밀 뒤르켐Émile Durkheim(1858~1917)을 인용하며, 인간은 '호모 두플렉스Homo duplex'라고 불려야 마땅하다고 주장했다. 달리 말하면, 인간은 고유한 개성과 공유된 집단 정체성을 동시에 지닌 이중적인 존재라는 뜻이었다. 인간 경험에는 'I-유형'과 'We-유형'이 동시에 있기 마련이라고 유사하게 주장하는 이론가들도 적지 않다.[3]

박자에 맞추어 함께 춤을 추거나, 한목소리로 노래하는 행위처럼 우리 의식을 공통된 경험틀로 살금살금 몰아가는 환경에서 우리는 벌 떼 같은 면을 드러낸다. 우리 몸의 경계를 무너뜨리는 상황적 요소, 예컨대 어둠, 알코올과 지독한 피로감, 동일하게 반복되는 움직임, 약물에도 의식은 개별성보다 집단성을 띤다. 이런 이유에서 사이비 종교 지도자는 이런 상황적 조건을 의도적으로 조성하며 추종자들의 순응을 끌어낸다.[4]

우리는 입력(운동 근육의 움직임과 목소리 내기)과 출력(상대의 움직임과 음성을 보고 듣기)을 맞추는 과정에서 우리 몸의 자각력과 자아의식을 집단으로 확장할 수 있다. 제2차 세계대전에 참전한 퇴역 군인으로 시카고 대학교 역사학 교수였던 윌리엄 H. 맥닐William Hardy McNeill(1917~2016)은 동료 군인들과 함께 기계적인 행진 훈련을 반복할 때 황홀경을 경험했다며 "온몸에 스며들던 행복감은 지금도 기억

에 뚜렷하다. 더 구체적으로 말하면, 집단 의례collective ritual에 참여함
으로써 온몸이 확대되는 기분, 온몸이 부풀어올라 실제보다 더 커진
기분이었다"라고 썼다.

맥닐은 1995년에 발표한《호흡 맞추기: 인류의 역사에서 춤과 훈
련》에서, 근육 운동과 목소리를 맞추는 훈련은 '경계의 소멸'로 이어
진다고 주장했다. 달리 말하면, 자아와 타자가 엄격히 구분되지 않
고, 각 개체가 집단의식과 하나가 된다는 뜻이다. 맥닐은 이런 훈련
이 조직원의 정서에 영향을 미치며 집단의 결속력을 높이고, 일종의
'근육 유대muscular bonding'를—전우들과 하나가 되었다고 느끼는 연
대감을—독려함으로써 궁극적으로는 집단의 응집력을 향상시킨다
고 믿었다.

맥닐의 주장에 따르면, 문화권과 시대를 막론하고 인간은 모닥
불 옆에 앉아 성공한 사냥을 되새김질하며 미래를 다짐하는 행위부
터 피라미드의 건설이나 군사 훈련까지 조화롭게 짜맞춘 움직임과
소리의 위력을 실감하고 또 실감했다. 요컨대 어떤 행위에서나 우리
가 동조화할 때 개인보다 훨씬 큰 힘을 발휘할 수 있다는 것이다.

맥닐의 뒤를 이어, 언론인이자 학자인 바버라 에런라이크Barbara
Ehrenreich는 심혈을 기울여 조사하고 연구한 저서《길에서 춤을 추
다: 집단 환희의 역사》에서, 선사시대부터 현대까지 황홀경에 빠져
추는 춤의 역사를 추적했다. 그녀는 인류학적 증거를 제시하며, 다
른 사람들과 함께 무엇인가를 축하하는 관례는 우리의 오래된 유산
이라 주장했다. 의례적인 춤과 집단 축하는 주로 지배자가 피지배자

에게 베푸는 행사로 인류의 역사 기록에 반복해 나타난다.

　피억압자들이 움직임과 목소리를 맞추는 연대의식을 강화하고 반反문화를 고취하는 수단이 되었다. 미국에서 노예제도를 견뎌야 했던 아프리카계 미국인들은 노동요를 구전으로 공유하며 어려움을 극복했고, 때로는 암호로도 사용했다. 노동요는 반복적으로 함께하는 노동에서 주로 불려졌다. 북아메리카 원주민의 '유령 춤Ghost Dance'은 19세기 말에 미국 전역에 바이러스처럼 퍼졌다. 죽은 사람의 영혼과 하나가 되어 백인 지배의 종식을 염원하는 원무圓舞였던 유령 춤은 신비한 속성을 지녔다는 소문이 자자했다. 절망과 낙담의 시대에 황홀경에 빠져 함께 춤을 추며 더 나은 세계를 꿈꾸었다는 것에서 유령 춤이 급속히 확산되고 많은 사람에게 호응을 얻었을 수 있다.

　소외된 사람들의 그런 공유된 움직임에서 파괴적인 면, 예컨대 야만적인 행위나 억제되지 않은 성적 행위가 엿보인다고 지적하는 지식인이 많았다. 그러나 적잖은 사람이 그런 춤에 유혹을 느꼈다. 예컨대 에런라이크가 인용한 클린턴 퍼니스Clinton Furness는 1920년대 아프리카계 미국인들의 링 샤우트ring shout(큰소리를 지르면서 원무를 추는 일종의 종교 춤)에 참석했던 작가였다. "나는 자의식에 충만하면서도 집단의 일원이라는 느낌, 나 자신을 포함해 그곳에 있던 모두를 알아간다는 기분에 사로잡혔다." 원무는 참가자를 몽롱하게 만들어 자아를 버리고 집단과 함께하도록 하이브 마인드로 몰아가는 듯하다.

과거에 주기적으로 시행하던 조직적인 황홀한 집단 의례는 사라졌을지 모르지만, 그 그림자는 현대 서구 문화에도 희미하게 남아 있다. 당신이 지금까지 살아온 과정을 대충 훑어보더라도 적잖은 예를 찾아낼 수 있을 것이다. 나도 어렸을 때 교회에서 크리스마스 캐럴을 부르면 이상하게도 가슴이 뭉클해지고, 옆 사람들의 노랫소리에 내 주변의 모든 것이 현악기처럼 소리를 내는 듯한 기분에 사로잡혔던 기억이 아직도 생생하다. 십 대에는 나인 인치 네일스Nine Inch Nails의 음악에 맞추어 격렬하게 춤을 출 때 황홀경에 빠졌다. 그 황홀함은 당신 몸이 다른 사람과 부딪칠 때, 특히 당신이 매력을 느끼는, 훗날 당신의 남편과 당신 자식의 아버지가 될지도 모를 남자의 탄탄한 몸에 부딪칠 때 예기치 않게 밀려오는 달콤한 생각과 비슷하다.

매년 여름이면 수많은 사람이 네바다 주 북서쪽의 블랙록 사막Black Rock Desert에 모두가 함께 즐기는 연례행사를 위해 임시로 조성한 도시로 모여든다. 시각 예술, 음악, 온갖 발명, '근본적 포괄성radical inclusion(누구에게나 열려 있는 공동체라는 뜻—옮긴이),' 또 소문이 사실이라면 약물을 통한 더 나은 삶 등이 적절히 결합된 연례행사, 버닝맨Burning Man은 공동체 정신과 집단 의례의 구축을 열렬히 독려한다.

요즘 스포츠팬들의 행동에도 초기 종교적 숭배의 흔적이 남아 있다. 팬들은 팀을 상징하는 색을 얼굴에 칠하고, 팀 셔츠를 입고 모자를 쓴다. 그 밖에도 팀을 상징하는 노래, 파도타기 응원, 다 함께 일어나 소리치기 등에 동참한다. 또 경기 전후에 경기장 밖에서 열리는 야외 파티에서는 옛 조상이 그랬듯이 마음껏 먹고, 일종의 환각제까지 공유한다.

몸의 물리적 경계가 허물어지고 의식이 합쳐질 때 우리가 경험하는 하이브 마인드의 기저에는 생물학적 메커니즘이 있는 듯하다. 몸에서 생성되는 내인성 오피오이드와 신경펩타이드 옥시토신의 분비와, 우리가 무의식적으로 다른 사람의 행동과 말투를 모방하는 미러링mirroring 능력이 여기에 속한다.

내인성 오피오이드는 달리기를 즐기는 사람들에게 황홀감을 안겨주는 효과 때문에 널리 알려진 물질이다. 우리가 집단의 일원으로 집단이 함께하는 운동과 활동에 참여할 때, 예컨대 군무群舞, 순위를 따지는 조정 경기, 심지어 서로 주고받는 웃음에서도 내인성 오피오이드가 분비되는 것으로 밝혀졌다.[5] 여가를 보낸 우리가 이런 활동들을 보람 있다고 생각하며 다시 시도하는 이유가 설명된다.

옥시토신은 시상하부에서 생성되고, 분만하고 수유하는 동안 혹은 오르가슴을 느낄 때 뇌하수체에 의해 분비되는 신경 펩타이드이다. 옥시토신은 유대감과 애착 같은 막연한 심리적 현상이나 내집단의 강력한 연대에서도 중요한 역할을 하는 듯하다.[6] 물론 그 추잡한 사촌, 외집단에 대한 적대감을 조장하는 데도 주된 역할을 하는 듯하다.[7] 옥시토신은 사회적 상호작용과 애착에도 상당한 영향을 미쳐 자아와 타자의 경계를 허물어뜨리기도 한다.[8] 게다가 인간과 반려견이 서로 오랫동안 사랑의 눈빛을 주고받을 때 둘 모두의 뇌에서 옥시토신이 분비되기도 한다.[9]

1990년대 이탈리아에서 한 연구팀이 놀라운 사실을 알아냈다. 원숭이가 어떤 행동(예: 땅콩을 줍는 행동)을 할 때만이 아니라, 예컨대 연구자가 땅콩을 줍는 것처럼, 다른 누군가가 똑같은 행위를 하는 걸 지켜볼 때도 원숭이의 뇌에서 뉴런들이 열을 발생한다는 것이었다.[10] 그 뉴런들에게는 원숭이가 직접 행동하는 것이나 다른 누가 그 행동을 하는 것을 지켜보는 것이나 똑같은 것인 듯했다. 당시에는 이런 '거울 뉴런mirror neuron'이 뇌의 특정 부분에 위치하며, 우리가 관찰하는 사람들, 즉 사회적 동반자들을 이해하는 임무를 떠맡은 특별한 유형의 뉴런일 것이라 생각한 신경학자가 적지 않았다.[11] 또 뉴런의 이런 거울 활동이 감정이입의 기초라고 주장하는 학자들도 있었다.[12]

초기의 열의가 지나간 후, 거울 뉴런이란 개념에도 약간의 반발이 있었다. 생명체가 어떤 행동을 직접 수행할 때만이 아니라 똑같은 행동을 관찰할 때도 뉴런이 열을 발생한다는 기본적인 현상은 원숭이에서만 관찰되고 인간에게서는 확인되지 않는다고 지적하는 학자가 적지 않았다. 게다가 그 특별한 유형의 뉴런이 구조와 기능에서 다른 유형의 뉴런과 구분되지 않는다고 의문을 제기하는 학자들도 있었다.*

마르코 야코보니Marco Iacoboni는 캘리포니아 대학교 로스앤젤레스 캠퍼스의 정신의학 및 생물행동과학 교수이며, 거울 뉴런에 대한 연

---

* 신경과학자 그레고리 히코크(Gregory S. Hickok)는 《거울 뉴런의 신화: 진짜 신경과학에서의 커뮤니케이션과 인지》라는 책을 출간하기도 했다.

구를 주도하는 학자 중 하나이다. 야코보니는 '미러링'을 하나의 독립된 과정으로 설명하지만, 거울 뉴런을 별개의 뉴런이라 설명하지는 않는다.[13] 초기의 논문에서, 야코보니는 실험 참가자에게 손가락을 토닥거리게 했고, 잠시 후에는 다른 사람이 똑같은 손가락을 토닥거리는 영상을 보여주며 그들의 뇌활동을 촬영했다.[14] 놀랍게도 두 경우에서 뇌활동이 거의 똑같았다. 뇌영상에서는 더 활성화된 영역으로 흐르는 것이 확인된다. 따라서 뇌영상 자료만으로는 단일한 뉴런이 발화하는 것인지 뇌의 전체 영역이 활성화되는 것인지 판단할 수 없다. 이런 결과는 미러링, 즉 무엇인가를 우리가 직접 경험하든 사회적 타자가 경험하든 간에 우리 뇌는 유사하게 반응한다는 견해를 반영하며, 이런 견해를 확인해주는 수백 건의 논문이 지금까지 발표되었다. 따라서 미러링이 인간의 사회성을 생물학적으로 뒷받침하는 근거라는 주장은 타당한 듯하다.

내가 미러링을 실감나게 절감했던 때를 예로 들겠다. 나는 딸 뒤에서 허리를 살짝 굽히며 딸아이의 스키 부츠 잠금쇠를 내 스키폴로 열어줄 때마다, 아버지가 나에게 똑같이 해주었다는 걸 온몸으로 느낀다. 나도 아버지처럼 바깥쪽 다리로 체중을 옮기고 딸아이를 감싸 안으며 잠금쇠를 풀기 때문이다. 조개껍질을 벗길 때는 할아버지의 주름진 손이 똑같이 하던 모습이 눈앞에 선하다. 조개껍질을 벗길 때 조개를 기울이는 각도와 박자까지 똑같다. 또 레몬밤의 잎을 뜯어 문지른 후에 향긋한 냄새를 맡고는 풀밭에 버릴 때는 내 손가락 끝에서 어머니가 느껴진다.

이런 신경계를 비롯해 여러 가지가 협력하면, 다시 말해서 우리 뇌에서 일종의 군집群集이 일어나면 사회적 유대를 강화할 수 있다. 우리는 새처럼 떼 지어 날거나 개미처럼 무리지어 다니지 않는다. 우리는 감정을 전달하고, 사회적으로 순응하는 과정에서 동조화하며 "공유하는 감정, 공유하는 화합, 공유하는 정체성"을 만들어낸다.[15]

하지만 우리가 집단이나 의례의 일부인 경우에만 동조화하는 것은 아니다. 우리 인간은 항상 같은 방향으로 동조화하고, 둘씩 혹은 셋씩 여하튼 삼삼오오 짝을 짓는다. 인간은 얼굴을 마주보고 교류할 때 상대의 태도와 표정을 모방하는 경향을 띠며,[16] 비슷한 감정을 느끼고,[17] 함께 걸을 때는 보조를 맞추며, 습관과 어법과 심지어 시선까지 서로 닮아간다.[18] 누군가와 동조화하면 그 사람과의 유대가 깊어지는 듯하다. 누군가가 우리 자세와 몸짓 등을 흉내내면, 우리는 그를 더 좋아할 것 같고, 서로 마음이 맞다는 기분까지 느껴진다.

이런 동조화와 초사회성은 우리가 완전히 혼자인 때도 사회적이란 뜻이 된다. 생각하는 것조차 혼자만의 행위가 아니다. 심리학자 마이클 토마셀로Michael Tomasello가 말했듯이, "생각하는 행위는 재즈 연주자가 자기만의 방에서 새로운 반복 악절을 다듬는 것과 같다. 재즈 연주는 혼자만의 행위가 아니다. 연주라는 목적을 위해 누군가가 제작한 피아노라는 악기, 다른 연주자들과 함께한 오랜 시간과 그들로부터 배운 요령, 전설적인 반복 악절의 역사, 연주실 밖의 보이지 않는 재즈광들이 함께한다. 인간의 생각도 재즈와 같아서 개인적인 즉흥성과 사회문화적 요소가 결합한 것이다."[19] 요컨대 우리는 지극히 개인적인 마음속에서 사회성을 벗어날 수 없다.

우리는 호모 두플렉스이다. 우리가 개인으로서 많은 세상을 경험하는 것은 분명하지만, 우리에게는 사회적 상황을 갈구하고 벌집 속의 꿀벌처럼 주변 사람들과 함께하려는 집단주의적 본능collective instinct도 있다.

사회적 동물, 소셜미디어의 등장

──────── 커피숍에 흐르는 곡조가 옛 연인을 기억에 떠올려준다. 당신은 곧바로 그에게 문자를 보내고, 완벽한 카푸치노 사진도 첨부한다. 당신이 살고 있는 도시에 중대한 위기가 닥치면 페이스북으로 당신의 안전함을 지인들에게 알리고, 위기가 끝난 후에는 후유증을 담은 동영상을 업로드한다. 당신은 우주 공간을 주제로 파티를 주최하고, 뉴질랜드의 한 예술가와 연락을 취한다. 그는 야광으로 밤하늘을 묘사하는 태피스트리를 제작하는 예술가이고, 당신은 그 태피스트리로 기숙사 방을 장식해 별이 빛나는 밤에 침잠해 있다는 환상에 젖고 싶어 한다.

소셜미디어와 스마트폰의 등장으로, 우리는 서로 접속해 동조화하며 영향을 미칠 수 있는 완전히 새로운 수단을 갖게 되었다. 지금까지 우리는 물리적인 움직임과 대면 접촉을 수반해 동조화하는 방법들을 살펴보았다. 그러나 생각과 정서도 테크놀로지적 수단을 통해 동조화된다. 밤낮으로 언제라도 당신은 (문자 메시지, 미니 블로그, 트위터를 통해) 사회적 동반자들의 생각에 접속할 수 있고, (공유하는 동영상과 이미지를 통해) 사회적 동반자들이 어떤 세계를 보고 있는지도 파악할 수 있다. 이제 많은 소셜미디어 플랫폼이 '스토리', 즉 조금이라도 지체하면 사라지는 하루의 작은 조각을 일인칭 동영상으로 표현해보라고 독려한다. 이런 이야기를 통해 우리는 동반자들의 살아 있는 경험을 실질적으로 공유한다.

소셜미디어의 등장으로, 경험을 공유하게 해주는 매개 수단만이 아니라 경험을 공유하는 범위까지 바뀌었다. 이제는 가까운 사회 연결망social network만이 아니라 지상의 모든 인류가 우리에게 영향을 미치고 우리에게 영향을 받는다. 생각과 정서가 온라인을 통해 널리 확산되려면 전염 수단이―동영상과 기사와 아이디어가―필요하다. 그 수단들이 입소문을 타고 '바이러스'처럼 급속히 멀리멀리 확산된다.

'밈meme'이란 개념을 생각해보자. '밈'은 고대 그리스어에서 '모방하다'를 뜻하는 mimeme의 줄임말이다. 진화생물학자 리처드 도킨스Richard Dawkins는 복제되어 공간과 세대를 가로질러 사람에게서 사람으로 전해지는 작은 문화적 단위를 설명하고, 생물학적 유전자와 달리 생각과 관습을 전달하는 문화적 유전자를 지칭하는 개념으로 '밈'이란 용어를 만들었다.[20] 도킨스는 자연선택과 유사한 압력이 유전자처럼 문화적 요소들에 작용하고, 어떤 요소는 신속히 확산되며 지속적인 영향을 미치는 반면에 어떤 요소는 금세 힘없이 사라진다고 생각했다. 인터넷 시대는 이 개념을 신속히 받아들였고, 그 결과로 포토샵된 이미지가 세상을 바라보는 일반적인 방법들을 대신하게 되었다.

인간의 사회성을 온라인에 가져왔다는 것은 생각과 정서와 아이디어에서 우리가 서로 영향을 미치는 정도를 측정하는 새로운 방법을 갖게 되었다는 뜻이다. 우리가 온라인에서 행하는 모든 것이 추적되기 때문이다. 예컨대 어떤 도시에 비가 내리면 우울한 기분이 그 도시에 거주하는 사람들의 사회 연결망을 통해 다른 지역까지 확산된다는 것이 페이스북과 여러 소셜미디어에서 증명된다.[21]

페이스북은 친구가 업데이트하는 것의 콘텐츠에 따라 사용자의 기분이 어떻게 달라지는가를 실험해보려고 사용자 뉴스 피드의 콘텐츠를 의도적으로 수정한 적이 있다는 걸 인정했다.[22] 실험 결과에 따르면, 사용자가 부정적인 글이나 긍정적인 글을 더 적게 보도록 뉴스 피드를 조절하자 부정적인 단어나 긍정적인 단어의 사용 빈도도 약간 줄었다. 요컨대 사회 연결망이 약간 덜 긍정적으로 변해가면, 사용자들은 긍정적인 단어가 약간이라도 적게 사용된 게시글을 공유했고, 부정적으로 변하는 경우도 다를 바가 없었다. 두 집단이 사용한 긍정적 단어와 부정적 단어의 수는 통계적으로 달랐지만 실질적으로는 10분의 1퍼센트의 변화에 불과했던 까닭에 그 영향이 무시해도 좋을 정도로 적었지만, 실생활에서 사회적 타자들과 상호작용하지 않더라도 그들의 기분과 생각에 우리가 영향을 받을 수 있다고 해석된다. 결국 사회적 전염은 디지털 세계에서도 확산될 수 있다는 뜻이다.

피츠버그 대학교의 연구팀은 보스턴 마라톤 대회 도중에 발생한 폭탄 테러가 있은 뒤에 사회 연결망을 통해 확산된 두려움과 연민과 연대감의 파급 효과를 추적했다.[23] 연구팀은 폭탄 테러에 대한 공통된 해시태그(#보스턴을위해기도합시다, #보스턴은강하다)와 트위터로부터 얻은 지역 정보를 분석함으로써 테러 공격과 그에 따른 조치가 있은 후에 정서와 정보가 물리적이고 사회적으로 어떻게 확산되었는지 추적했다.

연구팀은 트위터의 해시태그를 이용하면 정서가 상호연결된 네트워크를 통해 어떻게 확산되었는지 추적할 수 있다는 강력한 증거를 찾아냈다. 하지만 두려움과 연대감의 표현이 예측되는 가장 중요한 변수는 보스턴 현장의 직접 경험이었다. 다시 말하면, 보스턴에 최근 방문했거나 한동안 그곳에 살았던 사람이 보스턴 지역에 친구나 팔로워를 둔 사람보다 두려움과 연대감을 더 자주 드러냈다.

또 인디애나폴리스가 시카고보다 지리적으로 더 가까웠지만 시카고가 허브 공항으로 보스턴 공항과 접촉 빈도가 잦았기 때문인지 시카고 주민이 인디애나폴리스 주민보다 두려움을 더 자주 공유했다. 이런 결과에서 "물리적인 사회적 교환의 정도, 예컨대 두 공동체를 왕래하는 사람의 수가 정보 공유를 비롯해 가상 사회의 커뮤니케이션 수준을 넘어서는 사회문화적이고 경제적인 유대, 더 나아가 공동체 의식과 정체성의 공유를 더 깊이 반영하는 듯하다"라고 추정된다. 중요한 것은 당신이 어떤 지역을 자신과 동일시하느냐는 것이다. 쉽게 말하면, 그 지역이 당신의 내면에 어느 정도까지 스며들어 정체성의 일부가 되었느냐는 것이다.

정서도 대면 접촉과 온라인 모두를 통해 확산된다. 사회적 타자와 정서를 공유하면 당신만이 아니라 그 타자도 감정적 반응이 더 뚜렷해질 수 있다. 이 글을 쓰고 있을 때, 음악인이며 배우, 혁신가이던 데이비드 보위David Bowie(1947~2016)가 69세에 간암으로 세상을 떠났다. 2016년에는 유명인들의 충격적인 죽음이 유난히 잇달았지만, 그해 초에 있었던 보위의 죽음은 많은 사람에게 큰 상실감을 안겨주었다. 그의 음악에서 위안을 얻었던 보통 사람들부터, 그의 행동에서 영감을 얻고 그와 운명적인 만남을 가졌던 유명 음악인까지 많은 사람이 슬픔을 공개적으로 표현했다. 사회적 제약과 싸우며, 성적 성향의 표현에서 인습에 얽매이지 않았던 그의 태도를 커다란 원군으로 삼았던 동성애자들도 그의 죽음에 대한 슬픔을 감추지 않았다.

감정을 억누르지 않고 마음껏 분출하는 것이 순수한 보위였고, 보위다운 행동이었다. 그러나 감정의 강렬한 분출은 냉랭한 실험실 주변에서, 또 훨씬 크고 어지러운 소셜미디어의 세계에서 관찰되는 결과로도 설명되는 듯하다. 페이스북이나 트위터를 열 때마다, 텔레비전 채널을 CNN에 맞출 때마다 보위와 관련된 사진과 동영상, 일화와 인용글을 볼 수밖에 없었다면, 또 로드와 마릴린 맨슨, 폴 매카트니가 그 돈키호테 같은 음악인과 만났을 때에 대해 전해주는 감동적인 일화를 들을 수밖에 없었다면 보위의 죽음에 아무런 감흥도 느끼지 않기가 힘들었을 것이다. 모두의 관심이 그런 이미지와 이야기에 집중되며, 일종의 집단 경험에 빠져든 것이었다.

군집화되면 감정이 격해진다는 이론은 새로운 것이 아니다. 프랑스 사회심리학자, 귀스타브 르 봉Gustave Le Bon(1841~1931)은 1895년에 발표한 《군중심리》에서, 집단의 일원이 되는 것만으로도 "감정이 격화된다"라고 주장했다. 경기장을 꽉 메운 스포츠팬들, 학교 운동장의 불량배들, 폭동에 가담한 시위자들은 집단의 일원으로 서로 자극하며 감정을 고조시키는 대표적인 예이다.

정서 자극을 혼자 받아들이는 경우와 무리지어 받아들이는 경우를 연구한 결과에서도 정서 자극을 함께 받을 때 감정의 격화로 이어진다는 것이 확인된다.[24] 같은 집단에 속한 구성원들과 관심을 공유하는 경우에도 물리적 환경을 공유할 때처럼 감정이 고조되는 듯하다. 예컨대 당신 옆에 있는 사람들이 정서 자극에 민감하게 반응하면 당신도 그 자극에 더 관심을 기울이게 되지 않는가. 또 당신이 어떤 자극을 세세하게 처리하며 그 자극의 의미를 정교하게 분석하면, 그 자극에 더 감정적으로 반응하기 마련이다. 이런 행동들이 온라인에서 진행되면, 감정이 더 신속히 격화되고 더 넓게 확산될 수 있다.

정서가 온라인에서 확산되는 과정을 아름답게 표현한 영상을 통해, 퓨즈fuse라는 디지털 아트 그룹은 '아미그달라Amygdala'라는 프로젝트를 진행했다.[25] 우리 뇌에서 감정과 관련된 정보를 처리하는 데 중요한 역할을 하는 아몬드 모양의 기관, 편도체amygdala라는 이름을 그대로 사용한 이 프로젝트는 트위터와 해시태그를 분석하고, 거기에 담긴 정서적 내용을 부호로 처리한 뒤에 그 부호들을 41개의 기둥에 빛과 소리의 향연으로 풀어낸 것이었다. 보위가 죽고, 그의 죽음에 대한 애도가 인터넷에서 봇물처럼 터졌을 때 아미그달라도 슬픔에 젖었다. 따라서 슬픔이 온라인에서도 눈에 보이며, 테크놀로지로 시각화된 집단 감정이 환상적인 둥근 고리를 만들어냈다.

우리는 동조화하는 동물이다. 따라서 직접 접촉하든 온라인에서든 마음속의 생각이나 감정이 주변에 쉽게 확산된다. 두려움, 사랑, 증오는 전염성을 띠며, 특히 뉴미디어를 타고 확산된다.

꿀벌과 인간:
양봉가의 관점

━━━━━ 우리 가족의 연례 111번째 생일 파티가 예정된 날 아침, 나는 양봉가를 인터뷰하려고 서西매사추세츠로 향했다. 뉴잉글랜드의 10월이 흔히 그렇듯이 그날은 완벽했다. 햇살은 따뜻하고 포근했지만 공기는 싸늘했다. 내 주변의 경사진 언덕은 노란색과 붉은색과 오렌지색 등 울긋불긋한 단풍으로 물들었다. 그 생일 파티는 톨킨의 소설, 《반지의 제왕》 전 3권 중 제1권, 《반지 원정대》의 앞부분에 묘사된 성대한 생일파티, 즉 빌보 배긴스의 111번째 생일에서 영감을 받아 시작한 가족 행사였다. 요즘 세상에 마법사가 나타날 가능성은 없지만, 가을의 모든 생일을 하루에 몰아 가족 모두가 함

께 즐기며 건배할 만한 벌꿀 술은 얼마든지 마련할 수 있다.

꿀벌에게는 휴일도 없고 집단 의례도 없다. 그러나 꿀벌이 협력해 일하는 것은 분명하며, 꿀벌의 행동은 이 책의 주제이기도 하다.* 따라서 우리 가족의 가을 행사를 앞두고, 양봉가 댄 콘론을 인터뷰하려고 자동차를 운전해 웜 칼라스 양봉장으로 향했다.

양봉장은 조용하고 아늑했다. 벌통 주변은 웅웅대는 소리로 가득했다. 흰색, 분홍색, 푸른색, 밤색으로 칠해지고 차곡차곡 쌓인 벌통들이 멀리까지 뻗어 있었다. 가을 단풍으로 물든 구릉진 언덕의 골짜기에 자리 잡은 양봉장은 끝이 보이지 않았다. 댄은 달을 보며 울부짖는 늑대가 그려진 티셔츠를 입은 채 나를 기다렸다. 세상사에 초연하다는 걸 과시하고 싶은 사람들이 그런 셔츠를 입지만, 댄은 정말 그렇게 보였다.

댄은 열정을 쫓아 새롭게 출발한 삶의 이야기를 풀어놓기 시작했고, 그 과정에서도 꿀벌들의 웅웅대는 소리가 끊이지 않았다. 그가 그 착한 곤충과 처음 사랑에 빠진 때가 14세였다. 동네 농부이며 아마추어 양봉가이던 휴 벨을 도와 일할 때였다. 그 후로 수십 년 동안, 그는 순회 연주자와 고등학교 서무 등 여러 직업을 전전하면서 벌통을 완전히 손에서 놓지 않았다. 때로는 한두 통, 때로는 100통까지 관리했다. 그의 어머니는 "대니가 유일하게 그만두지 않은 게 저 빌어먹을 벌들이야!"라고 투덜거렸다.

---

* 이 책의 곳곳에서 '벌'이란 단어를 간혹 사용하지만 그 경우에도 꿀벌을 지칭한 것이다. 수만 종의 벌이 있지만 대부분은 조금도 사회적이지 않다.

50세쯤 댄은 관리직에 흥미를 잃기 시작했다. 오후가 시작되고 일거리가 쌓이면 댄은 창밖을 내다보며 이른 은퇴를 꿈꾸는 대신, 꿀벌들과 씨름하는 자신의 모습을 상상했다. 조용하고 따뜻한 야외에서 꿀벌들을 돌보며 시간을 보내는 자신의 모습을 꿈꾸었다. 유난히 따분했던 어느 날 오후, 댄은 머릿속으로 혼잣말했다. '그래, 댄, 넌 아직 젊고 강해. 그 일을 할 수 있어. 지금이 아니면 영원히 못 할 거야! 일흔 살에는 하고 싶어도 못 할 거야!' 아내 보니타도 그를 응원해주었다. 그가 집에 돌아와 넉넉한 봉급이 보장된 직장을 그만두고 전업 양봉가가 되겠다고 말했을 때 보니타는 그를 응원했다. 그후로 몇 년은 정말 힘들었다. 그들 부부는 "대체 꿀을 얼마나 따야 먹고살 만한 거야?"라고 수없이 되뇌었다. 하지만 어느덧 그들은 모든 빚을 갚고 나날이 번창하며, 1년에 수 톤의 꿀을 수확해 지역 대학교와 기업체 및 이웃들에 판매했다.

성공한 양봉장 관리, 양봉학과 사회운동과 사업의 적절한 결합 등을 고려하면 댄의 두뇌는 꿀벌과 인간의 사회성이 어떤 점에서 유사하고 어떤 점에서 다른지를 완벽하게 파악한 듯했다.

그 문제에 대해 질문하자, 댄은 많은 사람들이 닮아야 할 완벽한 본보기로 꿀벌을 꼽지만 자신은 전혀 그렇게 생각하지 않는다고 주저 없이 말했다. 꿀벌은 친사회적으로 행동하는 것처럼 보이지만, 우리가 꿀벌의 결점을 알게 되면 대부분의 인간 사회가 도저히 용납하지 않는 식으로 행동하는 것처럼 보일 것이라 말했다. "어느 날 아침 한 녀석이 절뚝거리고 나타나면 모두가 녀석을 집단으로 공격하며 벌집에서 쫓아냅니다. 실패자라는 이유로!"

나는 웃었고 댄도 웃었지만 약간은 씁쓸레한 웃음이었다.

그러나 꿀벌은 벌 떼 전체의 이익을 위해 자신을 주저 없이 희생하기도 한다. "봄이 되면 가장 슬프면서도 가장 아름다운 장면이 간혹 목격됩니다. 식량이 떨어지더라도 무리가 서로 싸우지는 않습니다. 마지막 순간까지 한 조각이라도 나눠 먹으며 모두가 동시에 죽음을 맞이합니다." 인간도 이런 이타심을 발휘할 수 있다. 예컨대 신장을 낯선 사람에게 기증하는 사람이 있고, 완전히 지원자로만 구성된 군대도 있지 않은가. 그러나 우리는 개인의 자주성을 철저히 존중하며,* 집단을 앞세우면 개인의 자주성을 상실하게 된다는 뿌리 깊은 두려움이 있다.

댄의 지적에 따르면, 꿀벌은 대규모로 모여 살기 때문에 겉보기에는 기적적인 일을 해낼 수 있는 것이다. 일례로 벌집에 모인 꿀은 수많은 꿀벌이 그 벌집과 꽃들 사이를 수백만 번 왕래한 결실이다. 꿀벌은 삶의 단계별로 수정과 위생 관리부터 벌집 보수와 채집까지 무리를 위해 특별한 역할을 한다. 이런 역할의 전문화는 공동체의 이익을 위한 것이다. 이런 점에서 인간이 교육과 배관과 의료를 전문화하는 것과 같다. 누구도 혼자 힘으로는 자신의 모든 욕구를 채울 수 없다. 자신이 맡은 분야를 개량함으로써 집단이 더 나아지도록 시간과 에너지를 투자하는 편이 낫다.

---

* 혹독한 상황에서도 살아남는 사람이 있다.

당신이 지난주에 어떻게 지냈는지 생각해보라. 당신에게 없는 재주를 가진 사람들이 당신을 위해 얼마나 많은 일을 해결해주었는가? 해충 퇴치반이 당신 집 지붕 아래에 섬뜩하게 보이던 둥지를 말벌집이라 판정 내리고 제거해주었다. 동네 중학교 선생님이 당신 딸에게 수학을 가르쳐주었다. 정비공이 당신 자동차에서 나는 꿀렁대는 소리를 정확히 진단하고는 수리해준 덕분에 중요한 업무 회의에 늦지 않게 도착할 수 있었다. 의사는 당신의 몸에서 작은 조각을 떼어내 다른 전문가에게 검사를 의뢰했다. 덕분에 당신은 치료법을 찾겠다고 모든 것을 중단하지 않고 평소의 삶을 유지할 수 있다. 이렇게 전문 지식을 갖춘 사람들 덕분에 당신은 평소의 삶을 무리 없이 유지하며, 당신의 전문 지식으로 사회에 보답한다.

세계화된 오늘날 많은 지역이 그렇듯이 미국의 꿀벌도 온갖 것이 뒤섞인 용광로에 비유된다. 서西매사추세츠에서 윙윙대는 7종의 벌은 모두 세계의 다른 지역에서 온 것이다. 댄은 "가장 건강한 벌통은 가장 다양한 벌들이 공존하는 벌통이다"라고 강조했다. 꿀벌은 집단주의적 성향을 띠지만, 인간이 그렇듯이 강점과 성향이 다양한 개체가 모일 때 적응력이 뛰어나고 제대로 기능하는 집단이 가능하다.

인간과 마찬가지로 꿀벌도 서로 소통하는 데 많은 시간과 에너지를 사용한다. 댄의 추정에 따르면, 꿀벌은 다양한 의견을 인간 못지않게 유연하고 정확히 소통할 수 있다. 벌통 안은 어둡기 때문에 벌들은 시각적 방법을 사용하지 않고 주로 진동과 페로몬에 의존한다. 예컨대 여왕벌의 발에는 여왕벌 아래턱 페로몬^{queen mandibular} pheromone이라 일컬어지는 유인 물질을 분비하는 작은 판이 있다. 여왕벌은 벌집 곳곳에 다니며 이 화학물질의 흔적을 남긴다. 벌들이 그 물질을 감지하면 어떤 일을 해야 하는지 알게 된다.

과학자들은 인간의 사회경제적 행동이 꿀벌과 유사한 방식으로 영향을 받지 않고, 우리는 화학 메신저를 환경에 분비함으로써 사회적 행동에 영향을 주는 종이 아니라고 오래전부터 생각해왔다. 이렇게 추론한 이유는 페로몬이 사회적 행동에서 큰 역할을 하는 포유동물(예: 쥐)과 달리 인간에게는 보습코 기관^{vomeronasal organ}(코에서 화학적 신호들에 민감한 감각신경세포로 이루어진 감각 기관)이 없기 때문이었다. 하지만 최근의 몇몇 연구에 따르면, 많은 시간을 함께 보내는 여성들, 예컨대 기숙사에서 함께 사는 여학생들은 생리 주기가 같아지는 경향을 보였다. 또 여성은 유전자 배열에서 상보적 관계에 있는 남성의 티셔츠 냄새를 더 좋아한다는 걸 밝혀낸 연구도 적지 않다. 이런 연구들을 계기로, 보조적인 물질(예: 겨드랑이 땀)에서 흔히 분비되는 페로몬에 민감한 세포가 인간의 후각기관에 있지 않을까 하고 조사하는 연구가 다시 시작되었다.

네덜란드 심리학자 야스퍼르 더 흐로트^{Jasper de Groot}와 동료들은, 인간의 정서가 집단을 통해 확산되는 정도는 인간의 땀이 발산하는 '화학 신호^{chemosignal}'가 대기에 확산되는 정도와 밀접한 관계가 있지 않을까 하고 생각했다.[26] 그들은 이런 추정을 최대한 통제되고 은밀한 방식으로 검증해보기로 마음먹었다. 남자가 더 많은 냄새를 풍길 것이라 생각하고(실제로는 그렇지 않다) 남성만을 실험 대상자로 선택해 땀에 관한 자료를 수집했다. 그들은 겨드랑이에 흡수성이 좋은 탈지면을 끼워 넣은 채 역겨운 동영상과 무서운 동영상을 차례로 보았다. 연구자들은 그 탈지면을 수거해 보관해두었다. 다음에는 모두 여성으로만 구성된 실험 대상자들을 온도와 습도가 완벽하게 조절되고 환기도 잘되는 실험실에 데려가 코밑에 코삽입관을 끼운 채 앉아 남성 실험자들의 땀에 젖은 탈지면 냄새를 맡게 했다. 연구자들은 실험 대상자들이 호흡하는 동안 이마와 코밑의 근육이 긴장하는 정도와 코를 훌쩍이는 횟수를 측정했고, 주변에서 감정과 관련된 표식을 감지하는 능력도 측정했다.

위의 방법이 감정을 측정하기는 이상하다고 생각되지 않는가? 당신에게만 이상하게 생각되는 것은 아니다. 대부분의 사람이 얼굴 표정을 사회적 커뮤니케이션의 모든 것이라 생각한다. 여하튼 얼굴 표정을 통해, 주변 사람들이 갑자기 겁먹었다는 걸 정확히 감지해낼 수 있는 것은 사실이다. 또 주변을 둘러보면 그들이 겁먹은 얼굴 표정으로 바뀐 이유를 알 수 있다. 그러나 감정을 연구하는 많은 과학자가 지적하듯이, 얼굴 표정에 따라 우리가 감각 정보를 받아들이는 방법이 달라지고, 이런 점에서 얼굴 표정은 우리에게 여러모로 유익한 역할을 하는 듯하다.

개인적인 경험을 기억에 떠올리며 무척 겁에 질렸던 경우를 생각해보자. 예컨대 어두운 골목길에 들어섰는데 무섭게 생긴 어릿광대를 보았다고 상상해보라. 두려움에 질린 표정이 되면 얼굴에 분포

된 거의 모든 감각기관이 확장된다. 눈이 커지고, 더 많은 빛을 받아들이려고 눈동자가 확장된다. 콧구멍이 넓어지고 입이 벌어진다. 이런 변화로 우리는 더 많은 것을 보고, 더 많은 냄새를 맡고, 더 많은 것을 느끼며 더 많은 감각 정보를 얻는다. 특히 근처에 무서운 것이 있으면 가능한 범위 내에서 모든 정보를 얻으려 한다.

혐오감을 드러내는 얼굴 표정과 비교해보자. 역겨운 것을 머릿속에 떠올리며 얼굴 표정을 지어보라. 십중팔구 눈을 가늘게 뜨고 코를 찡그리며 귀를 닫으려 했을 것이다. 심지어 혀를 내밀기도 했을 것이다. 이런 변화는 감각 정보를 차단하는 데 효과가 있다. 따라서 논리적 타당성이 있는 표정의 변화이다. 근처에 고약한 냄새를 풍기는 오염 물질이 있다면, 얼굴에서 최대한 많은 구멍을 막아라!

연구자들이 코를 훌쩍이는 횟수를 헤아리고, 주변에서 감정과 관련된 표식을 감지하는 능력을 측정한 이유는, 실험 대상자들이 땀에 젖은 탈지면에 코를 대고 호흡하며 감각 정보를 확대하거나 차단하는 정도를 파악하기 위한 것이었다. 앞에서도 말했듯이, 두려움이 밀려오면 구멍을 확대하고 더 자주 훌쩍이며 주변에서 두려움과 관련된 것을 찾으려 한다. 한편 혐오감이 밀려오면 구멍을 닫고 덜 훌쩍이며, 주변에서 마음의 안정을 주는 것을 찾으려 한다.

실험 결과에 따르면, 여성들은 두려움을 느낀 남성 지원자들의 땀 냄새를 맡을 때는 감각 정보를 확대하려 했고, 혐오감을 느낀 남성 지원자들의 땀 냄새를 맡을 때는 감각 정보를 차단하려 했다. 애초의 가정이 입증된 셈이었다. 내가 이 실험 결과에 주목한 이유는,

실험이 감정의 소통을 입증하는 게 아니었기 때문이다. 달리 말하면, 여성들이 다른 사람의 감정을 정확히 감지했다는 것(이 사람이 두려움을 느꼈군! 그런 냄새가 풍겨!)을 증명하려는 실험이 아니라, 여성들이 어떤 감정 상태와 관련된 증거를 냄새로 파악하고, 그 감정 상태가 몸에 영향을 미친다는 것을 입증하기 위한 실험이었다. 따라서 실험 대상자들은 감정과 관련된 연구라는 것도 모른 채 실험에 참가했다. 결국 이런 결과는 감정의 소통보다 감정의 전염을 뒷받침하는 증거이다.

이 연구팀은 서너 번의 반복된 실험에서 동일한 결과를 얻었고, 그 후에는 결과를 다른 경우까지 확대해보았다. 예컨대 두려움과 관련된 화학 신호가 공포 영화를 이용한 시청각적 감각 정보와 동일한 방식으로 전달되며, 각 정보가 단독으로 제시되는 경우보다 둘을 결합하면 감정 전염 효과가 더욱 커진다는 것을 입증했다.[27] 또 다른 실험에서는 행복한 사람의 땀 냄새를 맡으면 얼굴 표정이 행복하게 변하는 데 그치지 않고, 행복감으로 인지 능력과 집중력이 향상된다는 걸 입증했다.[28]

따라서 꿀벌은 페로몬을 사용해 감정을 주변과 공유하는 유일한 동물이 아니다.*

---

* 화학 신호를 매개로 한 감정의 소통과 전염은 더 흐로트 등의 실험을 통해 반복해 확인되었지만, 생리 주기의 동조화 연구에서는 동일한 결과가 나오지 않았다. 따라서 많은 연구자가 화학 신호들이 전달되는 메커니즘에 의문을 품고 있다. 정확히 어떤 화학물질이 분비되고, 정확히 어떻게 감지되는 것일까? 확실한 생물학적 메커니즘을 찾고 입증하기 전까지, 인간은 페로몬을 발산하고 감지한다고 명확히 결론짓지 않고 신중해야 한다.

행동과 경험에서 꿀벌과 인간이 공유하는 부분은, 복잡한 행동도 상당한 부분에서 어느 정도까지는 기계적으로 행해진다는 것이다. 누구나 인정하겠지만, 꿀벌도 본능적으로 할 수 있는 모든 것을 해낸다. 다시 말하면 그들의 유전자에 심어진 선천적인 행동을 태어난 순간부터 기계적으로 해낸다. 댄 콘론의 가르침에 따르면, 꿀벌은 태어나는 순간부터 믿기지 않을 정도로 복잡한 행동을 시작한다. 새끼 꿀벌은 먼저 벌집을 깨끗이 청소한다. 다음에는 복부에 밀랍을 키우고, 그 밀랍을 아래턱에 가져와 처음부터 완벽한 형태로 한 칸씩 만들어간다. 꽃의 꿀을 벌꿀로 숙성하는 책임을 맡은 꿀벌은 채집하는 꿀벌을 벌집 입구에서 만나, 잠깐 입맞춤하며 혀를 뒤섞는다. 그러면 액즙이 전달되고, 집에서 일하는 꿀벌은 그 액즙을 벌집에서 가공하기에 적합한 곳으로 가져간다. 한편 채집 꿀벌은 태양을 이용해 방향을 파악한다며 댄은 단풍이 짙게 물든 나무들을 가리켰다. "채집 꿀벌이 저쪽에서 커다란 꽃밭을 발견했다고 해볼까요? 그럼 채집 꿀벌은 저 트럭과 저 녹색 헛간, 그리고 햇살이 정확히 어떻게 떨어졌는지를 기억합니다. 꿀벌에게도 일종의 시각 기억이 있는 것 같습니다. 꿀벌이 그 모든 것을 어떻게 해낼 수 있는지 생각하면 그야말로 놀라울 따름입니다."

내 생각에도 놀라웠다.

꿀벌이 그 복잡한 행동들을 순전히 본능으로, 즉 어떤 의식이나 의도의 개입도 없이 해낸다고 생각하는 편이 더 나은 것 같았다. 그 작은 곤충이 포유동물 수준의 의식을 갖는다고 상상하기 힘들었다.

댄은 나의 이런 생각을 짐작이라도 한 듯이 소리 내어 말했다. "맞습니다. 하지만 우리는 어떤 경우에도 본능에만 이끌려 행동하지는 않겠지요?"

이 장을 시작할 때 우리의 행동이 예상보다 본능적으로, 또 자각의 한계를 넘어선 동기에 영향을 받아 무의식적으로 결정되는 경우가 많다는 걸 살펴보았다. 따라서 인간과 꿀벌이 똑같이 무의식적인 충동으로 행동하는 경우가 많더라도, 인간은 그런 충동을 이해하고 억제하는 방향으로 진화되었다는 것이 둘의 가장 큰 차이이다. 데이비드 이글먼이 지적했듯이 우리는 율리시스를 본보기로 삼아, 충동적인 자아를 돛대에 묶어두고 사이렌의 유혹을 견뎌낼 수 있다.

요컨대 인간은 호모 두플렉스여서 이중적으로, 즉 개인주의적이면서도 집단주의적으로 행동할 수 있다. 그러나 무아경에 빠져 춤을 추고, 축구 경기에서 득점하고, 주변 사람들과 대화할 때 우리는 독립된 개체보다 초유기체superorganism처럼 더 자주 행동하는 듯하다. 우리는 움직임, 얼굴 표정과 감정, 더 나아가 뇌활동에서 다른 사람의 영향을 받는다. 뒤에서 다시 보겠지만, 뇌활동이 결국 우리가 어떻게 행동하고 어떤 표정을 짓고 어떤 감정을 품느냐는 것이므로 뇌활동이 주변의 영향을 받는 것은 당연하다.

그러나 하이브 마인드는 사람들이 모여 춤을 추거나 노래할 때 혹은 공동의 적과 싸울 때 일어나는 순간적인 현상만이 아니다.

오히려 하이브 마인드는 집단의 합치된 현실 인식이기도 하다.

우리 자아는 허구

캐슬록, 메인

네 살배기 아들을 침대에 누이면, 녀석은 눈을 크게 뜨고 나를 올려다보며 나지막이 말한다. "아빠, 침대 밑에 괴물이 있는지 봐줘요." 나는 아들의 요구에 맞춰주며 고개를 숙인다. 내가 고개를 다시 들면, 녀석은 나를 뚫어지게 쳐다보며 떨리는 목소리로 살그머니 말한다. "아빠, 내 침대에 누가 있어요."

이 두 문장의 공포 이야기는 매년 핼러윈마다 반복된다. 나는 많은 단어를 사용하지 않고, 심지어 내가 만든 이야기도 아닌 것으로 내 생각을 당신 머릿속에 심었다. 구체적으로 말하면, 두 등장인물과 현실적인 환경과 공포를 유발하는 시나리오로 꾸민 심성 모형 mental model을 만들었다.* 야간등이 깜빡이는 것을 본 적이 있는가?

---

* 하이브 마인드 의식을 보여주는 좋은 예로, 단어를 조금씩 바꾼 다른 형태의 이야기를 인터넷에서 얼마든지 찾을 수 있다. 하지만 원전을 찾기는 불가능해 보인다.

우주복처럼 생긴 파자마를 입은 괴물을 본 적이 있는가? 작고 떨리는 목소리를 들은 적이 있는가? 내가 장담하지만, 틀림없이 있었을 것이다.

스티븐 킹Stephen King은 《유혹하는 글쓰기》에서, 글쓰기를 텔레파시 행위로 규정한다. 이런 정의를 증명하려고 스티븐은 독자들에게 어떤 이미지를 보낸다. 등에 푸른색으로 8이란 숫자가 쓰인 하얀 토끼가 우리에 갇힌 이미지이다. 스티븐은 1990년대 말 12월의 어느 날 아침에 그 이미지에 관한 글을 썼지만, 시간과 공간을 초월해 거의 20년이 지난 7월의 어느 날 오후에 나는 그 글을 받고 읽는다. 그리고 내 검은 반려견이 옆에서 헐떡이는 소리를 들으며 내 글을 쓴다. 이번에는 내가 내 글을 당신에게 보낸다. 당신이 언제 어디에서 내 글을 읽느냐는 중요하지 않다. 2년이나 10년 혹은 20년 후에 공항에서 비행기를 기다리며 읽든 해변에 느긋하게 누워 읽든 상관없다. 그러나 이 장에서 보겠지만, 단어를 사용해 생각과 이미지를 다른 사람에게 전달하는 행위는 멋진 재능의 과시로 끝나는 게 아니다. 하이브 마인드를 가로지르며 널리 확산되는 생각이, 우리가 '현실reality'이라 인정하는 것의 대부분을 만들어가는 것일 수 있다.

이 장에서 나는 우리가 세상을 직접 경험하더라도 우리 현실은 문화적 환경에서 더 큰 영향을 받는다는 것을 설득력 있게 설명해보려 한다. 앞에서 언급했듯이 우리는 집단으로 어울리며 동조화하고 결속하는 경향을 띠는 데 그치지 않고, 진실감과 세계관도 사회적으로 형성되는 것이지 단독으로 이루어지는 것이 아니다.

우리는 양육과 대화, 정식 교육과 온라인 매체를 통해 이런 지식을 받아들이고 공유한다. 그러나 우리가 문화의 사회적 규범과 현실에 대한 심성 모형을 받아들이는 가장 기본적인 방법, 즉 이 장을 시작할 때 이용한 방법인 스토리텔링으로 시작해보려 한다.

집단 도서관

———— 프랑스 문학교수 피에르 바야르Pierre Bayard는《읽지 않은 책에 대해 말하는 법》이란 얄팍한 책에서, 우리에게는 개개인이 평생 동안 중요하게 생각한 책들로 꾸며진 내적인 도서관만이 아니라 모두가 공유하는 '집단 도서관collective library'이 있다고 주장한다. 집단 도서관은 하나의 문화로서 우리가 중요하다고 판단한 책들로 꾸며진다. 그 책들에 대한 집단의 합의와, 그 책들을 잇는 관련성은 한 권의 어떤 책보다 더욱더 중요하다. 설령 당신이《로미오와 줄리엣》을 읽지 않았더라도 그 희곡이 불운한 첫사랑과 두 적대적인 가문을 다루었다는 것쯤은 알고 있을 것이다. 이 이야기에 담긴 철학과 심상과 감정이 이리저리 결합되며 형성된 의미를 우리가 공유하게 되었기 때문이다.

이런 문화적 삼투 작용의 예를 보여주려고, 작가이며 행위예술가인 제이드 실번Jade Sylvan은 페이스북의 친구들과 팔로워들에게《왕좌의 게임》에 등장하는 인물 중 하나의 이미지를 게시해보라고 요구했다. 그럼 제이드는 그 책을 읽지도 않았고 텔레비전 시리즈를 시청한 적도 없었지만 관련된 대화와 소셜미디어의 게시물을 통해 알게 된 정보를 바탕으로 그 등장인물의 이름과 배경을 써보겠다고 장담했다. 제이드는 몇몇 등장인물의 이름을 놓쳤지만 많지는 않았다. 특히 배경과 관련해서는 대체로 정확히 맞추었다.

제이드가 텔레비전 시리즈에서 존 스노를 연기한 키트 해링턴의 사진에 어떻게 대답했는지 예를 들어보자. "존 스노가 분명하다. 스노는 번들거리는 검은 머리카락과 이복형제들 때문에 사람들에게 사랑을 받는다. 스노는 북쪽으로 가다가 좀비들을 만나고, 충격을 받는다. 스노에게는 고스트라는 커다란 흰색 늑대가 있다. 스노가 죽자, 모두가 큰 충격을 받지만 그를 다시 살려냈다. 내 생각에는 그가 마법의 늑대이기 때문이 아닐까 싶다." 제이드는 한 줄도 읽은 적이 없었고 한 장면도 본 적이 없었지만, 하이브 마인드의 작용으로 줄거리가 그의 의식에 스며들었던 것이다.

서사적이고 감성을 자극하는 픽션을 읽으면 우리는 모두가 우리 자신처럼 내면을 갖고 있다는 걸 알게 된다. 역사학자로《인권의 발명》을 쓴 린 헌트Lynn Hunt는 우리가 문자로 쓰인 감동적인 이야기를 읽은 덕분에 보편적 인권을 깨닫게 되었다고 주장한다. 소설 형태로 쓰인 픽션은 남녀, 빈부, 피부색 등 표면적인 차이와 상관없이 모두가 내면에서는 비슷한 감정과 생각과 걱정거리를 지닌다는 걸 보여준다. 헌트의 생각에, 소설을 읽는 과정에서 중요한 것은 줄거리와 등장인물에 대한 감정이입, 즉 정서적 연대이다. 작품의 문학성보다, 작품이 독자에게 어떻게 감동을 주느냐가 훨씬 더 중요하다. 어떤 감동을 받느냐에 따라 우리가 세상을 보는 관점이 달라지기 때문이다.

초기의 연구에 따르면, 소설을 읽으며 보낸 시간과 감정이입 혹은 대인 민감성interpersonal sensitivity 사이에는 설문지 작성부터 낯선 사람의 눈길에서 미묘한 감정을 읽어내는 능력까지 거의 모든 면에서 긍정적인 관계가 있었다. 이런 결과는 애서가들에게 무척 반가운 소식이었다. 예컨대 위험에 빠진 젊은 무슬림 미망인을 다룬 짤막한 단편을 읽은 실험 참가자들은 얼굴을 어떤 단일한 민족의 특징이 아니라 여러 민족적 특징의 결합체로 보았고, 어떤 종족의 유전자들이 결합되었을지 추정하려는 경향까지 보였다며 "소설을 읽으면 자아와 타자 간의 경계가 흐려지기 때문인 듯하다"고 결론지었다.[1] 하지만 최근의 연구에서는 픽션 실험에 잠깐 노출되고도 전반적인 공감 능력을 자극할 수 있는가에 대한 의문을 제기했다.[2]

그러나 내 생각에는 장기적으로 심도 있게 소설을 읽을 경우의 효과도 아직 확실하지 않다. 단기적인 노출의 효과를 재현하는 데 실패한 연구에서도 장기간의 독서와 공감 능력 사이에는 상관관계가 있다는 게 확인되지만 상대적으로 높은 공감 능력을 지닌 사람이 독서량이 많을 가능성이 높아 이 상관관계를 확정하기 쉽지 않기 때문이다.[3]

허구적 이야기가 우리 집단 도서관에 들어가면, 현실 세계에서 우리가 취하는 결정과 행동에 영향을 미친다. 유명한 예가 영화 〈조스〉였다. 〈조스〉는 흥행에 크게 성공한 영화였지만, 이듬해 여름의 해변 관광에는 치명적인 타격을 주었다.* 작가 조 오코너^{Joe O'Connor}의 표현을 빌리면, 〈조스〉는 "우리의 심리에 깨문 자국"을 남겼고, 그 작은 자국은 여름휴가 계획에 영향을 미치기에 충분한 정신적 상처였다.⁴

피에르 바야르는 이런 상처를 '내면의 책'이라 칭했다. 우리의 문화와 집단 도서관을 결정하는 세계관에 대한 이해와 이론의 집합체가 곧 내면의 책이다. 따라서 소설만이 아니라 과학과 정치와 역사에 대해서도 우리에게는 내면의 책이 있는 듯하다. 우리의 모든 지역 영역은 문화적 하이브 마인드에 영향을 받기 때문이다.

예컨대 오래전부터 경제학은 "인간은 최선의 이익을 추구하기 위해 합리적으로 행동한다"라는 가정에 근거해 다양한 이론을 개발해왔다. 논문과 학회와 이론 등 모든 것이 이런 하이브 마인드를 전제로 발표되었고, 그 하이브 마인드가 맞는 것이란 가정하에 모든 연구가 진행되었다. 그러나 심리학자와 경제학자가 인간의 합리성에서 맹점을 연구하기 시작했다. 우리가 모든 것을 신중하게 충분히 생각하지 않고, 감정과 잘못된 경험 법칙을 근거로 결정을 내리는 경우가 많다는 사실이 확인되었다.⁵ 그 결과로 행동경제학이란 새로운 분야가 탄생하며, 경제학의 하이브 마인드가 옮겨갔고, 그 과정에서 두 번이나 노벨 경제학상을 수상했다.

---

* 〈조스〉가 개봉되고, 이듬해 여름의 해변 관광이 크게 줄었다는 많은 기사가 있었다. 여기에도 하이브 마인드가 작용한 것일 수 있다. 그러나 이런 기사를 객관적으로 증명하는 통계자료나 과학적 연구는 찾을 수 없었다. 초기의 자료가 시간의 모래에 사라진 것일까, 아니면 우리가 그랬을 것이라고 집단적으로 판단한 것일까?

하이브 마인드의
실패

──────── 우리가 하이브 마인드에서 받아들이는 이야기가 때로는 실패한다. 이때 세계에 대한 우리 지식이 직접 경험보다 집단에 떠도는 이야기에 의존하는 정도가 드러난다. 우리가 읽지 않은 책에 대해 말할 수 있지만 그 과정에서 무지함을 드러내는 경우가 있지 않은가. 예컨대 온라인 잡지 〈일렉트릭 리터리처〉의 편집장, 제스 짐머만Jess Zimmerman은 자신의 남자친구가 조랑말을 망아지로 생각한다는 글을 트위터에 올렸다. 몇몇 사람들이 자신이 경험한 재밌었던 착각을 답글로 달자, 제스는 트위터 팔로워들에게 각자가 경험한 재밌는 사례를 공유해달라고 요청했다.

아이가 처음부터 완전한 치아를 갖고 태어나는 줄 알았다는 남편들, 펜실베이니아와 트란실바니아가 같은 지역이라 생각하며 자랐다는 친구들, 스커트와 드레스가 길이만 다른 똑같은 종류의 옷이라 생각했다는 남자들을 고발하는 흥미로운 사례가 잇달았다. 어떤 이유였는지는 몰라도 상당히 많은 사례가 마요네즈와 관계있었다. 마요네즈는 유제품이란 착각, 마요네즈를 겨자와 섞으면 독이 된다는 주장, 오래된 감자가 갈라지면서 마요네즈가 된다는 엉뚱한 주장도 있었다. 이런 흥밋거리는 웃음을 자아내는 데 그치지 않고, 뼈를 때리는 진실을 적나라하게 보여주었다. 우리가 알고 있는 것의 대부분이 전해들은 것이고, 요점에 기반을 둔 집단 지식이며, 대체로 잘못된 것이라는 점이다.

이야기가 흥미진진하다는 이유만으로, 혹은 우리 세계관의 다른 면, 예컨대 우리의 편견과 두려움과 억측을 드러내 보여준다는 이유로 분명한 증거에도 아랑곳없이 오류가 끈덕지게 계속되면 집단 지식은 우리에게 아무런 도움이 되지 않는다. 오류가 사실처럼 받아들여지는 많은 사례가 있다. 정례적인 백신이 자폐증의 원인이고, 우리는 뇌의 10퍼센트만을 사용하며, 구석기시대의 식단이 가장 바람직한 건강식이란 속설이 대표적인 예이다. 그 밖에도 무수히 많지만, 내가 아무것도 몰랐던 까닭에 내 마음을 완전히 빼앗아갔던 속설 하나로 시작해보자

보건학자 에밀리 나고스키Emily Nagoski는《본래의 모습 그대로: 당신의 성생활을 놀랍게 바꿔주는 신과학》에서, 처녀막은 찢어지는 게 아니고 처녀성의 표식도 아니라고 말한다. 처녀막은 질 입구의 아래쪽에 펼쳐진 얇은 막이다. 인간 생식기에서 다른 부분도 그렇듯이, 처녀막도 무척 다양하다. 예컨대 시스젠더cisgender 중에는 처녀막이 전혀 없는 여성도 적지 않다.* 사춘기 기간에 사라지거나, 중년이나 그 이후에도 처녀막이 계속 존재하는 여성도 적지 않은 편이다. 그러나 나고스키에 따르면, 처녀막은 봉인처럼 찢어지는 게 아니고, 처녀막의 유무가 처녀성을 판별하는 기준도 아니다. 처녀막은 뜯어지거나 상처가 생길 수 있지만, 다른 신체 기관처럼 치유될 수도 있다. 게다가 처녀막은 피를 흘리지 않는다. 최초의 삽입 섹스에

---

* 시스젠더 여성은 생물학적 성과 성 정체성이 일치하는 여성을 가리킨다.

피가 동반되는 이유는 질에 가해진 찰과상 때문이며, 삽입 섹스가 있었느냐에 따라 처녀막의 크기가 달라지는 것도 아니다.

그러나 처녀막 '괴담'은 끈질기게 계속된다. 처녀막은 처녀성의 표식이고, 처녀성을 잃으면 선홍색 피가 터지고, 온전한 처녀막을 지닌 여성을 성폭행했다는 것은 불가능하다는 괴담은 여전하다. 지금도 세계의 어느 곳에서는 의사조차 처녀막의 유무가 처녀성을 감별하는 기준이라 생각하고, '잘못된' 판정이 폭력이나 죽음으로 이어진다.[6] 따라서 사라진 처녀막을 외과적으로 대체하려는 성형외과의사까지 존재하는 실정이다.

이처럼 근거 없는 하이브 마인드는 문학과 종교 의례, 학교 운동장의 시끌벅적한 소문 및 구전을 통해 퍼진다. 이런 과정을 통해 하이브 마인드는 우리 세계관에 스며들고, 현실에 대한 인식에도 은밀히 영향을 미친다.

행동의 기준:
사회 규범

──────── 하이브 마인드는 우리에게 허용된 행동을 판단하는 기준에도 영향을 미친다. 사회에 대한 공통된 이해에 근거한 행동 규칙은 사회 규범social norm이라 일컬어진다. 결혼 방식, 문제를 일으키지 않고 배설할 수 있는 장소에 대한 규정처럼 어떤 사회 규범은 법의 형태로 명확히 성문화된다. 그러나 대부분의 사회 규범은 모호하

고 미묘하게 전달되지만, 세상이 운영되는 방법에 대한 하이브 마인드로부터 우리가 받는 다른 메시지들과 대체로 일치한다. 예컨대 엘리베이터를 탈 때 우리는 문 쪽으로 얼굴을 향한다. 도서관에서는 나지막이 말하지만 콘서트장에서는 마음껏 소리를 지른다. 할머니나 어린 시절의 친구를 맞이할 때는 두 팔로 꼭 껴안지만, 고등학교 교장이나 이성異性 직장 동료에게 그런 식으로 인사하지는 않는다.

우리는 사회적 타자의 행동 방식에 절묘하게 맞추고, 그들의 기대를 충족시키려고 우리 행동을 수정하기도 한다. 텔레비전에 출연해 구불대는 긴 머리카락을 자랑하는 배우들이 늘어나면, 우리도 머리카락을 기르기 시작하고, 머리카락에 굴곡을 주는 데 필요한 고데기를 구입한다. 우리 페이스북 피드의 절반가량이 머리에 얼음물을 뒤집어쓰는 가까운 친구나 유명인사의 동영상으로 채워지면, 우리도 얼음물을 머리 위에 쏟고 싶은 욕망에 사로잡힌다. 그렇게 우리는 사회적 타자들의 대열에 참여한다.

대부분의 사람이 행하는 것이 실질적인 규범이고, 대부분이 어떻게 행동한다는 생각이 규범에 대한 주관적인 인식이다.[7] 흥미롭게도 사람들의 행동을 통제하는 데는 규범에 대한 주관적인 인식이 실질적인 규범보다 더 중요한 역할을 한다. 예를 들면, 동네에서 얼마나 많은 사람이 실제로 분리수거를 하고 있느냐가, 당신 생각에 동네에서 얼마나 많은 사람이 분리수거를 하고 있느냐는 것보다 중요하지 않다.

집단주의적 관점에서 말하면, 이런 규범이 이른바 문화라는 것의 근간을 이룬다. 듀크 대학교의 심리학자이자 언어학자인 마이클 토마셀로의 주장에 따르면, 우리가 서로 협력하기 시작하며 점점 더 큰 집단을 형성해가자 문화가 잉태되었다.[8] 그의 표현을 빌리면, 우리가 가장 먼저 구축한 것은 '공동의 상호작용shared intentionality', 즉 다른 사람들과 함께 협력하고 목적과 의도를 이해하는 능력이었다. 시간이 지남에 따라, 그 공동의 상호작용은 '집단 의도성collective intentionality'으로 진화했다. 다시 말하면, 특정 집단의 규범과 윤리의식이 흡수되고 무의식화되었다. 집단이 점점 커져감에 따라, 우리는 더 이상 개개인을 추적할 수 없었고 개개인을 신뢰할 수 있는지 없는지도 확신할 수 없었다. 우리는 동일한 부족에 속한 존재라는 표식이 필요했다. 그 표식은 이웃한 부족의 그것과 달라야 했다. 따라서 차별성을 띤 인간 문화가 잉태되었다. 예컨대 식사법과 의상, 예배법과 언어에서 당신 부족과 다른 부족은 달랐다. '우리'가 먹잇감을 포획하고, '우리'가 집을 짓는 고유한 방법이 있었다. 달리 말하면, 우리만의 사회 규범이 있었다.

사람들은 전체 문화권에 속한 사람들이 행동하는 법이라 생각하는 것에 영향을 받지 않고, 특정한 내집단이나 하위문화권에 속한 사람들이 행동하는 법이라 인식하는 것에 더 큰 영향을 받는다.[9] 당신의 사회 연결망에서 아이스 버킷 챌린지에 직접 참가한 동영상을 게시하는 사람보다 곁눈질하는 사람이 더 많다면, 당신은 얼음물을 뒤집어쓴 뒤에 이를 덜덜 떠는 동영상을 촬영할 가능성보다 줏대 없는 레밍들을 빈정대는 입장을 공유할 가능성이 더 크다.

사회신경과학자 매슈 리버먼Matthew Lieberman의 주장에 따르면, 사회 규범은 우리에게 먼저 머리카락을 굴곡지게 꾸미거나 얼음물을 뒤집어써야겠다고 생각하게 유도함으로써 우리 행동에 영향을 미친다. 리버먼은 행동과학과 신경과학적 관점에서, 우리 자아감이 트로이의 목마처럼 공유 문화의 가치가 우리 행동에 스며들어 영향을 미치게 해준다는 걸 암시하는 광범위한 증거를 제시했다. "집단의 믿음과 가치관을 우리가 인식하는 것으로는 충분하지 않다. 그 믿음과 가치관이 우리 행동을 인도하게 된다면 반드시 우리의 것으로 차용해야 한다. (……) 우리 자아감을 형성하는 것의 대부분은 외부에서부터 은밀히 스며들었다."[10]

끝으로, 우리는 개인적 관계를 공유하는 사람들, 또 리더와 유명인사처럼 이상화된 타자에게 더 쉽게 영향을 받는다.[11] 이상화된 타자에게 더 쉽게 영향을 받는다는 사실은 홍보와 마케팅 분야에서 일하는 사람들에게는 잘 알려진 것이다. 따라서 그들은 인스타그램 같은 사회적 플랫폼에서 많은 팔로워를 거느린 사람, 이른바 인플루언서influencer를 적극적으로 이용한다. 예컨대 인플루엔서에게 무료 제품과 무료 숙식권을 보내며, 그가 자신의 소셜미디어에 그 제품을 언급하거나 사용하는 모습을 게시하기를 바란다.

사회 규범이 바뀌려면 무엇이 필요할까? 소규모 무리도 집단 전체에서 지위가 올라가면 무척 큰 영향을 미칠 수 있다. 새로운 사회 규범이 집단 전체에서 받아들여지려면 얼마나 많은 사람이 그 규범을 채택해야 하는가를 알아보기 위한 실험을 시도하는 연구자들도 있었다.[12] 그들의 연구 결과에 따르면, 어떤 사회 규범이 사라지고 다른 사회 규범이 채택되는 티핑 포인트는 놀랍게도 25퍼센트에 불과했다. 즉 집단의 4분의 1만이 새로운 규범을 지지해도 충분하다는 뜻이었다. 그 이하에는 사회 규범이 바뀌지 않았다. 그 이상이면 사회 규범이 바뀌었다. 25퍼센트라는 수치는 수학적 모델을 이용한 사회과학자들의 예측과도 일치했고, 기업의 사례 연구에서 얻은 자료와도 맞아떨어졌다.[13]

과학 전문기자, 에드 용 Ed Yong은 이 실험에 대해 〈애틀랜틱〉에 기고한 글에서[14] "소규모 무리도 어떤 임계점에 이르면 기존의 사회적 관습을 확실히 뒤집을 수 있다. 그렇게 되면 과거에 용인되던 것이 순식간에 용납할 수 없는 것이 되고, 그 반대도 마찬가지"라며 동성 결혼에 대한 의견, 공공장소에서의 흡연 금지, 마리화나의 합법화를 예로 들었다. 이 실험에서 사용된 사회 규범은 임의적이고 상대적으로 중립적인 규범이었고, 역사와 정치와 동질감에서 대부분의 사회 규범은 이 경우보다 훨씬 긴밀하다. 그러나 현상을 고수하려는 경향이 무척 강한 경우에도 티핑 포인트는 약 30퍼센트에서 조금씩만 움직였다.

기업들은 소비자들에게서 파악한 사회 규범을 구체적으로 이용해 그들의 행동에 영향을 미치는 전략을 시행하기 시작했다. 예컨대 전기 회사는 당신이 이웃과 비교해 얼마나 많은 전기를 사용하는가에 대한 보고서를 보여준다. 그 보고서를 읽는 당신의 표정에서, 당신이 에너지 소비와 관련된 사회 규범을 지키고 있는가를 짐작할 수 있다. 전기 회사는 당신이 집단 구성원들과 똑같이 행동한다는 당신 인식에 변화를 유도함으로써 다르게 행동하도록, 즉 전기를 절약해 사용하도록 자극하는 것이 보고서를 보내는 목적이다.

이런 사회적 자극social nudge은 어떻게 제시되느냐에 따라 역효과를 낳는 경우가 적지 않다. 한 연구 보고서에서 확인되듯이, 수치심을 자극해 숲에서 규화목이나 분리하도록 유도하면 오히려 절도율을 높이는 역효과를 낳는다. 연구자들은 "'이 달갑지 않은 일을 하는 사람들을 잘 지켜보라'라는 지시에는 일꾼들을 폄하하는 동시에 '이 일을 하는 사람들을 잘 감시하라'는 강력한 규범적인 메시지가 숨어 있다"라고 결론지었다.[15] 이 경우에는 사람들을 반사회적으로 행동한다고 꾸짖음으로써 반사회적인 행동에 대한 사회 규범을 의도하지 않게 전달한 것이 된다.

우리 세계관은 개인적인 사회 연결망에 속한 사람들에게는 물론이고 얼굴조차 마주한 적이 없는 사람들에게도 영향을 미치며, 하이브 마인드를 통해 확산된다. 사회학자 니컬러스 크리스태키스Nicholas Christakis와 제임스 파울러James Fowler가 《행복은 전염된다》에서 말했듯이 "우리는 주변에서 사회적 세계의 맥박을 느끼고, 끊임없이 반복되는 그 리듬에 반응하는 듯하다. 좋든 나쁘든 우리는 사회 연결망의 일부로서 우리 자신을 넘어서고, 더 큰 무엇의 일부가 된다. 우리는 연결되어 있다."

우리는 이런저런 이야기를 주고받으며 연결망을 구축해간다.

이야기:
가장 자연스런 형태의 생각

━━━━━ 사회 규범은 제도적인 법, 사회적 타자의 일반적인 행동에 대한 우리의 인식, 지도자와 유명인사의 본보기를 통해 전해진다. 사회 규범은 우리가 읽고 듣고 지켜보는 이야기들, 즉 픽션에 담긴 교훈에도 영향을 받는다. 우리가 이야기를 통해, 설화적 이야기를 통해, 다시 말하면 가장 원초적이고 기본적인 방법을 통해 세상을 알아간다.

심리학자 로저 생크Roger Schank와 로버트 에이벌슨Robert Abelson (1928~2005)은 "이야기가 가장 자연스런 형태의 생각"이라 주장했다.[16] 그들의 주장에 따르면, 언어로 표현된 지식은 과거를 기억하고 현재를 이해하며 자신을 미래에 투영하고, 다른 사람들과 정보를 나누기 위해 존재하는 것이다.

결국 언어로 표현된 지식은 '말하기' 위해 존재하는 것이다.

모든 심리학 입문 강의가 기억은 다양한 기준에 따라 구분된다고 학생들에게 가르친다. 첫째로는 내현 기억implicit memory(혹은 암묵적 기억)과 외현 기억explicit memory의 구분이다. 내현 기억은 우리가 자각하지 못하는 사이에 우리 행동에 영향을 미치는 기억이다. 자전거를 탈 때 균형을 잡기 위한 근육계의 정교한 변화, 할머니의 체취를 맡을 때 느끼는 포근한 감정은 내현 기억에 근거한다. 한편 외현 기억은 다시 일화 기억episodic memory(자전적 기억)과 의미 기억semantic memory(사실에 대한 기억)으로 나뉜다. 나는 기억의 이런 차이를 가르칠 때 학생들에게 커다란 나무가 있는 이미지를 보여주며, 너희가 어떤 특별한 나무 아래에서 결혼하면 그날의 기억이 일화 기억이 되고, 의미 기억은 상록수와 낙엽수의 차이에 대한 기억이라고 가르친다. 또 지난 밸런타인데이에 당신이 무엇을 했는지 기억하는 것은 일화 기억이고, 발렌티누스 성자가 누구였는지 기억하는 것은 의미 기억이다.

생크와 에이벌슨은 인지심리학의 이런 기본 원리가 실제로는 틀렸다고, 예컨대 의미 기억 같은 것은 사실상 존재하지 않는다고 주장한다. '사실에 기반을 둔 것'처럼 보이는 기억도 실제로는 이야기들로 이루어지고, 자전적 기억의 일부이다. 예컨대 당신이 "나는 뉴욕에서 태어났다"라고 말할 때 부모에게 들은 이야기를 기억해내며 말하는 것이다. 내친김에 물어보자. 뉴욕이 무엇인가? 뉴욕 주를 구분 짓는 자연적 경계는 없다. 그래도 뉴욕 주의 경계를 표시하는 선이 있고, 그 경계 안쪽에 있는 사람들은 경계 너머의 사람들과 약간 다른 식의 지배구조를 결정할 수 있다는 데도 모두가 동의한다. 우리는 역사적 선례 때문에 이런 이야기에 동의한다. 그럼 역사는 오랫동안 짜여진 이야기들이 아니면 달리 무엇이 되겠는가?

언젠가 나는 오빠의 약혼을 축하하는 가족 파티에 참석한 적이 있었다. 유난히 활달한 친구 하나가 우리 옆에 앉은 어린 꼬마에게 학교에서 무엇을 배우고 있느냐고 물었다. 꼬마는 주 이름을 외우고 있다고 대답했다. 내 친구가 "꼬마야, 주 같은 것은 없어"라고 말하자 꼬마는 어리둥절한 표정을 지었다. 그때 나는 친구의 대꾸가 재

있고 희한하다고 생각했지만 "주 같은 것은 없어"라는 말을 곰곰이 생각해보면, 주라는 개념은 우리가 공유한 심성 모형, 우리가 합의한 법과 지배 구조 및 사회적 관습, 결국 우리 하이브 마인드에서 결정된 것이다.

우리는 뉴욕에 사는 사람들의 특성에 대한 이야기도 주고받는다. 가령 당신이 뉴욕에서 자랐다고 말하느냐 네브래스카에서 자랐다고 말하느냐에 따라, 당신이란 사람에 대한 상대의 예측과 평가가 달라진다. 물론 월스트리트의 금융계에서 일하는 여성과 우드스톡에 살며 영기靈氣 치료라는 대체의학을 시행하는 남성 사이에는 커다란 차이가 있을 수 있다. 이 두 사람에 대해 추가적인 정보를 알게 되더라도 그들이 개인으로서는 어떤 사람인지에 대해서는 여전히 아무것도 모른다. 우리가 사회적 타자에 대해 이러쿵저러쿵 말하는 이야기들은 고정 관념이거나, 특정한 사회적 집단에 소속된 사람의 특징에 대한 추정이다.

텔레비전 프로그램, 소설과 광고 등으로 이루어진 집단 도서관에서 어떤 집단은 어떤 특징을 띤다는 신뢰할 만한 연관성 때문에 고정관념이 생긴다. 우리에게 익숙한 허구적 이야기에서 변호사는 항상 말끔한 옷차림에 무자비한 성품이고, 금발의 여인은 지능이 낮지만 성적 매력은 넘치고, 명랑한 사람은 경박하지만 재밌는 사람으로 묘사된다. 우리가 사회적 집단에 짝짓는 연상이 위의 예보다 훨씬 더 유해한 경우가 많다. 예컨대 어떤 인종을 폭력이나 게으름과 짝짓는다고 생각해보라. 이런 특성이 그 집단에 속한 사람들과 암묵적으로 관련지어지면,[17] 그들이 직장에 지원하거나 대출이나 데이트를 신청할 때 어떤 식으로든 영향을 미치기 마련이다.[18] 우리는 모든 사회적 상호작용에서 암묵적 연상을 시도하고, 그 상호작용이 우리가 공유하는 세계관으로 발전한다.

정치적 신념도 세계가 어떻게 구성되었고, 어떤 종류의 가치를 우위에 두어야 하는지에 대해 우리가 주고받는 이야기이다. 섕크와 에이벌슨의 표현을 빌리면 "좋은 사람과 나쁜 사람이 있다. 나쁜 사람은 불법적인 방법을 사용해 사악한 상황을 빚어내려 한다. 좋은 사람들이 힘을 모으고, (나쁜 사람들의 유혹에 빠져 위험에 처한) 사람들을 지원군으로 끌어들여 영광의 승리를 향해 단호히 진격해야만 그런 상황을 방지할 수 있다." 부탁하건대 이런 이야기 골격을 반드시 기억하기 바란다. 뒤에서도 똑같은 식의 이야기가 반복되기 때문이다.

어떻게 지금과 같은 상황에 이르게 되었을까? 우리는 어떤 과정을 거쳐, 판타지 소설가 테리 프래쳇Terry Pratchett(1948~2015)이 '이야기를 꾸미는 유인원'이란 뜻으로 '판스 나란스pans narrans'라 칭한 것으로 진화했을까? 이제부터 진화생물학적 관점에서 이 질문에 대한 대답을 시도해보자.

진화, 픽션, 하이브 마인드

────── 대학원 1년차이던 어느 날 오후, 나는 집에 도착하자마

자 이메일을 열었다. 스팸 메일과 대학에서 보낸 소식들을 지웠다. 그런데 킴벌리 노리스 러셀이란 사람이 보낸 메일이 눈에 띄었다. 처음 듣는 이름이었다. 메일을 클릭해 열었고, 그 후로 10년 이상 동안 우리 둘을 우정으로 맺어준 구절을 읽게 되었다. 그 메일은 "낯선 사람에게 편지를 쓰는 것은 처음입니다. 하지만 지금은 지푸라기라도 잡고 싶을 만큼 도움이 절박합니다"라고 시작했다.

킴벌리는 우리에게 공동의 친구가 있고, 그들 둘이 텔레비전 드라마 〈뱀파이어 해결사〉의 최신 에피소드를 분석하며 시간을 보낼 예정이었다고 덧붙였다. 그런데 그 공동의 친구가 얼마 전에 그 드라마의 시청을 중단했고, 그 때문에 킴벌리는 새로운 대화 상대를 간절히 원했다. 그 친구는 동료이자 같은 팬이던 나를 킴벌리에게 소개했던 것이다.

좋게 말해서, 우리는 편지 교환을 시작했다. 우리는 증거를 수집했고, 열띤 토론을 벌였다. 그 하찮은 문제들에 쏟은 시간과 정성이었다면 서너 건의 난해한 세계적인 갈등을 해결했을지도 모른다. 여하튼 에피소드를 분석하며 토론하는 과정에서 킴벌리와 나는 절친한 친구가 되었다. 〈뱀파이어 해결사〉는 성공적으로 여섯 시즌을 끝낸 후에 방송을 중단했다.* 그 사이에 우리는 학업에 열중하던 젊은 학자에서 직장을 가진 어머니가 되었다. 장문의 이메일을 열심히 주고받을 이유가 사라졌지만 우리는 친근한 관계를 유지하고 싶었

---

* 시즌 7이 방영되었지만 나는 그 시즌을 인정하지 않는다.

던 까닭에 음성 메시지를 교환하기 시작했다(우리는 음성 메시지를 '오디오'라고 칭한다). 우리는 일상의 시시콜콜한 일에 대해 늘어놓는 데 그치지 않고, 영화의 효용성과 육아, 《왕좌의 게임》이 페미니스트 이야기인가 아니면 여성혐오적 난장인가, 남녀의 구분이 생물학적이거나 문화의 산물인 정도 등에 대해서도 열띤 토론을 벌였다. 언젠가 우리는 이런 대화 중 하나를 블로그에 게시한 적이 있었다. 정확히 말하면, 우리는 언론인 대니얼 버그너Daniel Bergner의 《욕망하는 여자: 과학이 외면했던 섹스의 진실》에 대해 대화를 나누었고, 그 대화를 정리해 격월간지 〈사이콜로지 투데이〉의 블로그에 게시했다. 그 글은 지금까지도 내 블로그에서 가장 많이 읽힌 글이다.

이 장을 쓰기 위해 인터뷰할 전문가를 결정할 때 나는 킴벌리를 고려 대상에 넣었다. 우리 우정이 사회적 테크놀로지를 통해 인연을 맺으며 시작되기도 했지만, 킴벌리가 진화생물학자여서 인간의 사회성 진화를 논의하기에 적절한 전문가이기도 했기 때문이다. '오디오'를 통해 나는 킴벌리에게 진화생물학적 관점에 대해 물었다. 이야기가 인간의 호기심과 인지 과정에 깊숙이 관계하는 이유는 무엇인가? 여러 프로그램을 짧은 시간에 몰아서 시청하는 '빈지 워치binge-watch'가 우리의 사회적 속성, 즉 호모 두플렉스로의 진화와 맞아떨어지는 이유는 무엇인가?

킴벌리는 다른 동물에서는 관찰되지 않는 인간만의 특징이나 능력은 다른 종에 비해 극소수에 불과하지만 인간의 사회성과 호혜성, 상대의 정신세계를 이해하는 능력은 남다르다고 대답했다. 심리학에서 이런 능력은 흔히 '마음 이론theory of mind'이라 일컬어진다. 이런 능력 덕분에 우리는 다른 사람의 생생한 경험을 이해하고, 모두가 똑같은 인식과 지식과 편견을 갖고 있는 것은 아니라는 걸 깨닫게 된다. 우리가 다른 사람들의 마음에 대해 나름대로 의견을 제시할 수 있는 것이나, 다른 사람의 고통에 공감하며 그 고통을 줄이려고 노력하는 것도 이 능력 덕분이다. 결국 이 능력이 우리 사회를 움직이게 하는 것의 대부분을 떠받치고 있는 셈이다. 이 능력이 어떤 방향으로 어떤 이유에서 진화되었느냐에 대해서는 인류학자이며 영장류학자인 세라 블래퍼 허디Sarah Blaffer Hrdy의 《어머니와 타인들: 상호이해의 진화론적 기원》을 읽어보라고 킴벌리는 추천했다.

이 책에서 언급되는 전문가들의 의견에 동의하며, 허디는 우리가 폭력적인 부족 집단으로 진화했다는 주장에 반론을 제기했다. 자원이 극히 제한된 시대에는 땅과 자원을 두고 지루하게 다투는 것보다 신속히 터전을 옮기는 편이 더 유리했다는 게 허디의 주장이다. 인류학적 기록에도 진화의 역사에서 초기에 광범위한 전쟁이 있었다는 물리적 증거가 거의 발견되지 않는다. 게다가 수렵 채집 사회에서는 "평등주의를 지향하며, 경쟁을 피하고 사회의 분열을 예방하기 위해 어떤 고생도 마다하지 않은 흔적"까지 보였고 "허세를 부리거나 인색하고 반사회적으로 행동하는 사람을 멀리하거나 모욕했고, 심지어 배척하거나 처형하기도 했다." 허디의 주장에 따르면, 인간은 공유하고 서로 돕는 관계망을 맺어가는 방향으로 진화했다. 달리 말하면, 식량을 구하고 자식을 양육하며 보금자리를 찾지 못할 때 도움의 손길을 내밀어주는 사회적 관계망이 있었다.

우리의 사회적 성향이 어떤 방향으로 진화했는지 알아보려면 침팬지와 보노보를 관찰할 필요가 있다. 그 둘은 인간과 공통된 조상을 가졌다. 침팬지와 보노보는 인간과의 유전적 근접성에서 거의 같고, 게다가 인간을 포함해 셋의 조상은 대략 600만 년 전에 같았다. 허디가 지적하듯이, 지금까지 대부분의 진화론적 설명은 침팬지에 초점을 맞추었다. 따라서 무리를 짓는 속성, 경쟁적이고 폭력적인 성향, 조심스레 유지되는 계급 구조에서 우리의 옛 모습을 보려 했다. 한편 보노보에게는 별로 관심을 두지 않았다. 따라서 보노보에 대해서는 알려진 것이 많지 않다. 그러나 현재까지 알려진 것을 종합하면, 보노보는 침팬지보다 훨씬 더 협력적이고 평등지향적이며, 무리에 새로운 구성원을 받아들이는 데 개방적이고 성생활에서도 감추는 게 없으며, 식량을 기꺼이 공유하는 편이다. 따라서 보노보를 공동 조상의 표본으로 사용하면, 진화의 역사에 대한 이야기가 약간 달라진다. 결국 진화의 역사에서도 하이브 마인드가 우월하다는 딱지를 붙인 이야기에 의해 우리 지식이 제한되었던 셈이다.

그러나 우리 조상의 모습을 찾기 위한 본보기로 침팬지를 선택하든 보노보를 선택하든 간에 어느 시점에 우리는 두 친척보다, 여하튼 공동 조상보다 사회정서적으로 훨씬 복잡한 존재로 진화하게 되었다. 대체 무엇이 인간을 그런 길로 이끌었을까?

허디의 생각에는 인간이 무리 내에서 어린 자식을 키우기 시작한 것이 색다른 진화의 계기였다. 더 정확히 말하면, 인간은 서로 협력하며 약한 갓난아기를 튼튼한 성인으로 키워내는 책임을 짊어졌다. 허디는 그런 노력을 '공동 양육alloparenting'이라 칭했다. 허디는 유전적 증거부터 내분비적 증거와 고고학적 증거까지 광범위한 증거를 근거로, 인간에게 내재한 사회성의 기원과 복잡하기 이를 데 없는 마음 이론은 다양한 형태의 도우미에게 의지하는 인간의 관습과 밀접한 관계가 있는 듯하다고 주장한다. 부모 외에 많은 사람의 돌봄이 필요했던 까닭에 마음 이론이 발달했든 아니든 간에 같은 무리에 속한 구성원들의 근원적 욕구를 이해하고 채워주는 능력이 인간의 고유한 특성인 것은 분명하다.

킴벌리도 인간의 이런 능력이 허구적 이야기를 읽거나 시청하는 데 그치지 않고 분석하고 비판하며 토론하고 반복하려는 욕망에서 생겼다고 믿었다. 킴벌리의 주장에 따르면, 우리는 모닥불 주변에서 허구적 이야기를 주고받기 시작했을 것이다. 다음에는 공동의 광장에서, 다음에는 우물 근처에서 목을 축이며, 지금은 웹에서 이야기를 꾸미고 있다. 그 과정에서 우리는 공감하는 법을 배우고, 허구적 인물의 욕구만이 아니라, 우리와 호흡을 나누며 함께 살아가는 사람들의 동기까지 이해하는 법을 터득하게 된다. 우리가 이야기 속에 이입될 때 우리는 등장인물이 되어, 그가 느끼는 것을 느끼고, 그가 행하는 것을 행하기 때문이다.

킴벌리는 웃으며 말했다. "작가가 쓴 등장인물의 선택이 우리에게 진실되게 느껴지지 않는 것이 바로 우리 비평이에요. 상상으로 만들어낸 허구적 상황에서 허구적 인물이 그런 허구적인 짓을 할 것이라 생각하지 않는 게 비평이에요. 그러니까 인간만의 특징이 생각하는 능력이에요!" 우리가 작가와 공유하는 상상에서만 존재하는 등장인물이 그 허구적 세계를 이해하는 기준과 가치관에 상반되게 행동할 때 우리는 당혹감을 느낀다.

인간은 생물학적으로나 문화적으로 학습할 수 있다는 특별한 능력 덕분에 많은 것을 이루어냈다. 이 때문에도 공감하고 협력하는 관습은 인간에게 특히 중요한 듯하다. 우리는 공감하고 자신을 타자에 투영해서 얻은 정보를 인식해 활용하는 신경학적 메커니즘을 갖고 태어났다. 그러나 그 정보를 활용하는 방법을 문화라는 과정을 통해 어린 시절에 어떤 식으로든 주입해야 한다. 킴벌리는 "우리가 태어나는 순간부터 갖는 도구는 이야기를 듣고 해석하는 과정, 또 이야기를 꾸미는 과정을 통해 조금씩 다듬어지는 거예요"라고 말했다.

초기의 인류 문화가 이런 절차탁마를 완벽하게 이루어냈더라면, 타자와의 상호작용을 더 잘해내고 한층 안정된 사회 시스템을 구축할 수 있을 것이다. 그랬더라면 인간은 진화적인 면에서 더 큰 혜택을 누릴 수 있었을 것이다. 아그타족으로 알려진 필리핀의 수렵 채집 부족에서 뛰어난 이야기꾼은 (더 많은 식량을 구해올 가능성이 높은 뛰어난 채집꾼보다) 사회적 동반자로 선호되어 번식의 기회를 더 많이 누린다.[19] 아그타족에서 전해지는 이야기에서도 자원의 사회적 공유와 평등이 강조된다. 하나의 예를 들어보자. 멧돼지와 바다소는 절친한 친구 사이였고, 재미로 달리기 경주를 즐겼다. 그런데 어느 날

바다소가 다리에 상처를 입어 더는 뛸 수 없는 처지가 되었다. 멧돼지는 바다소와 재밌게 뛰놀던 소중한 시간을 잃게 된 것을 안타까워하며 바다소를 바다로 데려갔다. 그곳에서 그들은 다시 달리기 경주를 할 수 있었다. 멧돼지는 육지에서, 바다소는 바다에서 파도를 즐기며! 이처럼 아그타족의 이야기들은 협력, 더 나아가 사회적 불평등의 해소를 강조한다.

이야기는 집단이 사회 규범과 문화적 가치를 구축하고 강화하는 수단으로 사용된다.

이야기를 꾸미는 데 특화된 뇌구조: 이야기꾼은 타고나는가?

──────── 진화의 압력이 우리를 어떻게 자극했기에 우리가 이야기를 꾸미는 능력을 끊임없이 갈고 다듬게 되었을까? 십중팔구 우리는 뇌 영역 전체를 활용해 그 활동을 지원하기 시작했을 것이다. 사회신경과학자, 매슈 리버먼은 《사회적 뇌: 인류 성공의 비밀》에서, 우리가 얼마 전에 있었던 뜨거운 사랑, 눈앞의 파티, 동료의 모욕에 대한 완벽한 응수만을 생각하던 일상의 분주한 삶에서 멀어질 때마다 우리 뇌는 사회적 사색으로 돌아가는 경향을 띤다는 사실을 잊지 않아야 한다고 촉구했다.

그 책에서 리버먼은 이런 사회적 반추에는 여러 뇌 영역이 네트워크를 이루며 동시에 활성화된다는 상당히 많은 증거를 제시했다. 그 네트워크에는 이상하게도 '디폴트 모드 네트워크default mode network, DMN'라는 이름이 붙었다. 뇌가 특정한 임무의 수행을 멈추었을 때 무엇을 하는지 연구하기 시작했을 때 발견되었기 때문에 그런 이름이 붙었다. 달리 말하면, DMN은 우리가 어떤 집중적인 정신 활동을 멈추는 순간 정신 활동을 시작하는 뇌 영역들이다. 요컨대 초기화 상태에서 활성화되는 네크워크이다.

자발적 인지spontaneous cognition라고도 일컬어지는 이런 중단 상태에서 우리가 행하는 행위에는 몽상과 기억 등 장래의 사회적 상호작용을 자극한 행위들이 있다. 이런 행위들은 과거의 기억을 강화하거나 불확실한 미래를 짐작하며, 현재의 순간과 분리된 사건을 머릿속으로 처리한다.[20] 다시 말하면, 이야기를 꾸민다는 공통점이 있다.

실험 참가자들에게 어떤 이야기를 귀담아듣거나 시청하라고, 여하튼 어떤 식으로든 인식하라고 요구한 여러 연구에서 디폴트 모드 네트워크의 활성이 확인된 것은 사실이다.[21] DMN에 포함된 뇌 영역은, 사회신경과학자들이 사회 인지social cognition, 즉 다른 사람에 대해 생각하는 데 중요한 역할을 한다고 생각하는 뇌 영역과 부분적으로 중첩된다. 처음에 리버먼은 우리가 태생적으로 사회적 세계에 관심을 두기 때문에 잠시라도 여유가 있을 때마다 DMN을 활성화해야 한다고 생각했다. 모든 증거를 조사하고 깊이 분석한 뒤에 리버먼은 오히려 정반대의 인과관계가 증거에서 뒷받침된다는 걸 깨달았다. "우리가 자유로운 시간에 디폴트 모드 네트워크를 켜도록 진화되었기 때문에 사회적 세계에 관심을 갖는 것이다." 달리 말하면, 신경과학자인 리버먼은 "신경이 한가한 시간에는 이야기를 꾸미는 데 몰두하도록 진화되었다"라는 킴벌리의 진화생물학적 관점을 그대로 되풀이하고 있었다.

우리가 사회적 과정에 있을 때는 이야기를 거의 만들어내지 않는다. 따라서 우리가 누구를 좋아하고, 누가 우리를 좋아하며, 누가 우군이고 적이며, 이런 사람들과의 상호작용을 어떻게 끌어갈 것인가에 대해 거의 생각하지 않는다. 기억을 굳힐 때 우리는 어떤 사건을 끌어와 짤막한 이야기로 바꾼 후에 미래의 방향타로 삼는다. 이야기는 생각으로 이루어졌으며, 인간의 인지에서 가장 기본적인 것인 동시에 가장 중요하다. 그렇다면 우리가 이야기를 꾸미는 능력을 갈고닦기 위해 뇌 영역들을 네트워크로 진화시켜온 것일 수 있다.

우리가 이야기를 읽을 때 뇌에서 일어나는 현상을 영상으로 연구한 결과에 따르면, 우리가 직접 경험할 때나 상징적으로 경험할 때 동일한 뇌 영역을 사용하는 듯하다.[22] 예컨대 당신이 어떤 등장인물이 숲에서 달리는 모습을 묘사한 글을 읽을 때 근육 운동과 시각적 인식에 관여하는 뇌 영역들이 활성화된다. 달리 말하면, 당신이 실제로 숲을 달릴 때 활성화되는 영역과 같다. 브라이언 캐틀링Brian Catling이 소설 《보어The Vorrh》에서 말하듯이 "기억과 상상이 뇌에서 동일한 영역을 공유하고, 푸석한 모래밭에 눌린 자국이나 눈밭에 남겨진 발자국과 같다는 것을 그는 본능적으로 알았다."

밤잠의 꿈처럼, 픽션을 읽는 것도 우리가 미래의 가능한 모습을 상상하고, 세상을 대리로 경험하는 한 방법일 수 있다. 이런 이유에서 픽션은 간접 경험에 불과하더라도 실질적인 것으로 느껴질 수 있다.

평가:
짧디짧은 이야기

──────── 이 장을 마무리하기 전에, 더 나아가 이야기가 현실에 대한 우리 합의에 어떻게 영향을 미치는가를 더 깊이 파고들기 전에 뒤에서 자주 언급될 용어 하나를 먼저 소개하고 싶다.

'평가appraisal'라는 용어이다.[23] 평가는 어떤 사건이나 상황의 의미에 대해 당신이 자신에게 말하는 짤막한 이야기이다. 달리 말하면, 어떤 사건의 중대성이나 참신성에 대한 당신의 해석이고, 그 사건이 당신 목표에 미치는 영향에 대한 당신의 해석을 뜻한다. 우리는 끊임없이 평가를 행한다. 이 허브가 생선 타코에 기분 좋은 새콤한 맛을 더해줄까? 혹시 고약한 구정물 맛이 나는 잡초에 불과한 것은 아닐까? 성장 분야에 대한 감독관의 대답이 미루어지는 것이 당신의 미래에 투자하겠다는 징조일까, 아니면 인간으로서 당신을 경멸한다는 암시일까? 사회적 테크놀로지는 사회에 해로운 장치일까, 아니면 무해한 도구일까? 이 모든 것이 평가이다. 우리가 어떻게 평가하느냐에 따라 대응하는 방식도 달라진다. 요컨대 평가에 따라 허브를 뱉어버릴 수도 있고, 업적 평가에 더 심사숙고할 수도 있으며, 자녀의 스마트폰을 쓰레기통에 던져버리고는 일반 전화를 사용하고 손편지를 쓰도록 요구할 수도 있다.

　무엇이 우리의 평가에 영향을 미칠까? 많은 것이 있다. 평가는 유전적 요인에 어느 정도 영향을 받는 듯하다. 예컨대 외향적인 성격과 신경질적 성격은 유전적 요인과 관계가 깊다는 것은 널리 알려진 사실이다. 신경증적 경향을 지닌 사람은 외향적인 성격의 소유자보다 감독관의 피드백을 부정적으로 평가할 가능성이 높다. 육아가 큰 차이를 만드는 것은 확실하다. 어머니가 피부색이 다른 사람의 옆을 지나 운전할 때는 어김없이 자동차 문을 잠그는 것을 지켜보며 자란 사람은 그에 영향을 받아, 자신과 피부색이 다른 사람을 인종적 관점에서 평가할 가능성이 크다. 교육도 영향을 미친다. 픽션을 읽는 습관, 친구와의 대화도 평가에 영향을 미친다. 성격과 세계관의 많은 부분이 그렇듯이 평가도 상당히 사회적으로 결정된다.

　평가가 바뀌면, 그 결과로 감정에도 변화가 생긴다. 당신 자신의 내면을 유심히 관찰하면 그런 변화를 느낄 수 있다. 예컨대 대부분의 부부싸움, 친구 간의 다툼은 두 다른 평가의 충돌에서 비롯된다. 따라서 충돌의 원인을 철저히 논의함으로써 사회적 타자의 평가를 이해하면 분노가 눈 녹듯 사라진다.

　이야기는 생각으로 이루어진 것이고, 생각은 행동을 예지하고 결정한다.

　뒤에서 다시 언급하겠지만, 하이브 마인드는 우리가 내리는 평가에서 막대한 역할을 한다.

진영의 문턱

프로비던스, 로드아일랜드

다른 사람과 친밀감을 쌓으려면 장벽을 낮추고, 다리를 놓고, 벽을 허물어야 한다. 우리는 누군가와 가까워지면, 대부분의 사람과는 공유하지 않는 감정과 경험에 그가 접근하는 걸 허락한다. 일반적으로 우리는 한 줌의 사람만을 지극히 사적인 영역에 초대하며, 그런 작은 초대를 내적인 사랑의 확대라고 칭한다.

그렇게 소중히 아끼는 내집단에서 한 걸음 나오면, 우리 내면에 자유롭게 접근할 수 없는 사람들과 관계를 맺게 된다. 하지만 그들 앞에서 나는 용감한 것처럼 허세를 부리거나 표정을 관리할 필요가 없다. 따라서 그들에게는 우리가 피로에 지친 모습과 병든 모습, 요컨대 최상의 모습만이 아니라 최악의 모습까지 보인다. 그들은 우리의 장단점을 정확히 알고 있고, 우리가 도움을 필요할 때는 도움도 준다. 우리는 이런 관계를 우정이라 칭한다.

다시 한 걸음 더 나오면, 우리가 아는 사람들과 우리를 아는 사람들로 이루어진 일반적인 사회 연결망을 갖게 된다. 술집에서 눈이 마주치면 쭈뼛쭈뼛 다가가 인사를 나누는 사람도 여기에 속한다. 다시 한 걸음을 더 벗어나면, 우리가 개인적으로는 모르지만 삶의 의미와 세계관을 공유하는 사람들이 있다. 우리와 그들은 성별과 민족, 지역과 정당, 철학적 견해와 선호하는 문화에서 다른 하위 집단에 속한다. 그렇지만 우리는 우선적으로 그들에게서 정체성의 출처를 찾으며 '그들'과 다른 '우리'를 형성한다.

이 장에서는 사람들이 선호한 것을 챙기고 내집단을 구축할 때, 인류를 전체론적으로 포용하지 않고 종족 단위로 분리할 때 어떤 결과가 닥치는지 살펴보려 한다. 처음에는 크게 문화 단위로 시작하지만, 친구 관계망과 연인 관계까지 차근차근 축소해 내려갈 것이다.

그러나 먼저 미국에서 가장 작은 주州로 넘어가, 사랑이란 정신 나간 짓에 대해 나보다 더 많은 글을 쓴 사람을 만나보자.

우리가 헤엄치고 있는 물속: 하이브 마인드에 대한 인류학적 견해

────── "또 벌이야!" 나는 크게 소리쳤다.

그때 나는 로드아일랜드 프로비던스에 있는 브라운 대학교의 하펜레퍼 인류학 박물관에서 캄바족의 물바가지들이 진열된 선반을 들여다보고 있었다. 때때로 아카마족이나 와캄바족이라 불리는 캄바족은 아프리카 케냐와 남아메리카의 파라과이에 살고 있다.

복잡한 무늬가 새겨진 목제 물바가지들은 무척 아름다웠고, 벌집을 배경으로 삼아 진열되어 있었다. 설명문에 따르면 '우키'라 일컬어지는 꿀로 만든 맥주는 캄바족의 전통적인 의식, 예컨대 결혼식과 성년식에서 중요한 역할을 했다. 전통적인 관습에 따르면, 원로만이 '우키'를 마실 수 있었고, '키헴베'라는 꿀상자를 소유할 수 있었다. 또 우키는 남성적 지위의 표식이었던 까닭에 남성만이 마실 수 있었다.

내가 그 박물관을 찾은 이유는 공예품도 관람하고, 생물인류학자 패트릭 클라킨$^{Patrick\ Clarkin}$을 만나 원주민식 식사를 함께하기 위한 목적이었다. 패트릭은 현재 매사추세츠 대학교 보스턴 캠퍼스의 교수이다. 그는 프랑스령 기니와 미국에 살고 있는 몽족, 라오족과 크메르족 같은 종족을 대상으로 전쟁과 이동이 체형과 만성 질병 같은 생물학적 특성에 미친 영향을 연구하고 있다. 그날 패트릭과 내가 오프라인에서는 처음 만났지만, 트위터에서는 꽤 오래전부터 서로 팔로우하던 사이였고, 공동의 팔로우와 팔로워 및 우리가 상대의 트위터를 좋아한 횟수를 고려한 알고리즘을 사용한 클릭 연결 테스트는 한때 우리에게 '트위터 밸런타인'이란 별명까지 붙여주었다. 그날 나는 하이브 마인드에 대한 인류학계의 의견을 듣기 위해 그를 인터뷰했다.

적어도 한 인류학자의 의견을 듣고 싶어서!

우리는 2장에서 다루었던 주제 중 하나로—사회 규범과 문화의 발전으로—시작했다.

패트릭이 말했다. "문화인류학 입문 강의를 들으면, 당신에게는 이상하지만 세상 어떤 곳의 다른 사람은 당연하게 받아들이는 것들에 대해 듣게 됩니다. 이런 점에서는 우리 모두가 똑같습니다. 하지만 우리는 뭔가에 푹 빠지면 그것을 보지 못합니다. 데이비드 포스터 월리스David Foster Wallace(1962~2008)가 물고기와 물에 대해 말한 것과 비슷하다고 할까요? 그 책을 아시지요?"

나는 그 책을 읽었다. 책은 이렇게 시작한다. "어린 물고기 두 마리가 물속에서 헤엄치고 있습니다. 그러다가 맞은편에서 다가오는 나이 든 물고기 한 마리와 마주칩니다. 나이 든 물고기는 어린 물고기들에게 고개를 끄덕이며 인사를 건넵니다. '잘 지내지, 애들아? 물이 어떠니?' 어린 물고기 두 마리는 잠깐 동안 헤엄쳐 가다가 마침내 한 녀석이 옆의 친구를 바라보며 묻습니다. '그런데 물이 뭐야?'"[1]

우리는 함께 싱긋 웃었다.

패트릭의 의견에 따르면, 비교심리학자 마이클 토마셀로라면 물고기는 태어나는 순간부터 물을 만나고 우리는 태어나자마자 문화를 만난다고 말할 것이 분명했다(토마셀로에 대해서는 앞 장에서 공동의 상호작용에 대해 다룬 부분을 참고할 것). 우리는 공기를 호흡하고, 중력 덕분에 땅을 딛고 살아간다. 문화는 이 둘만큼이나 우리에게 보이지 않는 것이다.

인간의 근본적인 속성에 대한 패트릭의 의견은 호전적인 사악함에 초점을 맞추지 않아, 세라 블래퍼 허디의 견해에 더 가까웠다. 패트릭은 인간이 농업을 발명하고 땅에 정착해 주변의 약탈로부터 땅을 지키기 시작하면서 큰 갈등이 일어났다고 생각했다. 하지만 인간이 분열되는 경향보다 집단으로 무리를 짓는 성향이 더 강하다고 주장하는 전문가도 있었다.

"맞습니다, 지난 1만 2,000년 동안 우리는 갈등과 폭력을 반복해 왔습니다. 인류라는 시간대에서 보면 여전히 시작에 불과합니다."

나는 그런 시각에 놀라지 않을 수 없었다. 1만 2,000년도 짧은 시간이라니!

패트릭은 씁쓰레한 미소를 지었지만, 시간에 대한 그런 시각이 대부분의 사람에게는 생경하게 들릴 것이라고 덧붙였다. 그러나 인간의 진화 기간에 익숙해지면 수천 년이란 시간도 상당히 짧게 느껴진다.

"시간을 긴 호흡으로 생각하기 시작하면 인간의 행동 방식에서 더 많은 가능성을 볼 수 있습니다." 패트릭은 이렇게 말하고는 미국 문화에서 사라진 핵가족 시대를 아쉬워했다. 아버지는 밖에서, 어머니는 집에서 일하고 2.5명의 자녀를 키우며 잔디밭이 있는 이층집에서 살았던 핵가족 문화가 20세기 중반에 잠깐 동안 있었지만, 주로 백인 중상층 계급이 교외에서 향유하던 문화였다. 패트릭은 한 나라에서, 그것도 하위문화의 하나에 존재했던 수십 년이 어떤 사람들에게는 존재하던 모든 것으로 여겨지는 법이라고 덧붙였다.

한 사회의 문화적 관습은 다른 사회들에 생경하고 이상하게 보일 수 있다. 먼 과거였다면, 또 다른 문화권이었다면, 어린 아기를 부모와 형제자매로부터 멀리 떼어놓고 혼자 재우는 관습은 좋게 보면 이상하고, 나쁘게 보면 야만적인 짓으로 여겨졌을 것이다. 또 육체 활동이 부족하고, 일자리를 찾아 가족과 친구를 두고 멀리 떠나고, 심지어 (논란의 여지가 있지만) 평생 일부일처제를 고수하는 문화도 인류의 역사라는 관점에서 보면 어울리지 않는다.

패트릭은 형제가 부인을 공유하며 대가족을 끈끈하게 이어갈 수 있는 일처다부제의 예를 들어주었다. 현대 서구 문화에서는 그런 상황이 유혈극, 적어도 참담한 파국으로 끝나지 않을 것이라 상상하기 힘들지만, 일부 문화권에서는 어려운 문제의 합리적 해결책이 된다.

인류학적 견해는 인간의 진화와 문화를 긴 호흡으로 접근하는 가능성을 알려줄 뿐만 아니라, 인간의 경험에 대한 해석이 무척 탄력적이고, 하이브 마인드의 평가와 선택된 이야기에 영향을 받는다는 것도 구체적으로 알게 해준다.

"프란스 드 발Frans de Waal이 포도로 원숭이들을 실험하는 동영상을 보셨습니까?" 패트릭이 물었다.

나는 고개를 저었다. 아래는 패트릭의 설명을 내가 재정리한 것이지만, 스마트폰에서 검색해 위의 동영상을 찾으면 훨씬 재밌을 것이다.

프란스 드 발은 에모리 대학교의 영장류학자이다. 그는 남아메리카의 꼬리감는원숭이(신세계원숭이로도 일컬어짐)에게 '돈'을 사용하는 방법을 가르치는 실험을 했다. 그들에게 '돈'은 돌멩이였다. 원숭이가 연구자에게 돌멩이를 주면, 연구자는 원숭이에게 보상을 했다. 동영상에는 두 원숭이가 나란히 놓인 두 우리에 각각 갇혀 있어 주변 상황을 관찰할 수 있다. 1번 원숭이가 연구자에게 돌멩이를 주고 오이를 받는다. 2번 원숭이는 연구자에게 돌멩이를 주고 포도를 받는다. 꼬리감는원숭이들에게 포도는 오이보다 훨씬 맛있는 것이다. 1번 원숭이는 2번 원숭이가 포도를 받는 것을 보았다. 따라서 연구자가 이번에도 오이를 주면 단호히 거부한다. 1번 원숭이도 포도를 기대하기 때문이다. 원숭이들도 공정성에 대해 평가를 내리고, 자신의 자격에 대해 짤막한 이야기를 만든다.* 1번 원숭이가 보기에 사회적 맥락이 바뀌었다. 따라서 전에는 맛있고 좋았던 오이가 갑자기 저급한 것이 되었다.

인간은 사회적 환경에 훨씬 더 잘 적응한다. 예컨대 좋은 것, 공정한 것, 올바른 것의 의미 변화에 어렵지 않게 순응한다. 대학생을 상대로 조사한 교육학자 존 워너John Warner의 결론에 따르면, 공정에 대한 우리의 생각에 영향을 미치는 두 중대한 평가는 '결핍scarcity'과 '불안정precarity'이다.[2] 결핍이란 평가에서, 자원은 한정된 것이므로 경쟁과 다툼은 필연적인 것일 수 있다고 인식하기에 이른다. 불안정이란 평가에서는 현재의 위치가 취약해서 약간의 바람만 불어도 나가떨어질 수 있다고 인식하게 된다. 주변에 배를 채우기에 충분한 포도가 없으며(결핍), 우리는 포도를 구하려고 노력하지만 반드시 얻

---

* 그렇다고 이런 평가가 반드시 의식적으로 이루어지고 언어로 표현된다는 뜻은 아니다. 인간이 내리는 많은 평가도 마찬가지이다.

을 수 있는 것이 아니다. 따라서 언제라도 낚아챌 수 있어야 한다(불안정).

워너는 대학생들이 정신 건강 문제로 고생하는 비율이 높은 이유가 이런 평가 방식에 있다고 보았다. 결핍은 현실적인 문제이다. 특히 부모가 고소득자가 아닌 학생들에게는 절실한 문제이다. 소수만이 대학에 입학해 꾸준히 공부하며 성공할 수 있다. 많은 학생이 대학을 다니기 위해 학자금을 대출받고, 끼니를 걸러야 한다.[3] 불안정도 정치인들이 안전망을 찢으려 하고 모두가 심장수술비를 벌려고 '고펀드미GoFundMe'를 운영하는 시대에 실감나게 느껴진다. 결핍과 불안정이 팽배한 사회에서는 경쟁과 이기심이 격화될 수 있고, 자원을 비축하거나 공짜로 얻으려는 행위에 대한 비난도 거세질 수 있다. 워너는 우울감과 불안감도 확대될 것이라 추론하며, 대학생들이 무엇을 걱정하는지에 대한 전국 조사에서 장래의 고용과 돈 문제와 성적이라 대답했다고 덧붙였다. 결국 장래의 직장과 연봉과 사회적 지위로 해석되는 걱정이었다. 드 발의 원숭이와 마찬가지로, 세상에 대한 우리의 생각은 사회적 타자를 관찰하고 얻은 인식에 상당한 영향을 받는다.

패트릭이 말했다. "내가 애니메이션이나 그림에 대해 잘 알면 좋겠습니다. 내 생각을 애니메이션으로 만들고 싶거든요. 먼저 머리 위에 생각 구름thought cloud을 가진 여자가 그려질 겁니다. 그녀의 생각은 한쪽 방향으로 빙글빙글 돕니다. 다시 머리 위에 생각 구름을 가진 남자가 그려집니다. 그의 생각은 반대 방향으로 흘러갑니다.

그들은 마주보고 걷다가 충돌하고, 그들의 생각 구름도 충돌하며 서로 뭉쳐지고 영향을 미칩니다." 패트릭의 지적처럼, 우리 생각은 우리 머릿속에만 머물지 않는다. 우리 생각은 멀리 뻗어나가고, 서로 영향을 미친다.

생각이 이렇게 사회적으로 확산된다는 해석은 패트릭의 블로그 글에서 흔히 읽힌다. 그는 하이브 마인드에서 실망스럽고 부정적인 흐름이 감지되면 긍정적인 글을 블로그에 게시함으로써 그의 생각 구름이 다른 사람들의 부정적인 생각 구름과 충돌해 그들을 긍정적인 방향으로 끌어가려 한다. 그가 블로그에 게시하는 글은 무작정 긍정적인 생각을 응원하는 글이 아니다. 인류학과 경험적 연구에 기초한 것이고, 하이브 마인드를 희망찬 방향으로 자극하고 유도하는 글이다.

내가 패트릭의 블로그에서 가장 좋아하는 글의 제목은 '진영의 문턱'이다.[4] 그 글에서 패트릭은 영장류학자 프란스 드 발을 다시 언급했다. 드 발의 설명에 따르면, 인간의 공감은 '도덕의 원moral circles' 안에 존재한다.[5] 가장 안쪽 원에 속한 사람들에게 당신은 가장 크게 공감하지만, 엄밀히 말해서 이 원에는 당신만 있다. 하나 밖에는 가족이 있고, 다음에는 마을 공동체, 다음에는 종족 집단, 다음에는 국가, 최종적으로는 인류에 이른다. 물론 더 나아가면 모든 생명체까지 고려할 수 있다.

그러나 패트릭이 지적하듯이, 이 개념들의 경계가 자의적이다. 시간이 지나면 당신은 과거의 당신이 아니다. 누구도 시간의 흐름을

막을 수 없다. 친구가 가족이나, 세라 블래퍼 허디가 말한 '가장假裝
친족as-if kin'이 될 수 있다. 국적을 민족 정체성보다 중요하게 생각하
는 사람이 적지 않다. 정체성의 한 단면을 강조하며, 인종의 생물학
적인 면과 사회적인 면에 대한 사람들의 믿음을 조종하면, 그 조종
에 의해 외집단에 대한 부정적 편견 수준이 달라진다는 것을 밝혀낸
연구도 있다.[6]

　　우리는 세상에서 우리가 직접 겪은 경험과 다른 사람들의 경험
을 비교하고, 성공과 실패를 반복하며 다른 사람의 행동을 인식하는
방법을 다듬어간다. 하지만 이것도 맥락과 평가의 문제이고, 우리가
자신에게 속삭이는 이야기이다.

　　진영의 문턱이란 비유는 단순한 비유가 아니다. 사회적 타자와
함께 시간을 보낼 때 우리는 먼저 그들과 동조화를 시도한다. 습관
과 행동만이 아니라 세상을 인식하는 방법까지 맞추어간다. 문자 그
대로 그들을 우리 자신의 일부로 받아들인다. 우리 뇌가 내집단에
있는 사람들의 뇌와 어떻게 일치되는가에 대한 연구는 '신경 동조
neural synchrony'라 일컬어지고, 내 좁은 소견에 따르면 신경 동조화는
현재 심리학에서 행해지는 가장 흥미진진한 연구이다.

미세 조정:
신경 동조

──────── 사회신경과학자 탈리아 휘틀리Thalia Wheatley는 다트머

스 경영대학원 1년차 학생들을 몰래 지켜보며 여러 해를 보냈다. 다트머스는 대도시에서 아득히 멀리 떨어진 뉴햄프셔 주 하노버에 있다. 따라서 휘틀리는 나무와 사람의 비율이 한쪽으로 기울었다는 농담을 즐겼다. 여하튼 나무가 두발동물보다 압도적으로 많았다. 경영대학원은 캠퍼스 내에 자체 건물이 있었고, 그곳에서 학생들은 강의를 듣고 식당에서 함께 식사하고 기숙사에서 함께 지내며 대부분의 시간을 보냈다. 따라서 휘틀리의 연구 대상은 서로 모르지만 앞으로 수년간 강의를 듣고 연구하며 거의 모든 시간을 함께 보내는 과정에서 사회적 관계를 맺어가는 인간 집단이었다. 그 연구는 사회 연결망이 형성되는 걸 실시간으로 관찰할 수 있다는 점에서 사회심리학자의 대조 실험과 비슷했다. 게다가 매년 가을에 새로운 학생 집단을 대상으로 실험을 다시 시작하는 장점도 있었고, 완전한 연구를 위한 황금 기준 중 하나, 종단 연구longitudinal design(즉 한 시점에서 집단을 평가하고, 그 후에도 그 집단을 추적하며 변화를 관찰하는 연구)까지 고려할 수 있었다.

휘틀리는 동료 심리학자 캐럴린 파킨슨Carolyn Parkinson의 도움을 받아, 뇌의 차원에서 우리가 친구들과 세상을 어느 정도까지 유사하게 경험하고, 우리가 비슷하게 생각하는 사람을 친구로 삼느냐는 복잡한 문제의 답을 찾아 나섰다.[7] 휘틀리는 이런 경향을 '신경 동종 선호neural homophily'라 칭했고, 여기에서 동종 선호는 자신과 비슷한 것에 끌리는 경향을 가리킨다.

휘틀리는 연구실 동료들과 함께 일련의 동영상을 제작했다. 시청하는 사람의 성향에 따라, 긍정적인 반응과 부정적인 반응을 다양하게 야기하도록 '우호적이지만 분파적인' 내용이 담긴 동영상들이 었다. 정치 연설, 풍자적인 코미디, 모큐멘터리(허구를 사실처럼 보이도록 제작한 가짜 다큐멘터리—옮긴이)를 생각해보라. 휘틀리는 다트머스 경영대학원의 1년차 학생들에게 그 동영상들을 보게 했고, 기능적 자기공명영상Functional magnetic resonance imaging, fMRI을 통해 그들의 뇌에서 80곳의 영역이 동영상에 어떻게 반응하는지 관찰했다. 그들은 통계적으로 동일한 특징을 공유하는 코호트cohort였기 때문에 휘틀리는 그들의 사회 연결망 전체를 측정할 수 있었다. 각 학생에 대해 휘틀리는 그가 우정을 통해 연결된 사람들만이 아니라, 그에게 연결된 사람들까지 볼 수 있었다. 달리 말하면, 누가 친구이고, 누가 친구의 친구이고, 친구의 친구의 친구인지도 파악할 수 있었다. 휘틀리는 동영상에 대한 그들의 뇌 반응을 조사하고 분석하며, 그들의 뇌에서 비슷한 영역이 비슷한 시점에 활성화되거나 비활성화되는 것을 추적했다. 달리 말하면, 그들이 동영상에 얼마나 비슷하게 반응하는가를 살펴보았다.

휘틀리와 그녀의 공동 연구자들이 발견한 결과에 따르면, 친구의 친구의 친구들은 동영상에 비슷하게 신경이 반응하지 않았다. 그러나 핵심적 관계를 향해 한 단계 더 가까이 가면 뇌 활동이 동조화되기 시작했다. 친구의 친구들은 뇌 활동에서 눈에 띄는 상관관계를 보였고, 1단계 친구들은 더더욱 밀접한 상관관계를 보였다.

뇌의 차원에서 우리는 친구들과 세상에서 유사하게 반응한다.

뇌 활동에 대한 집중 연구에서 무엇보다 중요한 것은, 우정에는 경험의 공유가 수반된다는 것이다. 우리는 같은 것에 웃고, 같은 것을 혐오하며, 같은 것에 집중하거나 지루해한다.

휘틀리와 동료들이 이런 결과를 관찰해낸 이유에는 적어도 두 가지 설득력 있는 가능성이 있다. 첫째로는 뇌에서 확인되는 상관관계는 공통된 삶의 경험 때문일 수 있다는 것이다. 우정의 발달에는 세상에 대한 반응을 맞춰가는 과정이 필수적이고, 그 결과가 뇌의 동조화로 나타난 것일 수 있다. 이 가정이 맞는다면, 함께 경험하는 삶의 시간이 길어지고 우정이 깊어감에 따라 뇌의 동조화는 더욱 뚜렷해질 것이다. 둘째로는 우리가 자신과 세상에 비슷하게 반응하는 사람에게 처음에 끌릴 수 있다는 것이다. 이 가정이 맞는다면, 뇌 활동의 상관관계를 보고 두 사람이 친구가 될 가능성을 점칠 수 있다. 게다가 뇌 활동 패턴을 이용해 장래에 취미와 넷플릭스를 공유할 사람을 선택할 수 있을 것이다. 물론 두 가능성이 절대적으로 맞는 것은 아니므로, 휘틀리와 동료들은 모든 가능성을 철저히 검증하고 있다.

휘틀리의 연구팀만이 신경 동조를 연구하는 것은 아니다. 프린스턴 대학교 연구팀도 뇌 영상을 이용해, 공유된 기억이 뇌에서 어떻게 작용하는지 연구하고 있다. 그들은 실험 참가자들에게 BBC의 〈셜록〉을 시청하게 했고, 그 사이에 그들의 뇌 활동을 촬영했다.[8] 뇌 촬영을 끝내고는 참가자들에게 프로그램의 내용을 정리해보라고 요구했다. 연구자들은 참가자들이 프로그램을 시청할 때와 나중에 프로그램의 여러 장면을 기억할 때 뇌 활동이 얼마나 유사하고 어떻게 다른지를 비교했다. 놀랍게도 참가자들이 프로그램의 내용을 다시 정리할 때의 뇌 활동은 셜록과 왓슨의 위험한 행동을 처음 보았을 때의 뇌 활동보다, 그 내용을 다시 정리하는 다른 참가자의 뇌 활동과 더 유사했다. 웹사이트 DeepStuff.org와의 인터뷰에서, 선임 연구원 재니스 첸Janice Chen은 이런 결과를 "사람들이 동일한 세계를 인식하고 기억할 때 그들의 뇌 활동 사이에는 근본적인 유사성이 있다. 이런 사실은 상호 이해를 위한 좋은 토대가 된다는 것"을 보여주는 증거로 해석했다.[9] 달리 말하면, 우리가 세상을 경험하는 방법이 비슷하면 해석과 기억도 유사하게 조정되어 동조화될 수 있다는 뜻이다.

다른 예를 들어보자. 핀란드 연구팀은 실험 참가자들에게 fMRI 장치에 누워, 긍정적인 감정과 부정적인 감정을 다양한 형태로 유발할 수 있는 여러 영화에서 짤막하게 잘라내 편집한 동영상을 보게 했다(예: <해리가 샐리를 만났을 때>, <대부>).[10] 연구팀은 참가자들의 뇌를 촬영한 후, 참가자들에게 영화를 다시 보여주며 이번에는 감정의 부침을 측정했다. 연구팀은 참가자들의 자료를 면밀히 분석하며, 참가자들의 뇌 활동이 유사한 패턴을 보이는 때를 유심히 관찰했고, 뇌 활동이 동조화되는 때와 영화에서 정서적 변화가 있을 때의 상관관계에 특별히 주목했다. 그들이 찾아낸 결과에 따르면, 참가자들이 부정적 강점을 강력히 느낄 때 그들의 뇌 활동이 눈에 띄게 유사했다. 특히 감정 처리와 관련된 것으로 알려진 영역에서 유사함이 두

드러졌다. "이런 모의실험을 통해, 상대의 목표와 욕구를 더 정확히 추정하고, 그에 맞추어 우리 행동을 조정하며 사회적 상호작용과 사회적 친밀성을 더 돈독히 할 수 있을 듯하다." 우리는 강렬한 감정을 느끼면 주변 환경에서 유사한 특징에 눈과 귀를 돌리며 뇌 활동을 동조화함으로써 그 경험을 유사하게 받아들이고, 그 결과로 서로 상대의 마음을 이해하게 된다.

지금까지 우리는 마음 상태를 맞추며 공유하는 동안 뇌 활동 패턴의 유사함을 보여주는 신경 동조의 예를 보았다. 한편 대화하는 두 사람도 즉흥적으로 주고받는 재즈 연주와 유사한 양상을 보인다. 가령 내가 말할 때는 언어와 관련된 뇌 영역이 활성화되지만, 상대가 말하는 순서가 되어 내가 듣는 사람이 되면 동일한 뇌 영역이 평정을 되찾는다.

우리가 말하기 수 초 전에 언어와 관련된 뇌 영역이 활성화된다는 걸 밝혀냈을 때, 언어 행위와 뇌 활동에 대한 연구는 언론의 많은 주목을 받았고 "경청은 발언을 준비하는 절차"에 불과하다는 식의 표제기사가 잇달았다.[11] 이 연구 결과는 우리가 상대가 말하는 것에 크게 신경을 쓰지 않는다는 뜻, 그저 우리가 말할 차례를 준비할 뿐이라는 뜻으로 해석될 여지가 있다. 그러나 상대가 말하는 것에 대한 부주의를 입증한다기보다, 이런 중첩은 대화가 서로 영향을 주고받는 경험이라는 것을 명확히 보여주는 증거일 수 있다. 사회신경과학자 보 시버스Beau Sievers가 한 연구 발표회에서 "대화는 신경 피드백"이라 말했듯이, 당신의 뇌 활동이 상대의 뇌 활동에 영향을 미치고, 그 관계가 되돌려지며 당신에게 다시 영향을 미친다.

내가 말하고 있을 때 당신은 내가 다음에 무슨 말을 할까 예측하며, 당신은 어떻게 대응할까 준비한다. 따라서 내가 말하고 당신은 조용히 듣고 있을 때도 둘 모두가 대화에 기여하고 있는 셈이다. 이런 예측 동조화는 더 나은 이해로 이어진다는 증거도 있다. 예컨대 젭이 다음에 어떤 말을 할까 당신이 생각할 때 당신의 뇌 활동이 젭의 뇌 활동과 유사하다면 젭의 다음 말을 더 쉽게 이해할 가능성이 높아진다는 뜻이다.[12] 경청은 일종의 초보적 독심술이다.

우리는 대화할 때 하나가 된다.

이와 관련된 연구들에서도 "당신이 가장 많은 시간을 함께 보내는 다섯 사람의 평균이 당신이다"라는 유명한 구절이 맞는다는 게 확인된다.* '다섯'이란 숫자가 확실한 것은 아니다. 사람마다 영향을 받는 정도가 다르기 때문이다. 그러나 당신이 세상사를 처리하는 태도, 당신이 내리는 평가, 당신이 마음속에 품는 감정이 절친한 사회적 타자에게 영향을 받는다는 일반적인 속설도 신경 동조에 대한 연구에서 재확인된다. 가령 모두가 출세욕에 눈이 뒤집혀 속임수를 쓰는 극악무도한 세계에 대해 평가를 내리는 사람들과 대부분의 시간을 보내는 사람이라면, 어디에서나 이기심의 흔적을 먼저 찾고 모두의 동기를 의심할 것이다. 반면에 친절하고 배려하며 재활용과 자원봉사에 적극적인 사람들과 많은 시간을 보내는 사람은 한층 너그러

---

* 이 구절은 동기부여 강사 짐 론(Jom Rohn)이 처음 사용한 것으로 여겨지지만, 최초의 출처가 명확하지 않은 많은 유행어 중 하나인 듯하다.

운 사람으로 성장해갈 것이다.

여하튼 우리는 어떤 사람이 친구로 더 적합한지 알고 있다.

궁극적인 동조화:
낭만적인 사랑

──────── 인터뷰를 마무리하기 전에 나는 패트릭 클라킨에게 낭만적 사랑을 주제로 쓴 시리즈, 〈인간에게는 …… 혼인제가 알맞다〉에 대해 묻지 않을 수 없었다.

패트릭은 짝짓기와 유대감 형성과 낭만적 사랑을 과학적으로 풀어내며 이렇게 물었다. 우리는 어린 자식을 낳고 키우는 걸 도우며 진정한 사랑을 추구하도록 진화했을까, 아니면 태생적으로 난잡한 기회주의자여서 새로운 것을 갈구하는 것일까? '벌집'을 향해 가는 첫 단계, 즉 가장 기본적인 집단인 낭만적 커플과 관련해 우리의 '진정한' 본성은 무엇일까?

답: 복잡해서 한마디로 대답하기 어렵다.

패트릭의 견해에 따르면, 우리가 낭만적 사랑을 어떤 기준에서 질문하느냐에 따라 대답이 달라진다. 가령 인간이 평생 한 명의 동반자와 관계를 유지하며 성적이고 낭만적이고 동지애적인 욕구를 충족하는 것이 편하고 당연한 것이냐고 묻는다면, 그 답은 단연코 '아니다'이다. 그러나 인간은 매력적인 짝짓기 상대에게 자연스럽게 끌리도록 진화했을까? 그래서 유대감이 형성되기에 충분할 정도로 관심을 집중하고, 상대의 삶과 목표에 개입하고 자식을 낳고, 초기의 황홀한 도취가 따뜻한 동반자 관계로 정착되는 과정을 즐기게 된 것일까? 고민 상담가 댄 새비지Dan Savage가 언젠가 말했듯이, 우리는 '모노가미시monogamish(일부일처제하에서 다른 사람과의 관계를 용인하는 형태—옮긴이)' 성향을 띤다는 증거가 적지 않다.

나는 이 문제도 흥미롭지만, 낭만적 사랑이 어떻게 하이브 마인드 식으로 우리 마음과 뇌에 영향을 미치는지가 더욱 궁금하다. 요컨대 그야말로 우리가 다른 사람과 하나가 된 것처럼 느끼게 해주는 감정과 동조화가 낭만적 사랑에서 어떻게 가능할 수 있을까? 달리 말하면, 소설가 데이비드 미첼David Mitchell이 《본 클락스》에서 쓴 것처럼 "사랑은 대명사의 경계를 흐릿하게 하는 것"이란 현상이 어떻게 일어나는 것일까?

사랑의 본질은 규정하기 힘든 것이기 때문이다. 그러나 사랑의 예들은 그렇지 않다. 사랑은 거의 모든 문화권에서 발견되는 감정이다. 열정적인 사랑은 상대를 향한 강박적인 정신 집중, 물리적으로 가까이 있고 싶고 상대의 마음을 읽고 싶은 거센 욕구, 상대의 특성을 과도하게 이상화하고, 둘이 너무도 비슷하다고 과장하는 모습으로 특징지어진다. 사랑할 때 상대에게 무의식적으로 끌린다는 것은 상식이다. 패트릭이 말하듯이 "사랑이 합리적으로 선택되는 것이라면, 또 사랑을 끄는 스위치가 어디에 있는지 우리가 알고 있다면 사랑은 본연의 역할을 제대로 해내지 못할 것이다. 오히려 사랑은 우리의 멱살을 움켜잡는 듯하기 때문에 더욱 효과적이다." 그래도 사랑에는 행동이 뒤따라야 한다.

사랑과 관련된 모든 경험에서는 자신과 소중한 타자의 경계가 허물어진다. 생각과 시간, 목표와 우선순위가 뒤엉키고, 더 나아가 자아와 타자 간의 경계가 문자 그대로 해체된다. 물리적 자아의 엄격한 경계를 허물어뜨리고, 혼자인 독립된 자아를 일시적이더라도 환희에 취해 기꺼이 중단하고 누군가와 하나가 되는 더없는 행복감이 아니라면 성행위가 무엇 때문에 존재하겠는가?

사랑이란 미스터리를 해결하는 단서를 〈뉴욕타임스〉의 특집 기사에서 찾아보자. 2015년 밸런타인데이를 앞두고 〈뉴욕타임스〉는 맨디 렌 카트론Mandy Len Catron의 '누구하고나 사랑에 빠지고 싶다면 이렇게 하라'라는 재밌는 글을 실었다.* 그 글에서 카트론은 유명한 심리학자 아서 에런Arthur Aron이 낯선 사람들 사이에 친근감을 인위적으로 끌어내기 위해 1997년에 연구한 기법을 소개했다. 누군가와 짝이 되면, 처음에는 사적인 감정이 전혀 없는 질문(전화를 걸기 전에 할 말을 연습해본 적이 있나요?)으로 시작해 점차 친밀감을 높여가는 36가지 질문을 사용하는 기법이었다(누구에게도 전할 기회도 없이 오늘 밤 갑자기 죽는다면 털어놓지 못해 후회하는 말이 있나요? 왜 아직까지 말하지 못했나요?). 많은 질문이 구체성을 높여가며 두 사람이 서로 칭찬하도록 유도하고 "우리가 붐비는 방에 있어 상당히 더운 것 같다"라는 식으로 '우리'를 사용해 대답하도록 유도한다.

---

*   현재는《누구하고나 사랑에 빠지는 방법》이란 제목의 책으로 출간되었다.

36가지 질문이 끝나면 두 사람에게 상대의 눈을 4분간 응시하도록 한다. 이런 전형적인 일대일 상황에 놓이면 사람들은 상대의 눈을 보다가 눈길을 돌리는 행위를 반복한다. 눈길이 교차하는 평균 길이는 3~5초이다. 육체적으로 서로에게 끌리는 쌍은 상대와 더 자주, 더 오랫동안 눈길을 마주하려고 하지만 여전히 평균 10초를 넘기지 않는다. 내가 좋아하는 심리학 교수 마이클 플레밍Michael Fleming은 대학교 1학년을 상대로 한 강의에서 "누군가 당신의 시선을 수 초 이상 사로잡는다면 조심하십시오! 당신을 겁탈하고 싶거나, 죽이고 싶은 사람이니까요." 그런데 240초 동안 서로 응시하면 어떻게 되겠는가?

아서 에런은 이 연구를 다양한 형태로 바꿔가며 시행했다. 그의 실험실에 들어올 때는 전혀 모르는 사이였지만 실험이 끝난 후 두 쌍이 결국 결혼까지 이르렀다는 소문이 있을 정도이다. 카트론도 이 실험에 끌어들인 친구와 뜨거운 관계를 맺게 되었다.

36가지 질문과 시선 교환을 이용하면 정말 누구든 사랑에 빠진다고 일단 인정하고, 여기에 어떤 메커니즘이 작동하는지 생각해보자. 낭만적 사랑은 호르몬 분비와 동기 부여가 관련된 감정적이고 인지적인 경험인 데다, 무척 광대하고 복잡한 감정이어서 마법이라 설명할 수밖에 없다. 이럴진대 일련의 질문들에 대답하고 어색하게라도 누군가와 눈길을 교환한다고, 낭만적 사랑 같은 복잡한 감정을 어떻게 끌어낼 수 있을까?

그 질문들은 당신과 상대의 경계를 의도적으로 허물어뜨리고,

당신의 가장 은밀한 바람과 기억과 두려움을 숨김없이 내놓도록 전문가의 손으로 설계된 것이다. 아서 에런과 그의 동료들은 누구도 부인할 수 없는 전문가였다. 그 질문과 관련된 생각과 기억과 감정은 대체로 내면에 있어, 자신 외에 가장 가까운 사람만 알 수 있는 것이다(마지막으로 혼자 울었던 때는 언제인가?). 또 그 질문들이 당신에 대해 알고 싶어 하는 타자에게 제기되면, 그가 자신의 내밀한 생각을 당신과 공유한다.

'우리'를 사용한 대답은 효과를 더해준다. 그런 대답은 두 사람에게 각자의 정체성을 병합하고, 두 사람이 한 사람인 것처럼 각자의 경험에 대해 이야기를 나누라고 명시적으로 요구하는 것과 같다. "우리에게는 이 방이 더운 것 같다." 36가지 질문들에 신비로운 것은 없다. 두 사람을 조금씩 자극해 경계를 지워가고, 생각과 욕망을 동조화하도록 유도할 뿐이다. 이 질문들이 주어지지 않은 상황에서는 그런 변화가 훨씬 느릿하게 진행되기 마련이다. 이 질문들을 패트릭의 생각 구름에 적용해볼 수도 있다. 생각 구름들이 순전히 우연으로 때때로 충돌하도록 방치해두지 않고, 이 질문들을 이용해 생각 구름을 명확히 병합하고, 어느 정도의 융합이 일어나기에 충분한 시간 동안 생각 구름들을 묶어둘 수 있다.

결론적으로, 낭만적 사랑은 탈리아 휘틀리와 동료들이 사회적 타자와의 친밀함과 우정의 토대에서 연구하는 신경 동조의 극단적 사례일 수 있다.

유유상종

──────── 문화의 발전으로 내집단 구성원 간의 협력이 용이해졌다. 우리는 문화적 환경과 인구 통계에서, 심지어 우리 뇌가 세계를 인식하는 방법에서도 동종을 선호하는 경향을 띤다. 한마디로 유유상종으로, 같은 성향의 사람들끼리 모인다.

우리는 문화적 내집단에 속한 사람만이 아니라, 내집단 내에서도 특정한 사람을 더 좋아한다. 우리는 세상을 비슷하게 해석하는 사람들을 친구로 선택하고, 그들과 동조화한다. 낭만적 사랑은 동조화의 최정점일 수 있다. 두 사람이 해체되어 더는 개별적인 객체로 존재하지 않기 때문이다.

그러나 이런 내집단이 고정불변이지는 않다. 다른 모든 것이 그렇듯이, 우리가 내리는 평가, 우리가 머릿속에서 만드는 이야기에 내집단도 영향을 받는다. 함께 자란 가족이나 성장 과정에서 만난 교회 동료보다, SF를 같이 좋아하는 사람들에게 더 큰 유대감을 느낄 수 있다. 한때 우리 정체성을 완벽하게 반영하던 집단에 우리를 묶어주던 끈이더라도, 우리가 나이를 먹고 관심사가 변하면 느슨해질 수 있다. 집단에 대한 평가와 도덕의 원moral circles은 언제라도 변할 수 있다.

다음 장에서 보겠지만, 소셜미디어는 이런 사회적 현상에 이롭기도 하지만 해롭기도 하다. 또 소셜미디어는 우리에게 도움을 주기도 하지만 피해를 입히며, 인간에게 내재된 사회적 속성의 긍정적인 면과 부정적인 면을 두드러지게 드러낸다. 게다가 부정적인 면은 그저 부정적일 뿐이다.

그리하여 매서운 겨울이 닥친다.

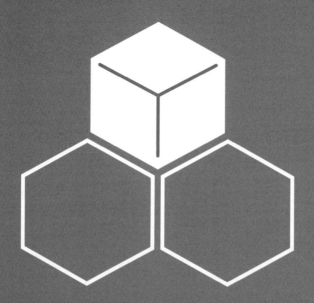

겨울

HIVEMIND

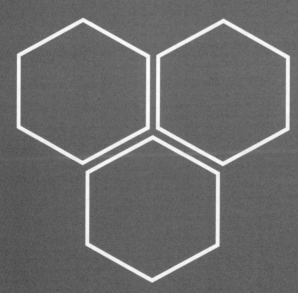

소셜미디어의 장점과 단점

브루클린, 뉴욕

호텔에 다가가자, 내 딸보다 서너 살은 많아 보이는 십 대 소녀들이 떼 지어 호텔 정문 밖에서 서성대는 게 보였다. 소녀들은 미소 짓고 웃었지만, 불안하고 긴장한 모습이 역력해서 내 마음이 아팠다. 나는 호텔에 들어서자마자, 검은 양복을 입고 팔짱을 낀 채 뻣뻣하게 서 있는 경호원에게 다가갔다. 그러고는 소녀들이 밖에서 서성대는 이유가 뭐냐고 가볍게 물었다. 경호원은 자신들의 고객이 호텔에 머물고 있다는 걸 마지못해 인정했지만 그 고객이 누구인지는 알려줄 수 없다고 말했다.

나는 눈살을 찌푸리며, 그 우상이 누구이든 간에 소녀들은 그가 이곳에 있다는 걸 인스타그램이나 트위터에서 보았던 게 틀림없을 거라고 생각했다. 지금은 유명인사의 일거수일투족을 추적할 수 있는 시대이고, 그 유명인사가 아침 식사로 무엇을 먹고 클럽에서 어떤 음료를 마시며 그가 어떤 빛나는 유명인과 함께 셀카를 찍었는지 볼 수 있는 시대이다. 그야말로 이 시대의 경이로움이다. 따라서 "내 때에는……"이라고 말하면서 민망할 때가 적지 않다.

물론 뉴욕 시에서는 소셜미디어가 없어도 유명인사를 마주치는 경우가 많다. 언젠가 뉴욕을 방문했을 때 나는 친구를 만나 저녁 식사를 함께한 적이 있다. 우리는 미처 알아채지 못했지만 우리에게서 두 테이블 떨어진 곳에 〈오렌지 이즈 더 뉴 블랙〉이란 텔레비전 드라마에서 파이퍼 채프먼 역을 연기한 여배우가 앉아 있었다.

그러나 내가 뉴욕을 다시 찾은 이유는 가수나 배우를 만나려는 게 아니라, 북아메리카 원주민 부족을 지원하는 비정부기구 퍼스트 네이션스 개발 연구소First Nations Development Institute의 프로젝트 책임자이던 래너 라파인Rana Lapine을 만나 인터뷰하기 위해서였다. 래너는 집단행동을 관리하는 전문가인 데다 사회적 테크놀로지를 사용하며 성장한 밀레니얼세대였기 때문에 내 생각에는 그녀의 의견이 이 책의 주제에 맞아떨어지는 것 같았다. 뒤에서 보겠지만, 래너는 우리 세대가 흔히 생각하는 것처럼 셀카에 중독되고 자기도취에 빠진 세대와는 거리가 멀었다. 래너는 소셜미디어 사용에서 내가 강조하는 "좋은 점은 더 살려라! 감추지 말라!Enhance, Don't Eclipse"라는 원칙을 실천한 본보기이기도 했다. 게다가 나는 그녀가 과거에 온라인에서 풍요로운 커뮤니티를 찾아낸 적이 있었고, 당시에는 '네이티브 트위터'라 칭하는 것에서 활동하고 있다는 것도 알았다. 따라서 나는 트위터의 콜아웃 컬처call-out culture, 즉 누군가의 행동이 사회 규범을 일탈하면 온라인상에서 그에게 공개적으로 망신을 주는 관행에 대해 그녀의 생각을 듣고 싶었다.

나는 아침 일찍 눈을 뜨자마자 점심 약속이 기다려졌다. 그래서 부푼 기대를 안고 뉴욕까지 운전해 달려갔다. 래너와 나는 호텔 식당에서 만났다. 그녀의 반들거리는 검은 머리카락은 내 기억보다 훨씬 길어 굴곡지며 허리까지 내려왔지만, 포근한 미소와 작은 구슬들로 장식한 귀걸이를 좋아하는 성향은 전혀 변하지 않은 모습이었다.

래너에게 자신의 세대를 '디지털 원주민digital native'이라 인식하며 소셜미디어 시대의 도래에 대처해야 했던 밀레니얼세대의 특징에 대해 말해달라고 부탁했다.

먼저 래너는 자신의 세대가 과거 세대만큼 열심히 일하지 않는다는 사회 인식에 불만이라고 대답했다. 하기야 그 문제는 세대가 넘어갈 때마다 반복되는 문제이기는 했다. "고대 이집트에서도 부모들은 '요즘에는 파피루스가 있어, 아이들에게는 너무 편하겠어. 우리 세대처럼 돌을 깎을 필요가 없잖아'라고 말했을 겁니다." 그러나 레너는 어린아이들이 아이패드를 만지작거리는 걸 보면 그 나이에 그녀는 크레용과 종이로 똑같은 작업을 했다는 기억을 떠올리며 깜짝 놀라게 된다는 걸 인정했다. 나도 조금 전에 유명인사의 인스타그램을 생각했다는 기억에 씁쓰레한 미소를 짓고 말았다.

2장에서 언급했듯이, 고정관념은 우리가 어떤 사회 집단에 속한 사람들에 대해 주고받거나 혼자 머릿속에서 지어내는 이야기이다.

우리에게는 다른 사회 집단이나 세대에게 고정관념이 있다. 이야기를 지어내는 우리 성향의 바람직하지 않은 부작용이다.

그러나 인간의 사회성은 공동체를 형성하는 원동력이며, 온라인에서 우리 삶을 끌어간다는 것은 사회 연결망을 구축하는 또 다른 수단을 가졌다는 뜻이다.

장점:
기존 관계의 강화

──────── 스마트폰과 소셜미디어는 우리를 이미 현실에서 관계를 맺고 있는 사람들에게 더 가까이 끌어가고, 완전히 새로운 공동체로 인도함으로써 공동체의 폭과 깊이를 더해줄 수 있다. 또 사회적 타자가 물리적인 거리나 환경의 제약으로 더는 대면할 수 없을 때에도 그들과 끈끈한 관계를 유지할 수 있다. 내가 대학원 시절에 가깝게 지낸 부부를 직접 만나 한담을 나눈 것이 벌써 10년 전이지만, 그들이 이사를 떠나 새로운 일을 시작했을 때, 또 부모를 여의고 두 수양 자녀의 양부모로서 새로운 삶의 장을 시작했을 때도 항상 그들의 곁에 있었던 기분이다. 소셜미디어가 없었다면, 우리 삶은 이미 10년 전에 갈라졌을 것이다.

《생각은 죽지 않는다: 인터넷이 생각을 좀먹는다고 염려하는 이들에게》를 쓴 언론인 클라이브 톰슨Clive Thompson의 주장에 따르면, 우리는 일반적인 생각보다 영리하고, 테크놀로지는 우리 정신을 더 나은 쪽으로 바뀌가고 있다. 톰슨은 이 책에서 다양한 주제를 다루었다. 예컨대 구글이 우리 기억에 어떻게 영향을 미치고, 몇몇 선구자가 작은 비디오 녹화장치를 이용해 어떻게 우리 삶을 영구히 녹화할 수 있었는가를 다루었다. 그러나 이 책의 관심사와 가장 관련된 주제는 소셜미디어가 상호 이해에 어떤 영향을 미쳤는가에 대한 연구였다.

톰슨의 지적에 따르면, 소셜미디어에 가장 흔히 가해지는 비판 중 하나는 나르시시즘을 부추긴다는 것이다. "솔직히 말해서, 당신이 아침에 무엇을 먹었는지 누가 알고 싶겠는가?" 그러나 일반적인 속설과 달리, 톰슨은 하나의 게시물을 떼어놓고 그 가치를 판단해서는 안 된다고 주장한다. 우리가 친구의 생활 리듬을 파악할 때 '주변 인식ambient awareness'을 빠뜨리지 않듯이, 게시물들이 큰 틀에서 우리에게 보여주는 풍경에 그 가치가 있다. 우리가 아침 식사로 먹은 것이나, 식사하며 읽었던 기사, 통근 기차에 대한 불만을 게시하는 것은 결국 우리 삶의 지도를 그리는 것이고, 그 지도를 사회 연결망과 공유하는 것이다. 톰슨은 "주변의 도구들이 이런 정보를 엮어서 한눈에 보이는 태피스트리를 빚어내며, 그 결과로 더 완전하고 더 유혹적인 그림이 완성된다"라고 말했다. 또 소셜미디어를 통해 우리는 친구의 게시물이 중단되는 걸 눈치채면 곧바로 연락을 취해 힘든 일을 겪고 있는지 확인하거나, 친구가 얼마 전에 큰 성공을 거두어 축하 파티를 직접 준비하고 있다는 걸 알게 된다.

사회적 테크놀로지와 스마트폰에 대한 일반적인 비판은 우리를 함께해야 할 사람들로부터 떼어놓고, 설령 한 공간에 있더라도 진정으로 함께하는 것이 아니라는 것이다. 사진작가 에릭 피커스길Eric Pickersgill이 '제거되다Removed'란 이름으로 시행한 프로젝트는 일상의 삶에서 물리적으로는 친구나 가족과 함께 있지만 스마트폰과 디지털 기기에 빠져 정서적으로는 지워진 사람들을 묘사하고 있다. 물리적으로는 함께하지만 정서적으로는 존재하지 않는다는 논점을 강조하려고 피커스길은 스마트폰과 다른 기기들을 지워버림으로써 사람들이 아무것도 보지 않으면서 서로에게 무심한 장면들을 만들어냈다. 헝클어진 담요를 덮고 침대에 누운 부부는 등을 돌린 채 각자 오므린 손을 멍하니 바라보고 있다. 엄마와 딸이 소파에 나란히 앉아 넋 빠진 얼굴로 아무것도 없는 무릎을 내려다보고 있다. 이런 사진들은 으스스한 느낌을 자아내고, 스마트폰과 소셜미디어에 대한 공정한 비판으로도 여겨진다. 그러나 중요한 것, 즉 스마트폰의 긍정적인 역할을 간과했다. 스마트폰이 우리를 함께해야 할 사람들로부터 떼어놓을지 모르지만, 우리를 곁에 있지 않은 사람들과 연결해줄 수도 있다. 피커스길의 사진과 대척점에 있는 사진은 얼마든지 찾아볼 수 있다. 손녀딸의 첫걸음을 담은 동영상을 받고 환한 미소를 짓는 할머니, 일손을 멈추고 얼굴을 붉히며 입술을 깨물게 하지만 그날의 스트레스를 날려주는 문자 메시지, 친구가 보낸 짤방을 받고 폭소를 터뜨리는 대학생을 생각해보라.

우정과 사랑은 예부터 정신적 내면이 중첩되었다. 소셜미디어를 통해 주변 인식이 가능해짐에 따라, 우리는 친구와 애인이 독자적인 공간에서 움직이며 무엇을 먹고 마시며, 무엇을 생각하고 느끼는지 언제라도 의식하고 확인할 수 있다. 우리가 일상의 삶을 하지 않는 사회적 타자와 빈번하게 교류하며 친밀감과 수용감과 소속감을 강화한다는 연구 결과가 적지 않다.[1] 페이스북의 초기에 대학생들을 대상으로 한 연구에서, 빈번한 사용자에게 '사회적 자본social capital(사회적 자본은 사회적 지원으로부터 얻는 자원을 가리키는 폭넓은 개념)'이 더 많다는 게 밝혀졌고,[2] 많은 사람과 연결하기 위해 의도적으로 소셜미디어를 사용하면 행복과 긍정적으로 이어진다는 것도 밝혀졌다.[3]

온라인에서 어떻게 하느냐가 중요하다. 이런 연구의 전반적인 결론에 따르면, 소셜미디어의 소극적인 사용은—이른바 '눈팅lurking', 요컨대 남의 게시물을 보기만 하고 어떤 댓글도 달지 않고, 자신의 글을 게시도 하지 않는 행위는—행복에 부정적인 영향을 미친다.[4] 하지만 직접 글을 게시하고 댓글을 달며 공유하는 행위, 즉 소셜미디어를 적극적으로 활용하는 행위는 행복에 긍정적인 영향을 미친다. 소극적인 사용의 부정적인 영향은 시기심과 사회적 비교와 결부되는 반면, 적극적인 사용의 긍정적인 영향은 사회적 유대와 관련된 감정과 결부된다. 모든 적극적인 사용이 똑같은 정도의 긍정적인 효과를 낳는 것은 아니다. 절친한 친구들로부터 받은 구체적인 반응(사진 공유, 기억 공유, 링크)은 행복의 전조이지만, 눈팅이나 '원클릭 피드백(좋아요, 훈훈해요)'은 행복의 전조가 아니다.[5]

슬로베니아계 작가 루이스 아다미치Louis Adamic(1898~1951)의 "내 할아버지는 살아 있는 것은 가시나무에서 꿀을 핥아먹는 것과 같은 것이라 항상 말씀하셨다"라고 말했다. 내가 좋아하는 인용글 중 하나이다. 스마트폰과 소셜미디어와 관련해 우리 하이브 마인드가 만들어낸 이야기는 주로 가시에 초점에 맞추어져서 꿀이 존재한다는 것은 완전히 잊힌 듯하다. 최근에 나는 하루를 잡아, 스마트폰에서 얻는 사회적 이점을 하나씩 찾아보았다. 두 살배기 조카딸이 음성 파일을 보내 6명의 친구가 교대로 내 반려견을 구경하는 걸 허락해주면 좋겠다고 부탁하는 목소리를 듣는 즐거움도 있고, 식료품점에서 줄을 서지 않고 어머닐날 선물을 주문할 수 있는 간편함도 있다. 또 몇 번만 클릭하면 무궁한 지식의 저장고에 들어갈 수 있고, 트위터에서는 학자나 유명인사와 관계를 맺을 수 있고, 시간과 공간의 제약에 구애받지 않고 사회적 유대를 유지할 수도 있다. 이런 이점에는 가시가 딸려 있을 수밖에 없고, 그 가시에 대해서는 이미 적잖게 언급했지만 더 많은 가시를 앞으로 혹독한 겨울을 지내며 깊이 있게 다루어보려 한다.

그러나 이쯤에서 잠깐 멈추고 꿀을 핥아보는 것도 보람 있을 듯하다.

장점:
공동체 의식의 강화

──────── 사회적 테크놀로지의 두 번째 장점은 우리에게 일상의 삶에서 접촉할 수 없는 공동체들을 온라인으로 만나게 해주는 것

이다. 이런 공동체는 많은 이유로 존재하는 공백을 메워준다. 비슷한 관심사를 가진 사람이 주변에 없을 수도 있고, 일자리나 학업 때문에 갑자기 이사할 수도 있지 않은가. 게다가 성격이 내성적이거나 우울증을 앓는 사람, 그 밖에 대인관계를 형성하는 데 어려움을 겪는 사람도 있을 수 있다.

래너 라파인도 이런 경험이 있었다. 그가 원주민 여성으로서 문화적 유산과 더 깊은 관계를 맺는 데 큰 도움을 준 것이 소셜미디어였다. 친할아버지와 외할아버지가 각각 모호크족과 프랑스계 캐나다인이었고, 양쪽 모두가 수 세대 전에 캐나다에서 이주해 온 이민자였다. 당시 문화적 분위기와 그들이 백인으로 통할 수 있었다는 사실을 고려하면, 그들은 많은 문화적 전통과 접촉을 끊고, 동화에 주력하며 차별을 피하려고 애썼다. 그러나 페이스북과 트위터를 통해 래너는 그녀를 과거의 전통에 이어줄 수 있는 인간 관계망을 찾아냈다. 그녀의 질문에 흔쾌히 대답해주며 조상의 역사에 대한 그녀의 지식을 넓혀줄 많은 원주민들로부터 적극적인 지원을 받았다.

래너는 "소셜미디어에 소름 끼치게 싫은 사람이 있는 것은 사실입니다. 그러나 트위터에는 당신에게 관심을 보이며 당신의 유산에 대해 많은 것을 가르쳐줄 만한 나이든 분도 있습니다."

래너만이 온라인에서 필요한 커뮤니티를 찾아내고, 소속감을 더하는 방법을 찾아낸 것은 아니었다. 테리 클라크Teri Clarke라는 친구도 든든한 지원군이 될 만한 사회 연결망을 온라인에서 찾았다. 테리는 간혹 진 E. 로클린Zin E. Rocklyn이란 이름으로 글을 쓰는 사변 소설speculative fiction(초자연적이고 판타지적이며 초현실적인 소설—옮긴이) 작가이다. 테리는 소셜미디어 덕분에 소설가와 인명 구조원이 되었다고 생각한다. "성장하는 과정에서 사귄 친구들로부터 지원을 받고 도움도 받았지만, 내가 결코 채우지 못한 공허감이 있었다. 나는 주변의 기대를 충족하지 못한 까닭에 무시되었고 비난의 표적이 되었다. 그러나 나와 세계관이 비슷하고, 공포에 대해 글쓰기를 좋아하는 흑인 여성 커뮤니티를 온라인에서 찾아냈다." 소셜미디어를 통해 이렇게 연결된 덕분에 테리는《시코락스의 딸들》이란 작품집에 한 꼭지를 실었고, 한 권위 있는 작가의 워크숍에 참가하는 비용을 지원받았다. 그 후로도 작품 발표, 에세이집 출간, 작품 활동을 위한 금전적 지원에 필요한 연결 고리를 마련할 수 있었다.

레너와 테리의 이야기는 우리가 인터넷과 소셜미디어에서 기대하는 이상적인 모습이다. 지리적 조건이나 인구 통계 혹은 우연에 기대지 않고 공동의 관심사를 기초로 연결망을 구축하고, 시간과 공간을 초월해 커뮤니티를 구축하는 것이 인터넷의 궁극적인 목표이다. 밋업Meetup이란 웹사이트는 이런 목적을 위해, 즉 공통된 관심사와 취미를 가진 생면부지의 사람들을 연결해주려는 목적에서 설계되었다. 이 웹사이트를 런칭할 때 창업자들은 대부분의 연결이 디너파티, 터치 풋볼 게임, 보드게임 등 전통적인 행사나 놀이와 관련될 것이라 예상했다. 하지만 적어도 수년 전까지 상위 15개의 동호회에는 수맥을 찾는 사람들, 여호와의 증인으로 성장했지만 배교한 사람들,〈스타트렉〉팬들이 있었다.[6] 그들은 모두 반문화를 자처하고,

얼굴을 대면하는 공동체에서는 비슷한 생각을 가진 사람을 찾기 힘든 사람들이 모인 동호회였다. 인터넷과 소셜미디어에서는 이런 공동체의 형성이 가능하기 때문에, 집단 내에서 소외되고 제대로 인정받지 못하는 사람들이 모이게 된다.

뒤에서 더 자세히 살펴보겠지만 소속감은 인간의 행복에서 무척 중요하다.

래너의 표현을 빌리면 "어떤 집단에 속해 있다는 소속감이 내 삶을 가장 확실히 떠받쳐주는 것입니다. 다른 원주민과 이야기를 나눌 때 어떤 일이 일어나더라도 나에게는 확실한 정체성이 있다는 생각에 안심할 수 있습니다. 정체성에도 몇 겹이 있지 않느냐고요? 맞습니다. 가장 좁게는 모호크족입니다. 다음으로는 하우데노사우니 연맹. 그다음으로는 북아메리카 원주민, 다음으로는 토착민, 그리고 여성, 젊은이……. 이런 정체성들이 동심원을 이룹니다. 물론 나도 삶의 과정에서 정말 마음이 뒤집어지고, 일하고 싶지 않은 때가 있습니다. 집단의 일원이라는 소속감 때문에 아침에 눈을 뜨고 침대에서 일어나는 때도 있습니다." 우리 모두가 이렇게 중첩되는 여러 정체성을 지니며, 그 정체성들이 우리 세계관에 영향을 미친다.

하우데노사우니, 즉 이로쿼이 문화는 우리에게 지금 행하는 모든 것, 예컨대 차를 마실 때 넣는 설탕의 양부터 운전하는 승용차 종류까지 모든 것이 지금부터 일곱 세대까지 영향을 미친다고 생각하며 삶을 살라고 가르친다. 결국 이로쿼이 문화에서는 소속감이 과거와 미래 모두와 관련된다고 생각하는 셈이다.

다시 래녀의 말을 빌리면 "일곱 세대 후까지 고려하는 공동체 정신은 우리에게 책임감을 주지만 소속감과 희망도 줍니다. 내 생각이지만, 그래서 우리가 살아남은 게 아닐까요? 지금 상황이 나쁘다지만, 당신의 뿌리가 어디이든 간에 우리 조상 모두가 지금보다 훨씬 나쁜 상황을 겪었습니다. 우리 조상은 식민 시대를 겪었고, 홀로코스트와 크메르 루주도 상대했습니다. 지금도 끔찍한 일들을 주변에서 보고 있습니다. 이런 상황을 어쨌거나 공동체 의식으로 견뎌냅니다."

공동체를 강화하는 가능성은 소셜미디어의 분명한 장점이며, 우리의 힘을 북돋워준다.

그러나 그 강점이 도를 넘으면 역풍을 만나지 않을까?

장점의 역풍:
반향실 효과

──────── 모두가 비슷한 의견을 가진 사람들끼리 집단을 이루고, 똑같은 생각을 반복해 주고받으며 기존의 의견을 굳히고 더 강화하면 이른바 반향실 효과가 작용한다. 다른 의견을 맞닥뜨리지 않을 때 예상되는 가장 중대한 문제 중 하나는 자신의 믿음에 어떤 의문도 품지 않게 된다는 것이다. 반대 의견에 부딪치면 반대 의견을 저울질하며 평가하게 된다. 그 후에 그 의견을 무시하거나 본래의 의견을 조절하는 것은 비판적 사고critical thinking의 본질이다.

캐스 선스타인Cass Sunstein은 오바마 정부에서 수년 동안 재직했고, 최근에 발표한 《#공화국: 소셜미디어 시대에 분열된 민주주의》를 비롯해 많은 책을 발표한 법학자이다. 우리가 내집단 외의 사람들, 즉 다른 의견이나 경험을 가진 사람들과 교류하고 논쟁하는 기회를 충분히 갖지 못하는 경향이 점점 짙어진다는 게 선스타인의 걱정이다.

선스타인이 지적하듯이, 과거에는 종교 모임, 정부 행사, 학교 행사 등 다양한 형태의 공적 모임에서 다른 연령과 계급, 인종과 정당과 부딪칠 기회가 지금보다 많았다. 그러나 비슷한 생각을 가진 사람들과 지리적 공간까지 함께하는 현상이 증가함에 따라, 우리는 외형만 다른 사람을 만날 뿐이다. 소셜미디어는 우리를 강제로 '통제의 틀architecture of control'로 밀어 넣는다. 선스타인이 그 틀을 '데일리 미Daily Me(니컬러스 네그로폰테가 1995년에 발표한 《디지털이다》에서 처음 사용한 용어로 개개인의 취향에 맞추어 제작된 가상의 일간지를 뜻한다―옮긴이)'라고 칭했다. 뉴스, 친구가 올리는 게시물, 광고 등 모든 것이 당신 개인에게 맞추어졌다. 이런 개인별 맞춤은 어느 정도는 당신의 의도적인 선택에 기인한다. 특정한 사람과 유명인사를 팔로우하고, 당신과 비슷한 철학을 공유한 언론사를 선택한 것은 당신 자신이다. 그러나 당신의 자유의지와 상관없이 은밀히 그런 맞춤이 일어나기도 한다. 모든 주된 소셜미디어 플랫폼은 당신보다 앞서 당신이 무엇을 보기를 원하는지 알아내는 알고리즘을 개발하는 데 상당한 노력을 기울인다. 그런 추정이 성공하면 당신이 '좋아요'를 클릭하며, 그 상품을 쇼핑 카트에 담을 가능성이 높아지기 때문이다. 의도성과 비의도성이 결합되며 온라인에서 우리의 경험이 조정되면, 결국 우리는 좁은 세계만 보게 된다.

더욱이 과거에는 대부분의 미국인이 제한된 통로를 통해 경험을 공유할 수밖에 없었다. 텔레비전 채널 수가 적었고, 방영되는 프로그램도 많지 않았다. 인터넷은 존재하지 않았다. 이런 시대에 뉴스는 특정 정치 집단보다 대중 전체를 대상으로 짜였다. 달리 말하면, 뉴스가 한층 더 객관적이었다는 뜻이다. 따라서 뉴스에 대한 시청자의 반응은 무척 다양했고, 편향된 뉴스가 지속적으로 시청자에게 제공되지도 않았다. 게다가 모두가 〈M*A*S*H^{Mobile Army Surgical Hospital}(이동 육군외과병원)〉, 〈ER〉, 〈사인필드〉를 편성 시간에 시청해야 했고, 선택할 수 있는 채널 수도 제한적이었기 때문에 모두가 프로그램의 내용에 대해 이야기를 주고받을 수 있었다.

미국인에게는 배경과 경험이 달라도 동일한 공동체의 일원이라는 국민 의식이 있다. 선스타인은 이런 공유된 경험이 국민 의식에 무척 중요하다고 생각한다. "적절히 기능하는 모든 사회는 신뢰와 호혜 관계에 기반한다. 이런 사회에서 모든 시민은 동료 시민을 잠재적 협력자라 생각하며 기꺼이 돕고, 도움이 필요할 때는 당연히 도움을 받을 수 있다고 믿는다." 하지만 오늘날의 우리는 관심사와 세계관이 비슷한 소수 집단하고만 경험을 공유하는 경향을 띤다.

사고방식이 비슷한 사람들과 지속적으로 관계를 맺을 때 야기되는 문제는 '집단 극화^{group polarization}'라는 현상이다.[7] 집단 극화는 이미 명료하게 증명되었듯이, 명칭에 담긴 그대로 "유대의 결과로 시간이 지날수록 집단이 극화되는 현상"을 가리킨다. 가령 당신이 공회당 토론회나 학급회의에 참석해 모두가 당신의 의견을 앵무새처럼 되풀이하는 회의를 끝내고 나면, 당신의 의견은 극단적인 수준까지 굳어질 것이다.

이런 경우, 집단이 합의점에 이른 뒤에는 그 쟁점에 대해 애매하거나 복합적인 입장을 취하는 것도 거의 용납되지 않는다. 따라서 상대적으로 유화적인 의견이나 반대 의견을 지닌 사람들은 집단의 편향성을 감지하고, 불신임과 견책을 자초하는 위험을 피해 침묵을 선택한다. 이런 침묵에서 집단은 반대 의견이 없는 것이라 확신하고, 순응의 과정을 거쳐 모두가 극단적인 의견을 향해 다가간다.

집단 극화는 집단 정체성을 향한 충성심에 의해 더욱 부추겨진다. 집단이 하나의 정체성과 하나의 목적 및 연대 의식을 가지면 극화가 더욱 뚜렷해진다. 대표적인 예가 미국의 현재 정당들이다. 미국인이 좌우 진영으로 나뉘고 그들 사이에 적대감이 있다는 느낌은 여론 조사에서도 확인된다. 선스타인의 보고에 따르면, 1960년에 자녀가 다른 정당을 지지하는 사람과 결혼하는 걸 달갑게 여기지 않은 사람이 공화당원의 경우에는 5퍼센트, 민주당원의 경우에는 4퍼센트였다. 정치적 견해가 삶의 가치에서 큰 몫을 차지하지 않았다는 뜻이다. 그런데 2010년의 조사에서는 그 수치가 공화당원에서는 49퍼센트, 민주당원에서는 33퍼센트로 치솟았다. 2016년 대통령 선거로 그 상향 추세가 훨씬 뚜렷해졌을 것이란 상상이 터무니없지 않다.

반향실 효과와 집단 극화가 당면한 과제이지만, 우리가 공동체를 구축하는 과정에 두 현상은 여전히 존재한다.

그러나 소셜미디어가 우리에게 장점으로만 기능하는 것은 아니다. 많은 점에서 우리를 힘들게 한다.

단점들

──────── 익명의 괴롭힘부터 콜아웃, 분노를 자극하는 댓글 문화 및 사이버 따돌림까지 소셜미디어의 단점은 장점만큼이나 다양하다. 사회 규범을 어기면서까지 노골적으로 무시하거나 은근히 모욕을 가하며 수치심을 안겨주는 경우를 생각해보라.

온라인에서 일반적으로 보장되는 익명성은 충동의 탈억제disinhibition, 결과로부터의 해방으로 이어진다. 블로그에 개인적인 생각을 게시함으로써 삶의 스트레스를 푼다면 이런 탈억제는 바람직한 것일 수 있다. 그러나 얼굴을 마주보고는 결코 말할 수 없는 욕설을 소셜미디어에 충동적으로 내뱉는다면 탈억제는 유해한 것이 된다.[8]

온라인에서 섬뜩한 행동을 자극하는 몇 가지 요인이 있다. 첫째로 온라인 활동은 일상생활과 쉽게 분리될 수 있다. 특히 익명으로 활동할 때는 더더욱 그렇다. 상대에게 상처를 줄 수 있다는 생각에 강력한 의견을 자제할 필요가 없고, 상대의 반응에 신경 쓸 필요도 없다. 심지어 상대의 반응을 보지도 않는다. 결국 아무런 책임도 지지 않는다. 뒤에서 나는 임상심리학자 은남디 폴과의 인터뷰를 실었다. 은담디는 강아지가 형제자매와 놀면서 무는 힘을 조절하는 방법을 배운다고 말했다. 실제로 강아지를 가족들과 너무 일찍 떼어놓으면 무는 힘의 조절에 문제가 있을 수 있다. 이와 유사한 현상이 온라인에서 일어나고 있는 듯하다. 우리가 비명을 듣지 못하기 때문에 무지막지하게 무는 것이 아닌가 싶을 정도이다.

둘째로, 온라인에서의 비동조화asynchronicity는 누군가가 불쾌하게 반응하더라도 그 반응이 즉각적이지 않고 당신의 다음 말에 영향을 미치지 않는다는 뜻이다. 심리학자 존 슐러John Suler의 주장에 따르면 "어떤 행동은 강화하고 어떤 행동은 소멸하는 연속적인 피드백 고리에서, 상대가 즉각적으로 반응하면 우리도 크게 영향을 받아 사회 규범을 준수하는 방법으로 행동하고 말하게 된다."[9] 우리는 원칙적으로 동조화하는 존재이다. 따라서 인터넷의 비동조화는 자연스런 상호작용을 방해하는 것이 된다. 찡그린 얼굴, 한숨, 갸우뚱한 고개 같은 미묘한 단서에 반응하며, 그런 피드백에 근거해 다음 말을 조절한다. 이런 단서들이 온라인에는 없다.

온라인 커뮤니티 전체가 공격적으로 변해가는 사회 규범에 오염될 수 있다. 사회 규범의 발전과 영향에 대해서는 이미 앞에서 보았듯이, 사회 규범은 특정한 집단이나 커뮤니티에서 '행동 기준'의 일부가 될 수 있다.[10]

청소년이었을 때 래너와 친구들이 익명으로 글을 게시하는 게 허용된 소셜미디어 사이트에 접속해, 자신의 외모와 성격을 정직하게 평가해달라고 단도직입적으로 부탁했다. 그 게시물이 반 친구들 사이에 돌았고, 그들은 익명으로 평가를 남겼다. 대부분이 입에 담기 힘들 정도로 잔혹한 평가였다. 악의를 드러내는 것이 규범이고, 그 실험의 목적인 듯했다. 이런 웹사이트가 미국 전역에서 믿기지 않을 정도로 많았다. 사람들이 자진해서 그런 적대감에 굴복하는 이유를 나는 도무지 이해할 수 없었다.

래너도 그 이유를 제대로 설명하지 못했다. "그런 짓이 잘못된 짓이라는 건 아시겠죠? 모든 것이 엉망진창이라고 말씀하시는 분도 있습니다. 하지만 그렇게 말하는 수밖에 달리 설명할 길이 없습니다……." 래너는 당시를 회상하며 고개를 저었다. 친구들의 평가를 보았을 때 두려움에 소름이 돋았다. 그녀의 외모와 성격에 대한 친구들의 악의적인 평가에 기가 꺾였고, 자신감을 재고하는 지경에 이르렀다. 그러나 한 절친한 친구는 그런 잔혹한 평가가 학교 내의 파벌과 관계있을 것이라며, 반 친구들이 그녀를 '멋지다'라고 생각하지 않는다고 그녀가 정말 멋지지 않다는 뜻은 아니라고 위로했다.

친구의 설득에 래너는 야후 지식 검색 계정에 자기 사진 하나를 게시하며 "내 친구가 예쁘다고 생각하시나요?"라고 물었다.

나는 그 결과가 몹시 궁금했다.

수십 개의 댓글이 쏟아졌다. 그 친구가 역겹게 생겼고, 말처럼 생겼고, 남자인 줄 알았다며 성형수술을 해서라도 외모를 고쳐야 한다는 댓글이 줄줄이 달렸다. 심지어 한 급우는 여러 사진을 다운로드해 포토샵으로 편집한 것을 그녀에게 이메일로 보내며 그런 식으로 성형수술해야 할 것이란 조언까지 덧붙였다.

당시 래너는 8학년이었다.

13세에 그녀는 야후 지식 검색에 접속해 십 대 초반의 열의를 평가하는 사람들이 다른 사람을 폄하하고 깎아내려야 자신이 더 높아진다고 생각하는 못난 심술쟁이들에 불과하다는 걸 알지 못했다.

성인이 된 래너는 그런 넓은 시야를 갖고 있었다. 그러나 그 수준에 이르는 데는 오랜 시간이 걸렸다.

"대학에 다닐 때도 그때가 느닷없이 기억나고 당시의 감정을 고스란히 다시 느끼곤 했습니다. 인터넷에서 나를 평가한 60명이 넘는 사람에게 나는 흉측한 괴물이었습니다." 래너는 커피를 한 모금 마시고 어깨를 으쓱해 보이며 덧붙였다. "옳든 그르든 간에 당신은 어렸을 때 인터넷은 멋진 곳이 될 거라고 믿었습니다. 그런데 나이가 먹고, 트위터에서 살인 협박을 받고는 이렇게 생각합니다. 이제야 알겠어. 인터넷은 좋은 공간이 아니야."

나는 메스꺼웠다. 래너는 나를 대신해 무엇이든 느껴주는 대리 딸인 듯했다.

그러나 래너는 그때의 사건을 상당히 수용하는 단계까지 도달한 듯했다. 여전히 약간은 아프지만, 더 이상 당시의 기억에 크게 흔들리지 않는 듯했다. 나에게도 비슷한 기억이 있었다. 참석자 전부가 중학생이었던 파티에서 한 친구가 "병돌리기 게임을 하자. 하지만 세라는 빼!"라고 말했던 때, 또 멋진 남자아이가 동네 수영장의 하이다이빙대에서 "빨리 해, 뚱보야!"라고 소리쳤을 때 받았던 마음의 상처가 기억에 떠올랐다. 래너와 나는 바버라 에런라이크가 언급한 다른 사람의 판단에서 비롯된 치명적인 상처를 추적하며 밤을 하얗게 새울 수 있을 것 같았다. 온라인에서나 오프라인에서 우리가 필연적으로 서로에게 가하는 아픔은 인간의 초사회성과 적잖게 관계가 있다.

물론 래너와 나의 경험은 주로 어린 시절에 겪은 단편적인 사건들이었다. 그러나 현실 세계에서의 따돌림이 그렇듯이, 조직적이고 지속적인 사이버 폭력도 파괴적인 피해를 안길 수 있다.[11]

사이버 폭력 외에, 소셜미디어의 또 다른 단점은 누군가가 대중에게 분노의 표적이 될 때 나타난다. 도덕적 분노는 무척 흥미로운 현상이며, 하이브 마인드의 명백한 이정표이기도 하다. 또 도덕적 분노는 사회 규범을 강조하고 강화하며, 내집단의 결속을 공고히 하는 역할도 한다. 표적이 도덕적 분노를 일으키는 데 합당하면, 다시 말해서 표적이 다른 사람이나 집단에 해가 되는 사회적 잘못을 범했다면, 도덕적 분노와 관련된 모욕이 있어야 집단의 결속을 유지하는 데 유리하고, 이때 모욕을 가하는 데 앞장선 사람은 지위가 상승할 수 있다.[12]

물론 소셜미디어가 등장하며, 분노와 관련된 모든 것이—예컨대 분노의 범위, 분노에 수반되는 모욕과 그 결과 및 지위의 상승이—극대화되고 입소문이 걷잡을 수 없이 퍼지며, 때로는 파괴적인 결과를 낳는다.

분노를 직접 표현하고, 그에 따른 물리적이거나 사회적인 결과를 추적하려면 모욕을 당하는 사람과 물리적으로 가까이 있어야 하고, 상당한 노력도 더해져야 한다. 그러나 온라인에서는 그렇지 않다. 온라인에서는 멀리 떨어져서도 컴퓨터 자판을 몇 번 두드리면 모욕을 가할 수 있다. 게다가 표적이 컴퓨터에서는 아바타에 불과하기 때문에 모욕이 그에게 어떤 영향을 미쳤는지 확인할 필요도 없다.[13] 이런 변화로 분노가 분노를 낳고, 사람들이 더욱 방종할 거라고 염려하는 사람이 적지 않았다. 실제로 트위터에는 "그런데 오늘은 무엇 때문에 화가 난 거지?"라는 우스갯소리까지 생기지 않았는가.[14]

어떤 사람의 분노가 깊어지면 그의 메시지가 사회 연결망을 타고 더 멀리 확대되며, 사람들을 극단까지 몰아갈 수 있다. 사회심리학자 제이 반 바벨Jay Van Bavel과 그의 연구팀은 소셜미디어에서 양극화된 정치적 쟁점(예: 동성 결혼, 총기 규제)에 대한 자료를 대대적으로 수집해 분석했다. 도덕적인 단어와 감성적인 단어를 동시에 사용하면, 둘 중 하나만 사용한 메시지에 비해 메시지가 20퍼센트가량 더 확산된다는 게 밝혀졌다.[15] 반 바벨의 연구팀은 이 현상에 '도덕 전염' 효과라는 이름을 붙였다. 놀랍지도 않지만, 도덕 전염은 집단의 범위를 넘어서지 않고 집단 내에 제한되는 경향을 띠었다. 진보 진영의 도덕적 분노는 그 관계망에서 맴돌았고, 보수 진영의 분노도 마찬가지였다.

흥미롭게도, 개별적인 게시물을 비난하는 자극적인 댓글을 보면 대부분은 피해자에게 동정심을 느끼기 때문인지 피해자를 덜 부정적으로 평가하고 가해자를 덜 긍정적으로 평가하는 경향을 띤다고

보고한 연구도 있었다.[16]

따라서 앞으로 소셜미디어가 인터넷 폭언에서 벗어나 좋은 방향으로 개선될 것이라 장담하기 어렵다.

내친김에 나는 래너에게 트위터의 콜아웃 문화에 대해서는 어떻게 생각하느냐고 물었다. 콜아웃 문화는 잘못된 행동을 이유로 당사자를 호출해 공개적으로 비난하고 야유하는 문화를 일컫는다.

심각한 선을 넘어 악의적으로 공격하는 사람들에 대한 콜아웃 문화에 대해 래너는 사회가 기능하는 방법의 일환으로 보았다. "인종차별적인 발언과 행동 때문에 직장을 잃고 장학금을 잃는 사람이 있습니다. 내 생각에 콜아웃은 잘못에는 대가를 지불해야 한다는 걸 가르쳐주는 교훈입니다." 인종차별적 행위를 하고도 별다른 제재를 받지 않는 사람들이 많았다. 우리 사회에는 동료 인간을 보호하기 위해 인종차별, 인권 탄압, 성희롱 같은 행동을 규제하는 규범이 있다. 이런 사회 규범의 강요는 공동체를 유지하기 위해 반드시 필요한 조건이다.

한편 래너는 많은 사람이 실수를 범하면 그 실수에도 기꺼이 배우려 하지만 인터넷 폭도가 그런 성장의 여지를 허용하지 않는 여러 사례를 보았다며 안타까워했다. 실제로 콜아웃이 점점 추악해지고, 폭력의 위협까지 가해지는 경우도 있다. 피해자의 신원과 개인 연락처를 공개함으로써 더 심하게 괴롭히려는 '신상 털기'가 대표적인 위협 수단이다.

〈스캔들〉과 〈장고: 분노의 추적자〉에 출연한 유명한 여배우,

케리 워싱턴Kerry Washington은 2005년 동료 여배우 케이트 윈슬렛Kate Winslet은 자신의 '영혼 동물spirit animal'이란 글을 트위터에 게시했다. 래너는 케리의 트위트에 곧바로 댓글을 달며, 그 용어는 옛 원주민의 영적 전통을 가리키는 것이므로 그렇게 무람없이 재미삼아 사용하면 원주민의 신앙에 대한 모욕으로 해석될 수 있다고 언급했다(온라인에서는 '본받고 싶은 사람'을 뜻한다—옮긴이).

케리는 래너에게 흔쾌히 실수를 인정하며 우호적으로 대응했지만, 다른 댓글들은 그다지 우호적이지도 않고 너그럽지도 않았다. 사람들은 래너를 눈송이라고 빈정대며, 원주민을 대변하는 백인 여성이라 단정짓고는 흑인을 적대시한다고 비난을 퍼부었다. 심지어 그녀의 집주소를 알아내 직접 찾아가 폭력을 가하겠다고 위협하는 사람들도 있었다. 결국 래너는 자신의 트위터 프로필을 비공개로 전환하는 수밖에 없었다. 수년이 지난 지금도 그녀는 그 트윗에 대한 메시지를 받고 있다.

래너는 자신의 트윗을 콜아웃이라 생각하지 않고, 오히려 존중해야 할 의견 교환이라 생각한다. 래너는 케리의 글을 어떤 웹사이트의 게시판에도 올리지 않았고, 인용하지도 않았다. 여하튼 어떤 식으로도 케리의 글을 다른 곳에서 언급하지 않았다. 다만 많은 원주민이 거북하게 생각하는 경계선을 무심코 넘은 사람에게 내집단의 전문 지식을 알려주려고 시도했을 뿐이다.

하지만 선의의 사람들이 악의적인 사람들과 충돌을 일으킨다. 특히 트위터에는 다른 사람을 괴롭히며 한가한 시간을 보내는 못된 사람들이 우글거린다. 이런 인터넷 트롤들은 여성과 유색인, 특히 유색인 여성을 주된 표적으로 삼는다. 오랫동안 집요한 혐오 공격을 받은 후 트위터에서 탈퇴한 유명인사도 적지 않다. 예컨대 레슬리 존스Leslie Jones는 여성을 주인공으로 다시 제작한 〈고스트버스터즈〉에서 맡은 역할 때문에 인종차별자이고 성차별자라며 죽음의 위협까지 당한 후에, 켈리 마리 트랜Kelly Marie Tran은 〈스타워즈: 라스트 제다이〉에서 로즈 티코 역을 맡은 후에 트위터를 탈퇴했다. 이런 사고들로 많은 사람이 트위터가 근본적으로 망가졌고, 트위터 플랫폼이 사용자의 안전과 행복을 위협하는 문제를 처리하는 데 너무 안일하게 대응한다고 생각하기에 이르렀다.

모욕과 괴롭힘이 기하급수적으로 확대되는 반향실 효과 외에, 소셜미디어에서 확산되는 잘못된 정보도 사회적 삶을 온라인에 의지할 때 야기되는 또 다른 단점이다. 그러나 다른 문제도 있는 데다 이 문제는 지금까지 많은 학자가 다루었기 때문에, 앞에서도 언급한 진화생물학자 킴벌리 노리스 러셀의 의견을 통해 간략히 정리하기로 하자.

협력하는 종(여기에서는 "당신이 내 등을 긁어주면 나도 당신 등을 긁어주겠다"는 상호성의 규범)의 주된 골칫거리 중 하나는 비축하는 사람(자원의 불공정한 몫을 차지하는 사람. 상위 1퍼센트에 대한 진보주의자의 공격을 참고)과 공짜로 얻어먹는 사람(기여하지 않고 혜택을 누리는 사람. 사회복지를 남용하는 사람에 대한 보수주의자의 공격을 참고)을 상대하는 것이다. 킴벌리의 설명에 따르면, 흡혈박쥐와 말벌을 비롯해 대부분의 협력하는 종에서 사기꾼은 확실히 눈에 띄어 처벌을 받기 때문에 시스템이 안정적으로 유지된다.

사기꾼을 알아내고 처벌하려면 집단의 구성원을 알아보고, 구성원들의 반복적인 상호작용이 있어야 한다. 그러나 사회적 테크놀로지 덕분에 우리는 우리 문화를 익명으로 범세계적인 규모로 쓰게 되었지만, 협력 시스템의 규칙을 위반한 사람들에 대한 처벌은 거의 없다. 소셜미디어의 도래로 사회 연결망이 확대되었지만, 정보를 평가하고 판단하고 잘못된 정보를 퍼뜨린 사람을 처벌하는 메커니즘은 그만큼 빠른 속도로 성장하지 못했다.

나는 킴벌리에게 이런 새로운 미디어에 적응하는 인간의 역량에 대해 물었다.

"테크놀로지가 나쁜 것도 아니고, 우리는 적응하지 못하는 것도 아닙니다. 새로운 발전과 우리의 적응 사이에는 시차가 있기 마련입니다." 인간은 사기꾼을 알아내서 벌을 주는 시스템만이 아니라, 다른 사람의 진실함을 평가하는 시스템(예: 얼굴 표정, 믿기지 않겠지만 냄새)까지 진화시켰다. 그러나 이런 도구들은 소규모 사회에서 대면하는 상호작용에 적합하다. 트위터용으로 진화한 것이 아니다. 킴벌리는 어떤 집단에 도움을 주는 거짓 정보를 일종의 속임수라 규정하며, 그런 거짓은 호혜성에 기반한 사회 시스템에서는 당연히 처벌되어야 한다고 믿었다.

"거짓말쟁이와 사기꾼을 제거하는 안전장치가 없다면 당신은 자기본위적인 조직에게 휘둘릴 것이고, 결국 조직이 승리하면 시스템

전체를 조종하게 되고, 심지어 파괴할 수도 있을 것입니다."

이크!

이런 문제는 플랫폼을 제공하는 회사가 해결해야 하지만, 많은 사용자가 항의하며 변화를 요구하면, 그래서 법제화되면 적잖은 문제가 해결될 것이다. 사회 연결망의 급속한 성장에 비해 우리 자신을 보호하는 규제와 안전장치를 마련하는 데는 소홀한 것은 사실이다. 사회 연결망이 자체적으로는 바람직한 방향으로 발전할 가능성이 거의 없기 때문에, 이제라도 우리 자신을 보호하기 위해 신속하고 과단성 있게 행동할 필요가 있다. 이 글을 쓰고 있던 때 유튜브가 더 많은 돈을 포기하더라도 음모론을 주장하는 동영상을 더는 추천하지 않겠다고 선언한 것은 바람직한 사례가 아닐 수 없다. 주된 기업들이 수익에 손해를 보더라도 친사회적 결정을 내려야 할 필요가 있다.

그렇더라도 디지털 세계의 어두운 구석에 삭막한 추악함이 도사리고 있다는 걸 부인할 수는 없다.

사회적 테크놀로지의 장단점을 종합해보면, 온라인의 사회적 공동체에서는 우리에게 내재한 기존의 친사회적이고 반사회적인 성향이 증폭될 수 있다.

심리학자 애덤 웨이츠Adam Waytz와 커트 그레이Kurt Gray는 온라인 테크놀로지와 사회성을 다룬 기존의 문헌들을 요약하고 "좋은 점은 더 살려라! 감추지 말라!"라는 원칙을 강조하며 "온라인 테크놀로지가 장래나 기존의 오프라인 친구들과 인간관계를 북돋우고 새롭게 시작할 목적에서 사용된다면 사회성을 확장할 수 있지만, 지나치게 사용되며 대면 접촉이 쉽게 뒤따르지 않는다면 오히려 사회성이 줄어들 수도 있다."[17]

사회성의 축소라는 놀라운 결과에 대해서는 7장에서 다시 살펴보겠지만, 이때 소셜미디어의 지나친 남용이 우울증부터 중독 및 주의력 산만까지 다수의 개인적인 문제를 야기할 수 있느냐는 의문도 아울러 살펴볼 것이다.

다 함께,
따로따로

──────── 우리는 인터뷰를 끝내고 호텔 밖으로 나왔다. 호텔 밖에서는 십 대 소녀들이 여전히 자신들의 우상을 기다리고 있었다. 래너는 소녀들에게 다가가, 목 빠지게 기다리는 사람이 누구냐고 물었다. 몇몇 소녀가 합창하듯 열렬한 목소리로 대답했다. 가수 숀 멘데스Shawn Mendes라고! 나는 그 이름을 들어본 적이 없었다.

그날 저녁 우리는 한 루프탑 술집에서 몇몇 친구를 만났다. 술집의 한쪽이 바닥부터 천장까지 통유리여서 주변 경관이 한눈에 들어왔다. 하늘을 찌를 듯이 솟은 마천루들, 강에 반사되어 반짝이는 조명들이 빚어내는 경관은 아름답기 그지없었다. 우리는 마실 것을 주문한 후에 밖으로 갖고 나왔다. 초겨울치고는 공기가 무척 따뜻했다.

제프라는 친구가 우리에게 세계무역센터 추모 공원을 방문한 적이 있느냐고 물었다. 우리 둘 모두가 방문한 적이 없었다. 제프는 "그곳에 들어서면 정말 가슴이 뭉클합니다. 나도 전에는 사진으로만 보았지만 직접 둘러보면 완전히 다른 느낌입니다"라고 중얼거렸다. 제프는 가운데가 움푹 들어간 인공 못에 물이 계속 흘러들며, 결코 끝나지 않을 상실감을 표현한다고 말했다. 잠시 말을 끊고 나서는 얼굴을 찌푸리며 "하지만 끊임없이 흐르는 물이 깊은 평온함을 자아내기도 합니다"라고 덧붙였다.

나는 스카이라인의 조명이 추모 공원 쪽으로 반짝이는 걸 지켜보며, 우리 인간이 호전적인 부족들로 분열되었을 때 닥쳤던 비극들에 대해 생각해보았다. 생물학자이자 작가인 애덤 러더퍼드Adam Rutherford가 인간 유전학과 그 계통을 인상적으로 개관한《지금까지 살았던 모든 사람에 관한 간략한 역사》에서 내가 즐겨 인용하던 구절이 떠올랐다.

우리 모두가 모든 것을 조금씩 지녔고, 우리가 모든 것이 망라된 존재라는 것은 사실이다. 가령 당신이 헤브리디스 제도에서도 가장 외진 곳이나 그리스 에게 해의 끝자락에 살더라도 수백 년 전만 해도 우리는 공동 조상을 섬겼다. 1,000년 전에는 모든 유럽인의 조상이 같았다. 3,000년 전에는 지상에 존재하던 모두의 조상이 같았다. 따라서 우리는 어느 정도까지 모두 사촌지간이다. 내가 보기에 이런 관계는 기분 좋은 것이고, 모든 인류가 공유하는 따뜻한 빛이다. 우리 DNA가 우리 모두를 누비고 있다.

어떻게 하면 우리 자신을 까다로운 종족들의 집합체가 아니라 하나의 거대한 벌집으로 평가할 수 있을까? 어떻게 하면 내집단이 우리에게 제공하는 소속감과 소중한 문화적 전통, 예컨대 래너가 경험한 소속감 등을 고마워하며, 러더포드처럼 평가를 해낼 수 있을까? 우리가 소속감과 문화적 전통을 모두 가질 수 있고, 진영의 문턱을 낮추어 핵심층에 속하지 않는 사람을 배척하거나 홀대하지 않으며 도덕의 원을 모두 포용할 수 있다고 생각한다면 정말 순진한 생각이 아닐까 싶다.

이 질문들의 답을 구하기 위해 나는 남쪽으로, 내집단의 충돌이 비극으로 끝난 곳, 버지니아 주의 샬러츠빌로 향했다.

자아화와 타자화

샬러츠빌, 버지니아

그해 첫눈이 내리던 날, 나는 버지니아 주의 샬러츠빌에서 스니커즈 운동화 끈을 단단히 묶고 조깅에 나섰다. 당시 나는 고향인 매사추세츠에서 서너 주가 떨어진 곳에 있었지만, 소셜미디어를 통해 고향 주를 비롯해 많은 곳에서 눈이 내리고 있다는 걸 알았다. 많은 지역의 사람들이 창밖에서 똑같이 부드러운 눈이 흩날리는 걸 보고 있다는 걸 알게 되자 그들과 하나가 된 기분이었다.

샬러츠빌은 전형적인 대학 도시로, 내가 옆에 두고 달린 상점 두 곳 중 하나는 볶은 커피나 수제 맥주를 파는 것처럼 보였다. 적잖은 만두 가게도 눈에 띄었다. 나는 죽음을 피하고 청바지를 입는 몸매를 계속 유지하려는 일반적인 이유로 조깅을 나왔지만, 숨은 동기도 있었다. 리 파크Lee Park라는 과거의 이름을 버리고 얼마 전에 개명된 해방 공원Emancipation Park을 앞두고 나는 속도를 줄였다. 공원의 두 명칭에는 미국을 괴롭히는 이른바 문화 전쟁이 압축되어 있다. 그 공원은 평소에는 조용하던 도시에 최근에 불어닥쳤던 소요와 폭력의 현장이었다.

미국 남동부에 위치한 주들의 많은 지역에 영향을 미친 갈등에서, 여러 공동체가 남북전쟁에서 노예제도를 유지하는 삶의 방식을 지키려고 싸웠던 인물들을 추앙하는 전쟁 기념물을 철거하느냐 않느냐를 두고 다투었다. 일부는 그 동상들이 남부 역사의 일부라 생각하며, 동상의 철거는 그 역사를 지우려는 시도라고 주장했다. 한편 같은 인간을 노예로 두려고 싸웠던 사람들에게 헌정된 기념물을 도시 곳곳에 두는 것은 기본적으로 백인 우월주의의 발로라고 주장하는 무리도 있었다.

그런 논란이 계속되던 중에 샬러츠빌 시의회는 투표를 통해, 남부 연합을 위해 싸우며 명성을 얻었던 두 장군, 로버트 E. 리와 토머스 '스톤월' 잭슨의 동상을 철거하기로 결정했다. 그러자 지역민으로 백인 국가주의자이던 제이슨 케슬러Jason Kessler가 격분해서, 백인 우월주의를 자랑스레 떠벌리는 전국적인 인물이며 대안 우파alternative right 운동 조직의 대변인인 리처드 스펜서Richard Spencer와 손잡았다. 몇몇 작은 집회가 있었고, 동상 철거파가 이에 항의하며 조직한 철야 촛불 집회가 있은 후, 케슬러는 리 장군의 동상을 보존하려는 조직의 후원을 받아 '우파여 단결하라'고 명명한 8월의 집회를 준비하기 시작했다.

해방 공원에서 예정된 집회 하루 전이던 금요일 밤, '우파여 단결하라'를 조직한 우파 연합은 버지니아 대학교에서 불법 행진을 진행했다. 미국 전역, 내 생각에는 세계 전역에서, 카키색 바지와 폴로 셔츠를 입고 횃불을 치켜든 백인 청년들의 모습이 인터넷으로 퍼져나가는 걸 믿기지 않은 표정으로 지켜보았다. 그 백인 청년은 분노로 일그러진 얼굴로 나치의 구호이던 "피와 땅"을 외쳤고, "너희는 우를 대체할 수 없다. 유대인은 우리를 대체할 수 없다"라고도 소리쳤다. 그들에 맞서 반파시스트 행동주의자들이 서로 팔짱을 끼고 맞구호를 외쳤다. 두 집단은 횃불 너머로 서로 조롱하며 입씨름을 벌였다. 결국 주먹다짐과 발길질이 시작되었고, 몸싸움으로 이어지며 양쪽 모두가 타박상과 찰과상, 신체적 위해까지 입었다. 결국 경찰이 개입했지만 양쪽은 이튿날 아침에야 해산했다.

토요일의 행사는 미리 계획된 것이었고 전국적인 주목을 받았던 까닭에 대안 우파와 반파시스트 조직의 대표들이 샬러츠빌에 모여들었다. 이제 널리 알려진 사실이지만, 그 행사는 비극으로 전락하고 말았다. 많은 사람이 다쳤고, 행동주의자 헤더 헤이어^{Heather Heyer}(1985~2017)는 대안 우파 회원이 운전한 자동차에 치여 넘어지며 목숨을 잃고 말았다. 전국 언론에 실린 끔찍한 장면들을 보고, 인간이 원래는 야만적이며, 대립된 신념을 가진 집단이 부딪치면 폭력으로 귀결될 수밖에 없고, 자신이 소속된 집단의 이념에 충성하면 다른 이념을 지닌 종족과 어쩔 수 없이 대립하게 된다는 불안감을 떨치지 못한 사람이 많았다.

그러나 샬러츠빌의 의뢰로 그 사건을 독자적으로 조사한 보고서에는 양쪽이 폭력과 충돌을 피하려고 노력했다는 흔적들이 놀라울 정도로 많았다.[1] 양쪽의 운동가들은 몇 번이고 경찰에게 개입해달라고 공개적으로 요구했다. 대안 우파의 전국적인 조직 운동가, 크리스 캔트웰Chris Cantwell은 케슬러에게 지역 경찰이 8월의 그 집회를 승인하지 않으면 행사에 참가하지 않겠다고도 말했다. 보고서는 지역 경찰 조직과 간부들에게 많은 책임을 묻는 듯하다. 심지어 사태가 폭력으로 빨리 악화될수록 그 행사를 불법 집회로 규정하며 신속히 종식시킬 수 있다는 발언이 경찰 조직 내에 있었다는 증언까지 인용되었다.

첫눈이 내리던 그날, 로버트 E. 리 장군의 동상은 거인의 쓰레기봉지처럼 보이는 검은 방수포로 덮이고, 오렌지색의 임시 울타리가 둘러져 있었다. 내 눈에는 그 조용한 공원 위로 서로 대치한 대안 우파와 반파시스트 조직, 시시때때로 공중에 살포되는 최루가스 연기가 보이는 듯했다. 게다가 경찰들은 멀찌감치 떨어져, 두 집단이 낯뜨거운 욕설을 주고받으며 증오심을 드러내고 주먹질과 발길질하는 걸 소극적으로 지켜보는 모습도 쉽게 상상할 수 있었다.

그러나 나는 그 현장을 방문하려고 샬러츠빌에 온 것은 아니었다.

내가 그 도시를 찾은 목적은 그 사건을 이해하는 데 도움을 줄 수 있는 전문가를 인터뷰하기 위한 것이었다.

자아

━━━━━━━ 내가 그 도시의 한 커피숍에서 만난 사회신경과학자 짐 코언Jim Coan은 버지니아 대학교 심리학 교수였다. 짐은 편한 옷차림이었다. 하기야 나는 그를 학회에서 처음 보았고, 그때 그는 발표자였지만 평상복 차림이었다. 따뜻해 보이는 스웨터, 잿빛 머리카락을 뒤로 묶은 모습, 낡은 컨버스 스니커즈 운동화는 나에게 〈닥터 후〉의 주인공을 떠올려주었다.

밖에서는 눈이 소리 없이 내렸다. 커피숍에서는 버지니아 대학교 학생들이 조용히 컴퓨터를 두드리고 공책을 넘기며 기말시험을 준비하고 있었다. 자리를 잡고 앉으며, 짐은 새로운 연구에 필요한 거액의 보조금을 받은 까닭에 그 주에 유난히 바빴다고 말했다. 그는 연구 보조금을 받으면 복합적인 감정이 교차한다며 "내가 게으른 데다 아이들과도 놀고 싶고, 팟캐스트에도 공을 들이고 싶으니까요"라고 말했다.

그 말에 나는 약간 어리벙벙해서 1분쯤 지난 후에야 대꾸할 수 있었다. 나는 이번 인터뷰를 준비하려고 짐의 웹사이트를 둘러보며 상당한 시간을 보냈고, 그가 최근에 발표한 과학 논문들을 다운로드받았다. 웹사이트의 첫 페이지에 소개된 그의 약력을 보며 시기심에 입 안이 바싹 마를 지경이었다. 직업은 교수, 신경과학자, 컨설턴트였다. 몇몇 주요 과학 단체로부터 상을 받았고, 적잖은 책과 80편 이상의 과학 논문을 발표했다. 많은 논문이 〈사이언스〉와 〈네이처〉에 실렸고, 책으로 발표된 저작은 〈뉴욕타임스〉와 내셔널 퍼블릭

라디오^{National Public Radio, NPR}에서 취재되고 보도되었다. 게다가 예쁜 아이들과 팟캐스트까지! 이런 사람을 누가 '게으르다'고 생각하겠는가?

그러나 그때 나는 수년 전에 가졌던 인간에 대한 통찰을 떠올렸다. 우리가 자신에 대해 갖는 가장 큰 두려움이 실제로는 가장 큰 강점인 경우가 많다. 절제력이 뛰어난 내 친구의 가장 큰 두려움은 자신에게는 절제력이 없다는 생각이었고, 가장 유능한 친구의 두려움이 자신이 무능하다는 생각이었다. 언젠가 나는 올케 캐시의 집에서 사촌 엘리자베스와 함께 주말을 보낼 때 이 지론을 캐시에게 말한 적이 있었다. 그러고는 캐시에게 자신에게 가장 두려운 점이 무엇이냐고 물었다. 캐시는 조금도 지체하지 않고 대답했다. "내가 멍청한 거요!" 엘리자베스와 나는 웃으며 말도 안 된다고 반박했다. 그날 밤 늦게 우리는 아이들을 재우고, 다시 베란다에 나가 앉았다. 와인을 마시며 별을 보았고 가족에 대한 추억을 나누었다. 8월 말이어서 가을이 눈앞에 다가온 것을 예고하는 듯 밤공기는 약간 싸늘했다. 캐시가 집에 들어가 담요 두 장을 갖고 나와 말없이 엘리자베스와 나를 덮어주었고 우리의 맨발까지 감싸주는 배려를 아끼지 않았다. 그 모습을 보고 내가 "이런 데도 올케가 멍청한 건가요!"라고 말했다. 우리 셋은 다시 낄낄대며 웃었다.

물론 이 지론을 객관적으로 뒷받침할 자료는 없다. 그러나 우리가 우리 자신에게 가장 큰 걱정거리가 아니라는 걸 믿으려고 너무도 많은 자원과 시간을 쓰고 있다는 의심은 있다. 그렇게 많은 시간과 자원을 투자해 우리의 그런 면을 다듬고 또 다듬은 덕분에 그 면이 우리 최대 강점 중 하나가 된 것이 아닐까 싶다. 조개가 짜증스런 자극을 견디고 또 견딘 끝에 반짝이는 진주를 형성하듯이 말이다.

짐이 혼신을 다해 키워내려는 팟캐스트의 이름은 '서클 오브 윌리스'이다 뇌에 피를 공급하고, 이차원적으로 그리면 만화 주인공처럼 보이는 뇌동맥에 붙은 '윌리스 환'이란 이름을 딴 것이다. 짐의 목표는 팟캐스트를 통해 과학자들이 인간답게 살아가게 하는 것이다. 요컨대 그들에게 삶의 이야기를 털어놓을 공간을 제공하고, 그 자신을 위해서는 과학자들이 최근 무엇에 의문을 품는지 알아보고 그들과 함께 웃는 공간을 자주 갖는 것이다. 하기야 그가 올려놓은 팟캐스트 프로그램을 보면 항상 웃음이 넘친다.

짐은 팟캐스트를 통해, 절친한 사회적 타자가 우리 자아감에 어떻게 동화되는지를 뇌의 차원에서 연구하고 있다. 절친한 사회적 타자와 일정한 수준의 친근함에 이르면, 우리의 신경세포는 우리 자신과 타자의 차이를 구분하지 못한다는 게 짐의 생각이다. 짐은 그 경계를 '사회적 기준선 이론Social Baseline Theory'이라 칭하며, 인간은 혼자 지내도록 진화되지 않고 함께 지내도록 진화되었다고 주장한다.[2] 따라서 그는 많은 심리학 연구가 개인을 연구하는 데 너무 많은 힘을 쏟는 게 문제라고 지적한다. 그의 주장에 따르면, 심리학자가 피실험자를 사회 연결망으로부터 따로 떼어놓은 채 기본적인 인간다움을 연구한다고 하지만 그런 전제 자체가 잘못되었다는 것이다. 요컨대 그런 분리의 결과로, 연구 절차에 상당한 수준의 인위성을 이미 도입한 것이 된다는 뜻이다.

사회적 고립이 심장질환, 암, 우울증, 고혈압 등 온갖 형태로 나타나는 허약한 건강으로 이어진다고 생각하는 이유 중 하나라면, 우리 뇌가 사회적 자원이 존재하며 다른 자원들까지 제공할 것이라 믿기 때문이다. 짐의 주장에 따르면, 우리 뇌는 자신의 뇌 지도, 즉 무엇이 자아이고 무엇이 타자이며, 무엇이 우리이고 무엇이 우리 친구인지를 그려놓은 지도에 친숙한 타자들을 넣어두기 때문에 그런 믿음이 생긴다.

우리 뇌가 사랑하는 사람들을 신경세포 지도에 집어넣는다는 주장은 너무 노골적이고 사탕발림으로 들리지만, 짐은 진지한 실험과 연구를 통해 이 이론을 끌어냈다. 그는 피실험자들을 어둡고 긴 금속관에 밀어 넣고 그들에게 전기충격을 가했다. 우리가 물리적이고 정신적인 압박을 받을 때 뇌에서 반응하는 영역을 활성화시키려고 피실험자들이 실질적인 위협을 받는 상황을 연출하고 싶었던 것이다. 말하자면, 전기충격의 위협은 피실험자의 뇌를 적절한 상황에 두는 방법과 비슷했다.

짐의 고전적인 연구에서 피실험자들은 뇌영상 촬영 장치에 누워 있는 동안 모니터를 통해 O와 X가 연속적으로 나타나는 영상을 보았다.[3] 푸른색 O가 나타나면 그들은 전기충격으로부터 안전했고, 붉은색 X가 나타나면 발목에 가벼운 전기충격을 받을 확률이 20퍼센트였다. 비판적 비교를 위해, 배우자나 낯선 사람이 피실험자의 손을 쥐고 있는 상태로도 실험을 진행했다. 손을 잡아주는 경우, 그렇지 않은 경우보다 위협의 처리와 관련된 뇌 영역이 훨씬 더 활성화되었다. 더구나 낯선 사람보다 배우자가 손을 잡아주는 경우에는 활성화 정도가 훨씬 적었다.

그 후에도 짐은 동일한 실험을 반복했고, 사랑하는 사람이 손을 잡아주면 위협 처리가 눈에 띄게 준다는 기본적인 결과를 재확인했다. 게다가 사회적 동반자가 피실험자를 접촉하지 않고 단지 곁에 있는 경우의 효과를 측정하는 실험도 실행했다. 짐의 연구를 종합하면, 사랑하는 사람이 가까이 있을 때 우리는 압력에 덜 민감하게 반응한다. 다른 식으로 말하면, 뇌에서 스트레스 호르몬의 분비를 지배하는 영역이 활성화될 가능성이 낮아진다.

언론인 서배스천 영거Sebastian Junger는 《트라이브: 각자도생을 거부하라》에서 인류학과 심리학 및 전쟁터에서 군인들과 함께 지내며 겪은 개인적인 경험을 근거로, 인간은 무리지어 협력하며 일하고 싶어 한다고 역설했다. 하지만 현대 인간 사회는 많은 면에서 이런 내적 욕구를 간과한다고 안타까워했다. 그의 판단에 따르면, 서구 사회가 물질적으로 부유해지고 의식주에 대한 구성원의 기본적인 욕구를 충분히 채워주지만 정신적이고 신체적인 건강이 점점 악화되는 근원은 이런 내적 욕구의 간과에 있다. 결국 물리적인 욕구는 채워졌지만 개인주의가 심화되며 심리적인 욕구는 충족되지 않고 방치된다는 뜻이다. 국가가 전쟁을 시작하면 자살률이 떨어지고, 자연재앙이 닥치면 국민이 하나가 되는 의외의 단결력을 보여준다는 자료에 주목하며, 영거는 전쟁터를 다녀온 참전 용사는 전쟁의 참혹함에 따른 트라우마보다, 일상의 삶으로 복귀 시 수반되는 사회적 유대감과 목적의식의 상실에서 더 큰 고통을 받는다.*

요즘 전쟁터에서 복귀하는 군인들이나 사라예보의 생존자들은 긴밀하게 맺어진 집단을 떠나, 대부분의 구성원이 밖에서 일하고 아이들은 낯선 사람들에게 교육을 받는 사회로 복귀한다. 그 사회에서 가족은 더 큰 공동체로부터 고립되고, 개인의 이익이 집단 이익을 거의 언제나 앞선다. (……) 현대사회에서 과학기술은 경이로운 수준까지 발전했지만, 그 때문에 삶의 방식은 개별화되어 인간 정신은 오히려 철저히 야수화되는 듯하다.

따라서 자연스레 이런 의문이 생긴다. 짐이 연구한 대상은 짝지은 사람들이었다. 그 결과를 집단에 적용하면 어떻게 될까? 예컨대 사회적 전염, 환희에 빠지는 집단 의례, 신경세포의 동조화 등 우리가 지금까지 다루었던 집단 현상이 동일한 과정을 거치더라도 일대일 접촉이 반드시 필요한 조건에서도 가능할까?

짐은 짝에 대한 연구를 통해서도 집단 현상의 많은 특성을 알아낼 수 있고, 짝과 집단에 내재된 정서적이고 인지적이며 신경적인 과정은 똑같을 가능성이 크다고 생각했다. 또한 짝을 연구하든 집단

---

* 내 친구이며 실험심리학자인 테리 크랭글 포고다(Terri Krangel Pogoda)는 참전 군인의 트라우마를 집중적으로 연구하고 있다. 그녀라면, 참전 군인의 우울증과 외상 후 스트레스 장애(post-traumatic stress disorder, PTSD)를 겪는 주된 원인이 유대감의 상실이란 주장에 동의하지 않을 것이다.

을 연구하든 궁극적인 목적은 뇌가 친밀한 것을 행하는 이유를 이해하기 위한 것이었다. 친밀함을 설명하려고 짐은 나에게 이렇게 물었다. "왜 당신은 나에게 집게와는 다르게 느껴질까요? 왜 당신은 나에게 친밀하게 느껴질까요?" 친밀하다는 것은 기어 다니는 생명체가 아니라 같은 인간이고, 특히 그가 개인적으로 알고 있어 어느 정도까지 따뜻한 감정을 느끼는 인간이란 뜻이다.

우리는 친밀함을 대수롭지 않게 여긴다. 가령 당신이 어떤 사람을 반복해서 마주치면 그를 기억하고, 그가 당신에게 어떻게 반응할지 대략 예측할 수 있다. 그러나 친밀함은 그보다 깊이 내려가고, 뇌가 자아감을 어떻게 해석하느냐와 밀접히 관련된다. 생명체가 무엇이 '자아'이고 무엇이 '타자'인지를 알아내는 방법은 뇌의 차원에서만 해결될 문제가 아니지만, 여하튼 유기체가 해결해야 할 중요한 문제이다.

짐은 다시 말했다. "여기에 원칙 하나가 있습니다. 생물학적 유기체는 자신이 존재하는 세계에서 모든 것을 통제할 수 없다는 것입니다. 따라서 경계를 지어야 합니다. 인간은 무엇이 자아이고 무엇이 타자인지를 알아내는 탄력적이고 가변적인 방법을 확대해왔습니다. 우리는 그렇게 주관적으로 결정된 경계를 친밀하고 선호하는 것으로 받아들입니다."

우리는 어떤 사람과는 친밀해지고 어떤 사람은 배척한다. 또 어떤 사람은 친밀하면서도 아무런 관련도 없는 사람으로 여기지만 이런 경우는 무척 드물다. 기초심리학에는 '단순 노출 효과mere-exposure effect'라 칭해지는 고전적인 현상이 있다. 그 뜻은 이름에 그대로 담겨 있다. 무엇인가에 반복해 노출되는 것만으로도 그것에 대한 느낌에 영향을 받아, 전에 보았다는 걸 기억하지 못하더라도 그것을 긍정적으로 평가할 가능성이 높아지는 현상을 가리킨다.[4]

이런 모든 연구는 실제로 유망하고 낙관적인 데다 사회심리학의 밝은 면을 보여주는 듯해서 나는 짐에게 부정적인 면에 대해 묻기가 꺼려질 정도였다. 하지만 증오에 의한 범죄와 현대판 종족 학살에 대한 뉴스, 무전유죄 유전무죄가 지배하는 시스템을 고발하고, '우리'와 '그들'로 편이 갈라지며 행해지는 끔찍한 사건을 다룬 보도가 끊이지 않는 시대에 그와 관련된 대화는 피해갈 수 없었다. 물론 우리가 속한 도덕의 원이나 진영의 문턱 밖에 있는 사람에 대해서도 평가를 내릴 수 있기 때문이다.

그런 사람은 타자이다.

사회적 정체성을 형성하는 과정에서 우리가 누구인가를 규정하는 것은 결국 우리가 누구는 아닌가를 규정하는 것이다. 이런 식으로 생각하면, 어떤 사회 집단을 규정하는 단순한 행위로 그 집단에 속하지 않는 사람들을 배제하게 된다. 생물학적으로 가족을 규정하면, 공통된 유전자가 없는 사람은 가족에서 제외된다. 누군가와 결혼하는 것은 다른 모든 사람을 성생활에서 배제하겠다는 선언이다. 어떤 스포츠팀에 입단하는 것은 그 리그에 속한 다른 팀의 선수들과 경쟁하겠다는 선언이다.[5]

우리는 내집단보다 외집단에 속한 사람을 비난하며 그를 희생양으로 삼을 가능성이 더 크다. 많은 연구에서 밝혀졌듯이, 일시적으로 좌절하는 사람은 다른 사람을 헐뜯게 되고, 죽음의 공포가 심화되면 내집단의 결속력(예: 애국심)이 강화되고 외집단에 대한 적대감(예: 외국인 혐오증)이 격화된다.[6]

누군가를 타자로 평가할 때 우리가 진영 논리에 빠져 지독히 사악한 평가에 탐닉하는 위험을 무릅쓰는 것이 무엇보다 우려스럽다.

사악한 평가:
탈인간화

──────── 탈인간화dehumanization는 인간이 범한 최악의 활동과 결부된 특정한 평가를 가리킨다. 우리가 다른 사회 집단에 속한 사람들을 인간 이하의 존재, 즉 인간다움에 필요한 완전한 정신적 능력을 갖추지 못한 존재로 인식할 때 탈인간화가 일어난다. 탈인간화는 외집단을 지능도 낮고 공감 능력도 부족하다고 묘사한다. 또 자신의 행동을 절제하지 못하고, 공격적인 충동에 휩쓸리며, '금수 같은' 속성을 지닌 존재로도 묘사된다. 이런 평가들은 본능적인 혐오로 이어질 수 있다. 탈인간화된 언어가 우리를 구역질나게 하는 것, 예컨대 바퀴벌레와 배설물을 외집단과 결부짓는 것은 우연의 일치가 아니다. 그러나 탈인간화는 무관심, 즉 공감 능력의 부재로 이어질 수 있다. 이런 타자가 우리와 같지 않다면, 그래서 우리가 타자를 파리만큼이나 혐오해서 그 존재를 지워버린들 무슨 상관인가? 극작가 조

지 버너드 쇼$^{George Bernard Shaw}$(1856~1950)가 말했듯이 "인간을 향한 최악의 죄는 인간을 증오하는 게 아니라, 인간에게 무관심한 것이다. 무관심은 비인간적 행위의 본질이기 때문이다."

인류의 역사에서 결코 용납할 수 없는 순간들을 샅샅이 뒤지면, 사회 집단 전체를 설치류나 벌레, 질병 혹은 악취를 풍기는 피조물이나 쓰레기에 비유하는 언어, 즉 탈인간화된 언어가 발견된다. 한 스페인계 식민지 개척자는 "파리도 거의 눈에 띄지 않았지만 무장한 원주민도 거의 보이지 않았다"라고 말했다.[7] 또 호주로 강제 이주한 영국인 범죄자는 "참새만큼이나 많은 태즈메이니아 원주민을 쏘아 죽였다."[8] 나치 독일은 600만 이상을 대량 학살했지만, 그들은 "살 가치가 없는 생명"이기 때문에 죽인 것이라며 그런 학살을 정당화했다.[9] 르완다에서는 50~100만의 투치족을 살상한 대량 종족 학살이 있기 전에, 투치족은 솎아내야 할 나무에 비교되었다.[10]

그러나 탈인간화는 미국의 역사에서도 어김없이 있었고, 지금도 미국 사회에서 진행 중이다. 노스웨스턴 대학교의 심리학자, 노어 크틸리$^{Nour Kteily}$는 상대적으로 인간적인 심성을 지닌 사람이 있다는 의견에 동의하는 미국인이 압도적으로 많다는 사실을 밝혀냈다.[11] 그와 동료 연구원들은 '인간의 진화$^{Ascent of Man}$'라는 도구를 사용했다(아래 그림 참조). 그들은 피실험자들에게 여러 집단의 인간을 보여주고는 각 집단의 인간다움을 0부터 100까지 평가해보라고 요구하는 실험을 다양한 형태로 실행했다.

일반적으로 미국인은 '미국인'과 '유럽인'에게 평균 90점대를 부

그림 1. '인간의 진화'. 수십 명의 피실험자에게 왼쪽 끝(네 발로 보행하던 인간의 조상)의 0부터 오른쪽 끝(완전한 현생 인류)의 100까지 표기된 슬라이더를 사용해 탈인간화를 측정하도록 했다. 이 그림이 진화 과정을 과학적으로 정확히 표현하지는 않지만, 진화가 선적인 과정이란 일반적인 생각은 그런대로 집약되었다. 이 그림은 Kteily, Bruneau, Waytz, & Cotterill (2015)에서 인용했다.

여하며 그들을 가장 진화된 인간으로 평가했다. 그러나 피실험자들은 다른 집단, 특히 무슬림과 멕시코 이민자에게 상대적으로 낮은 점수를 부여하며 그들은 덜 진화되고 덜 인간답다고 평가했다. 크틸리의 실험에서 무슬림은 대체로 70점대를 기록했지만, 4분의 1가량의 피실험자는 그들의 진화 정도를 60퍼센트 이하로 평가했다.

크틸리와 동료들은 탈인간화가 일어난다는 걸 증명한 데 만족하지 않고, 낮게 평가된 인간다움에 담긴 의미까지 조사했다. 짐작했듯이, 무슬림을 낮게 평가한 사람들은 일부 극단주의자의 행동을 이유로 무슬림 전체를 비난하며 이민을 엄격히 제한하기를 바랐다. 게다가 그들은 계층별 차이가 있는 사회를 선호하며, "무슬림은 미국에 해악을 안길 잠재적인 암덩어리이다", "샌버너디노 테러 공격에서 입증되었듯이 무슬림은 미국인에게 큰 위협거리이다"라는 극단적인 외국인 혐오 발언을 지지하는 경향을 띠었다.

이른바 자유세계의 지도자들이 탈인간화된 언어를 사용하며 어떤 국가 전체를 '거지 소굴'로 규정짓고, 흑인 여성을 '암캐'라고 칭하고, 불법 이민자가 미국에 '우글거리고', 조직 폭력배에게는 "그들은 사람이 아니다. 그들은 짐승이다"라고 말할 때마다 심리학자들이 경악하는 이유가 크틸리의 연구에서 설명된다. 탈인간화된 언어가 정치 성향에서 우익에 국한되지 않는다는 것에 주목해야 한다. 힐러리 로댐 클린턴Hillary Rodham Clinton도 1990년대에 도심 빈민 지역의 흑인 남성들을 '초포식자'로 묘사해서 크게 비난받았다. 이런 우려는 정치적 올바름을 내세운 트집 잡기가 아니다. 미국에 다시 잔혹한 시대가 닥치는 걸 예방하려는 간절한 바람이 반영된 것이다.

사회적 결속을 유도하는 미묘한 메커니즘이 탈인간화를 부추길 수 있다. 한 연구에 따르면, 실험자의 움직임에 맞추라는 요구를 받은 참가자들이 그렇지 않은 참가자들보다 벌레를 때려잡으라는 지시를 받으면 더 효율적으로 해냈다.[12] 다른 참가자의 박자에 맞추어 플라스틱 컵을 움직이라는 요구를 받은 참가자들이 그렇지 않은 참가자들보다, 무엇인가를 세게 때리는 지시를 더 효과적으로 따랐다.[13] 심리학자 미나 시카라Mina Cikara는 이런 일련의 연구들을 "집단에 속한 사람들은 행동을 조율하는 반면, 개인들은 개인적인 신념과 바람 및 도덕적 기준을 위배하는 행동과 말을 하는 경우가 적지 않다"라고 요약해주었다.[14] 이런 해석을 뒷받침하는 많은 연구가 보여주듯이, 권위에 순종하고 순응하는 사회, 구성원이 부화뇌동하는 경향이 높은 문화권에서 외집단에 대한 폭력과 종족 학살이 더 빈

번하다.[15]

　나는 짐에게 이런 연구들을 언급하며, 그 결과들이 그의 사회적 기준선 이론과 맞아떨어진다고 생각하느냐고 물었다. 요컨대 우리와 더 비슷한 사람들, 즉 내집단에 있는 사람들에게 접근하면 결국 우리가 외집단을 인간 이하로 보는 정도가 증가함으로써 덜 관용적이고 더 분열적이 된다고 믿느냐고 물었다.

　내가 말을 끝내기도 전에 짐은 고개를 저었다. "논란의 여지가 있지만 내 생각을 말해보겠습니다. 그런 연구 결과는 주로 속설이라 생각합니다. 과거의 자료가 그 속설을 실질적으로 뒷받침한다고 생각하지 않습니다. 따지고 보면, 당신이 외집단의 탈인간화라 생각하는 것도 결국 내집단의 편향성에서 시도된 새로운 틀 짜기일 수 있습니다. 집단들이 대립하고 위험이 감지되면, 사람들은 자원을 외집단에 할애하지 않을 겁니다. 더 많은 자원을 내집단에 할애하는 경향을 띠기 마련입니다. 따라서 사람들은 더욱 결집하며, 바깥쪽보다 안쪽에 신경을 집중하게 됩니다." 다시 말하지만, 내집단은 우리를 사회적으로 규정하는 데 그치지 않고, 무엇이 자아이고 무엇이 타자인지 우리 뇌가 인지하는 데도 개입한다. 이런 이유에서, 같은 집단에 속한 사람이 위협을 느낄 때 우리도 덩달아 위협을 느낀다. 이 문제는 뒤에서 소외 집단에 가해지는 증오 범죄를 살펴볼 때 다시 살펴보기로 하자.

　나는 짐의 이론이 흥미로웠지만 확실히 공감할 수는 없었다. 그래서 그의 동료 사회신경과학자로 《보이지 않는 정신: 탄력적인 사회적 인지와 탈인간화》를 쓴 라사나 해리스Lasana Harris의 어떤 실험에 대해 구체적으로 물었다. 해리스의 주장에 따르면, 우리는 '사회적 인지social cognition(생각과 감정, 복합적인 동기)'를 여러 사회 집단에서 원인을 찾으며 탄력적으로 접근한다. 우리는 다양한 유형의 사람들을 고려하라고 요구받을 때 그들의 내적인 삶을 생각하게 되고, 그때 우리 뇌에서 활성화되는 영역이 다르다. 해리스는 그때 뇌 영역이 활성화되는 정도가 사람마다 얼마나 다른지 알고 싶었다. 예컨대 중산층에 속한 사람은 길가에 널브러진 노숙자를 보았을 때보다, 자신처럼 꼿꼿한 자세에 반듯하게 차려입은 사람, 혹은 약물에 중독된 듯한 사람을 보았을 때 사회적 인지와 관련된 뇌 영역이 더 활성화될까?[16] 해리스의 실험 자료에 따르면, 이 질문의 대답은 '그렇다'이다.

한편 피실험자들에게 뇌 영상 촬영 장치에 누워 손등을 때리거나 어루만지는 모습을 보게 한 실험을 시도한 연구자들도 있었다. 또 손에 대해서는 기독교인, 무슬림, 유대교인, 힌두교인, 사이언톨로지교도, 무신론자 등 다양한 종교적 신념을 가진 사람들의 손이라는 설명도 더해졌다. 연구자들은 피실험자가 자신의 종교와 다른 종교에 속한 사람들이 피해를 입는 모습을 보면 공감과 관련된 뇌 영역이 덜 활성화될 것이란 가정을 세웠다.[17] 하지만 그런 결과가 무신론자에게도 나타났다. 따라서 당신이 섬기는 신의 눈에는 당신이 속한 집단을 생각하는 것은 당연한 것이다. 결국 내집단이 중요하다는 것이다.

패거리 심리학: 분열된 세계에서의 종족주의

"맞습니다!" 짐이 크게 소리쳤다. 나는 어리둥절했지만 짐이 덧붙여 말했다. "하지만 탈인간화하는 것이 아니라 탈자아^{de-selfing}하는 것입니다."

위협받는 사람이 당신보다 덜 인간적인 것은 아니다. 그는 당신의 내집단에 속한 사람과 같은 식으로 정체성을 공유하지 않고 있을 뿐이다. 짐의 이런 평가는 실험 결과를 뒤집어 해석한 것이었다. 요컨대 우리가 어떤 사람들을 적극적으로 배제하는 것이 아니라, 선택된 일부만을 적극적으로 받아들이는 것이었다. 어떤 사람들에게는 인간미와 사회적 인지 능력을 총동원해 선택적으로 보상하고, 어떤 사람에게는 그런 인간적인 속성을 부정한다는 점에서, 해리스의 관점과는 미묘하지만 중요한 차이가 있다. 결국 짐의 주장을 요약하면, 우리는 모두를 인간적으로 보지만 선택된 사람만을 우리 자신의 일부로 받아들인다는 것이다.

짐의 생각은 세라 블래퍼 허디와 패트릭 클라킨의 생각과 다르지 않다. 진화로 얻은 우리 본성은 협력을 지향하므로 내집단을 강화하는 데 초점을 맞춘다. 그러나 외집단에 대한 적대감과 폭력은 훨씬 나중에야 생긴 것이고, 진화로 얻는 생물학적인 본성이 아니라 문화적 산물일 가능성이 더 크다. 인간에게 폭력적이고 악의적인 성향이 있다는 것은 분명하다. 그러나 이런 성향은 본성에 내재화된 것이 아닐 수 있다. 달리 말하면, 본능보다 문화와 평가와 더 밀접한 관계가 있을 수 있다.

익명성이란
가면과 햇살의 한계

──────── 앞 장에서 언급했듯이 온라인과 오프라인에서 익명성은 행동에 대한 사회적 결과에서 자유롭다는 인식을 부추길 수 있다. 그 결과로 우리가 사회적 환경으로부터 더 크게 영향을 받을 수 있다. 이런 요인들이 2017년 샬러츠빌에 몰려든 백인 국가주의자들의 의사결정에도 영향을 미쳤을 가능성이 크다.

그러나 지금처럼 모든 것이 연결된 시대에 우리에게 인식된 익명성은 옅디옅은 장막에 불과한 경우가 많다.

네바다 대학교 학생, 피터 시타노비치Peter Cytanovic의 경험을 예로 들어보자. 샬러츠빌 행진을 담은 가장 유명한 사진에서 그가 주인공이 되었다. 불빛이 비친 그의 얼굴은 분노로 일그러졌고, 그는 한 손에 횃불을 쥐고 인종차별적인 구호를 외쳤다. 사건이 있은 후에 가진 여러 인터뷰에서 그는 좋은 동기에서 집회에 참가한 것이라 말했다.[18] "편한 마음으로 즐기고", "백인의 자부심"을 긍정적으로 재확인하는 집회일 것이라 생각했고, 그 자신이 백인친화적이지만 특정한 집단을 반대하거나 미워하지는 않는다고 주장했다. 사람들이 구호를 외치기 시작했을 때 그도 집회의 열기에 무심결에 휩쓸린 것이라 변명했다.

시타노비치도 당시의 자신이 평소의 자아가 아니었다고 느꼈던지, 지역 텔레비전 방송국 기자에게 "그 사진을 보는 사람들에게 간곡히 호소합니다. 그들이 그 사진에서 보는 것처럼 나는 분노한 인종차별주의자가 아닙니다"라고 말했다. 그가 백인 국가주의자 집회에 참석해 횃불을 치켜들고 나치의 구호를 외쳤다는 증거에도 불구하고 그렇게 말했다.

트위터도 신속히 움직이며, 그를 비롯해 사진에 담긴 많은 사람의 신상 털기에 나섰다. 그들에게 도덕적 비난과 사회 규범을 위반한 죗값이 가해졌다. 소문에 따르면 어떤 사람은 직장을 잃었고, 가족에게 버림받은 사람도 있었다. 시타노비치는 모교에서 번질나게 시위의 표적이 되었다.

그러나 네바다 주립대학교는 시타노비치를 미국 수정 헌법 제1조에서 보장한 권리로 보호하려고 안간힘을 다했다. 표현의 자유에 대한 테드 강연에서 네바다 주 지방검사보 오린 존슨Orrin Johnson은 표현의 자유를 보장해야 하는 이유를 이렇게 설명했다.[19] "구역질나는 모든 것이 그렇듯이, 그의 견해도 어둡고 축축하며 숨겨진 곳에서만 자라고 번창합니다. 따라서 그의 견해가 환한 곳에 나와, 더 나은 견해와 경쟁할 기회를 주어야 합니다. 햇살이 최고의 살균제이니까요. 세상에 노출되고 보여서, 분석되고 조롱거리가 되면 그런 견해가 자연스레 힘을 잃지 않겠습니까?"

하지만 정말 그럴까?

어쩌면 그럴지도 모른다. 그런데 다른 사람들이 숲에서 규화목을 훔친다는 것을 알기 때문에 규화목을 훔치는 사람들처럼, 음울하고 구역질나는 생각을 밝고 환한 햇살에 노출하면 정말 그런 생각들이 어둡고 축축한 곳에서 슬금슬금 빠져나올까?

다음에는 더 남쪽으로 플로리다의 주도 탤러해시까지 내려가, 심리학자가 아니라 역사학자이기 때문에 내집단과 외집단을 짐 코 언보다 더 비관적으로 분석한 전문가의 의견을 들어보기로 하자.

내부의 적

탤러해시, 플로리다

고백: 나는 어둠이 두렵다. 예부터 쭉 그랬다. 아무것도 보이지 않는 새까만 공간에 무엇이 도사리고 있을지는 누구도 모른다. 어둠은 내 정신이 흔히 미지의 타자들로 채우는 빈 공간이다. 그 미지의 타자들은 사악한 의도를 품고, 초자연적으로 긴 이빨과 날카로운 무기까지 번뜩이며, 무엇이 그렇게 좋은지 싱긋이 웃는다.

오래전부터 나는 두려움과 인간의 관계에 관심이 많았다. 대학원생이었을 때 나는 한 친구와 함께, 대중 영화의 심리학을 주제로 학부생들에게 일련의 강의를 실시했다. 강의를 준비하는 동안, 나는 대부분의 공포영화가 실제로는 표면적으로 드러난 섬뜩한 인물, 예컨대 연쇄 살인범, 마스크로 얼굴을 가린 미치광이, 복수심에 불타는 귀신 등에 대한 이야기가 아니라, 비정상적인 상황—구체적으로 말하면, 우리 현실이 하이브 마인드, 즉 다수의 합의로 인해 혼란에 빠지는 비정상적 상황—에 대한 우리의 고질적인 두려움을 다룬 것이 아닌가 의심하기 시작했다.

내가 보았던 공포영화에서는 3분의 2쯤 진행되었을 때 거의 예외 없이 놀랍도록 유사한 사건이 일어났다. 악령의 괴롭힘을 받던 주인공이 친구나 애인 혹은 가족을 찾아가 "내가 헛소리를 한다고 생각하겠지만……"이라는 식으로 말한다. "나도 죽은 사람에게 말을 걸 수 있어. 내 아이가 적그리스도일지도 몰라. 온몸이 새까맣게 타고 강철 턱을 가진 괴물이 꿈속에서 나를 뒤쫓고, 그 괴물이 나를 죽일 거라고 생각해." 그러나 도움을 줄 만한 중요한 사람이 의심하며 주인공의 말을 믿지 않는다. 게다가 주인공이 편집증적으로 혼자라는 생각에 사로잡히며 집단으로부터 배척당하는 경우가 많다.

나는 이런 모든 두려움에 내재한 원초적 두려움이 실제로는 현실과 단절되었다는 두려움이고, 괴물의 선택에는 상징적 의미가 있다고도 생각한다.* 쉽게 말하면, 외계인은 외국인 혐오를 뜻하고, 유령은 죽음과 내세에 대한 두려움, 흡혈귀는 몸의 욕구에 대한 두려움을 뜻한다.

하지만 좀비의 상징적 의미는 종잡을 수 없었다. 좀비는 뭐랄까 항상 엽기적인 듯하다. 어디에서나 불쑥 튀어나와 우리 뇌를 탐하지 않는가.

그러나 2월 초, 여전히 매서운 추위가 뉴잉글랜드에서 맹위를 떨

---

* 두려움이 강점이 된다는 내 이론과 마찬가지로, 이 생각도 재밌는 사고실험(thought experiment)에 따른 것이지 객관적인 자료로 증명된 것은 아니다.

패거리 심리학: 분열된 세계에서의 종족주의

치고 있을 때 나는 따뜻한 남쪽, 플로리다의 탤러해시로 향했다. 종교사학자 켈리 베이커Kelly Baker를 인터뷰하기 위한 목적이었다. 그녀가 집중적으로 연구한 큐클럭스클랜에 대해 이야기를 나누며, 그 단체가 내집단과 외집단에 대한 우리의 이해 및 탈인간화에 어떤 영향을 미치고, 극단주의의 악화에 소셜미디어가 어떤 역할을 하는지도 듣고 싶었다. 그러나 만나고 나서야 알았지만, 그녀는 좀비 전문가이기도 했다. 나는 트위터에서 그녀를 알았고, 그것도 주로 그녀가 온라인 출판물《여성과 고등 교육》의 편집자로 활동한 때문이었다. 그녀는 큐클럭스클랜과 좀비를 다룬 두 권의 저서 외에, 그녀와 학계의 복잡한 관계 및 학계가 직면한 구조적인 문제를 심도 있게 파헤쳐 좋은 평가를 받은 두 권의 책을 더 썼다.

켈리는 내가 있는 호텔로 찾아왔다. 탤러해시 시내에 있는 파격적인 멋을 풍기는 호텔로, 이슬방울 샹들리에와 점판암 벽체가 멋졌다. 특히 음식까지 제공하는 루프탑 술집은 겨울 추위에 지친 나에게는 너무도 반가웠다. 우리는 그곳으로 올라갔다. 내 맨살에 부딪치는 따뜻한 햇살과 포근한 바람이 의식을 빼앗아갈 정도로 감미로워 나는 잠시나마 집중할 수 없었다. 우리는 말벡(말벡종 포도로 만든 레드와인—옮긴이)과 타파스를 주문했다. 그 후에 이어진 인터뷰 내내 나는 주변의 분위기와 동떨어진 야만적이고 추악한 이야기에 입을 다물 수 없었다.

우리는 좀비로 인터뷰를 시작했다. 그러지 못할 이유가 없지 않은가.

켈리가 웃으며 말했다. "하기야 전염에 대해 생각하기에 좀비만큼 좋은 게 없죠."

전염, 그러나 탈인간화도 전염된다. 좀비가 지금보다 인기가 높았던 적은 없었다. 좀비를 주제로 한 영화와 용품이 어느덧 50조 달러 산업이 되었다. 텔레비전 드라마 〈워킹 데드〉부터 비디오게임 〈플랜츠 대 좀비〉까지, 좀비는 공포물에서 서서히 벗어나 수년 전부터는 주류에 들어섰다.

좀비가 인기몰이를 한다는 점에서 지금은 흥미로운 시대이다. 좀비는 소비지상주의부터 테러, 스마트폰에 중독된 사용자까지 생각이 없는 인간의 행동을 비유하는 데 자주 언급된다. 좀비는 샤먼이 시체를 되살려낸다는 부두교 전설에서 유래했다. 초기에는 의식이 없는 무리를 주인이 끌고 다니는 형식을 띠며, 줏대 없이 휩쓸리는 인간의 속성에 대한 두려움, 즉 패거리로 전락할지도 모른다는 두려움이 반영되었다. 그러나 최근의 좀비 이야기에서는 주인이 사라지고, 좀비의 장애가 전염된다는 걸 설명하는 데 초점이 맞추어진다.[1]

둠스데이, 즉 종말을 대비하는 모임과 협회에서는 좀비의 창궐에 대응해 미리 준비할 것에 대해 자주 논의한다. 총과 탄약을 생산하는 산업계는 새로운 마케팅 기회를 놓치지 않고, 이런 좀비광들을 겨냥해 제작한 한정판 총기를 판매하고, 실물 크기로 만들고 명중하면 살점이 실감나게 떨어져 나가는 듯한 좀비 과녁까지 판매한다.[2]

켈리가 말했다. "좀비 산업에서 가장 걱정스런 것은 좀비의 파멸에 대해 말하며 느끼는 은근한 쾌감입니다. 거꾸로 말하면, 우리를 불안하게 만드는 유형의 인간이 있다는 뜻이기도 합니다. 어떤 유형의 인간이 고문하고 얼굴에 총을 쏘는 걸 용납할 수 있겠습니까? 많은 사람이 나에게 묻습니다. 백인 우월주의자를 연구하던 사람이 어떻게 좀비로 넘어가겠느냐고? 둘 사이에는 밀접한 관계가 있습니다."

결국 좀비와 인종차별은 겉보기에는 우리와 비슷하지만 결코 인간이라 간주할 수 없는 존재의 탈인간화를 다룬 것이다. 어떤 이유로든 그런 존재들은 의식과 분별력이 떨어지고, 보통 사람들처럼 모든 감정을 느끼지 못하는 것일까? 그렇다면 그들은 인간에게 허용된 권리와 기회를 향유할 자격이 없을 수 있다. 혹은 좀비에게 하듯이 그들에게도 방아쇠를 연속해 두 번 당겨야 할까?

위험하기 짝이 없는 생각이다.

물론 허구적 피조물에서 벗어나, 진영의 문턱 밖에 있던 사람들을 그대로 두며 인간 이하로 생각하는 과거로 돌아갈 수 있다. 그 생각은 켈리의 학문적 관심사로, 인종적 우월성이란 기치하에 백인을 단결시키는 조직, 큐클럭스클랜^{KKK}과 관계가 있다.[3]

미국의 역사에서 클랜은 많은 조류 중 하나에 불과하다. 비교적 최근의 조류는 1960년대와 1980년대에 있었다. 특히 1960년대의 조류는 시민권 운동에 대한 반발이었다. 그전의 몇몇 조류가 그랬듯이, 1960년대와 1980년대의 조류는 제대로 조직화되지 않았고 다분히 감정적인 대응이었으며, 내집단을 중심으로 단단히 결집된 저항

이 아니라 외집단을 겁주려는 반발이었다. 그러나 1920년대의 클랜
은 훨씬 더 조직적이고 결집력도 있어, 1924년에는 400만 명의 회원
을 거느리는 전성기를 누렸다.

1920년대에는 백인이란 존재의 의미에 많은 불안이 있었다. 오
늘날처럼 이민이 그런 불안의 근원이었지만, 요즘과 달리 대부분
의 이민자가 백인이었다. 그러나 그들은 가톨릭신자와 유대인이었
던 까닭에 여전히 '타자'로 인식되었다. 게다가 가톨릭신자는 교황
에게 어쭙잖게 충성하고, 유대인은 서로에게 충성하는 까닭에, 클랜
은 가톨릭신자도 유대인도 미국 문화에 동화될 수 없을 거라고 판단
했다. 따라서 '진정한' 미국인은 잉글랜드와 스코틀랜드 같은 곳에서
건너온 선택적인 백인 이민자였다. 널리 알려진 사실이지만, 클랜
의 대외적인 글은 이민과 증오 행위에 초점을 맞추었다. 또한 클랜
의 미사여구가 노골적으로 자극하는 공격성은 흑인 공동체를 겨
냥했다.

물론 당시와 지금은 다르다. 그러나 지금도 당시만큼이나 실망
스럽기는 마찬가지이다. 2016년 클랜은 문자 그대로 도로를 점령하
고 다시 행진을 시작했다. 대안 우파 선동가들은 기자회견을 열어,
미국이 계획적으로 백인 국가가 되어야 할 필요성을 역설했다.

갑자기 켈리의 전화기가 쉴 새 없이 울렸다.

"나로서는 정말 등골이 섬뜩해진 순간이었습니다. 갑자기 내가
관련자가 되었으니까요. 하지만 2016년 그때, 나는 분명히 깨달았
습니다. 내가 틀리지 않았다는 걸! 엄격히 말하면, 지금도 우리는 클

랜의 미국에 살고 있습니다. 섬뜩하지만 그렇게 말할 수밖에 없습니다."

켈리의 책을 읽어보면, 대안 우파가 클랜의 주장을 앵무새처럼 되풀이하고 있다는 걸 확인할 수 있다. 1920년대 클랜의 주장을 보면, 미국의 백인 기독교인들은 남녀를 불문하고 사회의 변화를 촉구하는 삼각파도에 위협을 느꼈다. 급격히 진행되는 일자리의 현대화, 인종과 성별이 사회를 제약하는 요인들로 부각되며 다양한 형태로 주어지는 관심, 용인 가능한 언어와 행동으로 여겨지는 수준에 대한 사회 규범의 변화가 그것이었다. 클랜은 집단적 변화를 위해 뭉쳤고, '진정한 미국인'을 거의 전투적인 애국심을 지닌 백인 기독교인으로 규정했다. 그들은 거리와 대학 캠퍼스에서 무리지어 행진했고, 때로는 "아메리카 퍼스트"라고 쓰인 깃발을 들기도 했다.

켈리의 판단에 따르면, 대중 매체와 언론인, 심지어 학자까지 클랜을 다루며 저지른 가장 큰 실수 중 하나는 그 회원들이 교육을 제대로 받지 못한 본데없는 무지렁이이거나 사악한 유령으로 보았다는 것이다. 인종차별은 복잡하면서도 단조로운 현상이어서 주류 문화 곳곳에 숨겨져 있다. 따라서 다른 식으로 가정하면 인종차별의 다른 면을 간과하게 된다. 가령 당신이 올가미를 든 '촌뜨기'를 가리키고, 그런 행위와 표현도 인종차별이라 한다면, 당신이 다른 부분들에 대해서는 어떻게 선택하고 어떤 성향을 띠느냐는 면밀히 분석할 필요가 없다. 뉴스 방송국이 우리 역사에서 가장 추악한 말을 되풀이하는 사람의 얼굴을 화면에 크게 잡아주는 이유도 궁금해할 필요가 없다. 우리 교육제도와 고용제도 및 사법제도가 특정한 사람에게 더 많은 기회를 제공하도록 어떻게 짜였고, 그런 구조적인 인종차별이 누구에게는 유리할 수 있지만 누구에게는 기회조차 박탈할 수 있다는 걸 고민할 필요도 없다.

켈리는 이렇게 지적하며 덧붙여 말했다. "우리는 항상 이렇게 대화하며 옆길로 빠집니다. '나는 다른 사람의 마당에 세워진 십자가를 불태우지는 않아! 그러니까 나는 클랜이 아니야.' 우리는 흔히 이런 식으로 말합니다. 그래서 내가 이렇게 말하고 싶은 겁니다. 그런 게 기준이 될 수 있습니까? 그런 걸 기준으로 삼지는 말자는 겁니다."

켈리는 자신이 재직하던 대학교의 교수 세미나에서 클랜을 주제로 발표한 적이 있었다. 켈리는 클랜이 국가와 믿음의 중요성을 강조하고, 삶에 더 전통적으로 접근하던 과거를 아쉬워하며 다양성의 가치에 의문을 제기하고 국가주의를 강조하는 백인 프로테스탄트의 생활방식을 부분적으로나마 보존할 필요성을 역설한다고 가감 없이 전했다. 그때 한 교수가 손을 들고, 클랜의 주장이 "내가 알고 있는 감리교의 가르침과 너무 흡사하게" 들리기 때문에 켈리의 연구가 정말 맞는지 의심스럽다고 단도직입적으로 말했다. 다른 교수도 켈리의 연구에서는 남녀를 불문하고 클랜이 일반적인 백인과 거의 똑같다는 걸 보여주기 때문에 그녀의 연구가 위험하다고 말했다.

켈리는 고개를 저으며 말했다. "정확히 핵심을 찌른 지적이었습니다! 클랜은 우리가 세운 평범함의 기준을 충족시키는 보통 사람들입니다. 중산층이고, 교육을 받은 남자와 여자이며, 이런 백인 우월주의 사고방식에 매몰된 사람들입니다. 그러나 클랜에 대해 강의할 때마다 백인 청중들은 전에는 몰랐다는 듯이 '저런, 그들도 우리와 너무 비슷하군요'라고 반응합니다. 나는 요점을 전달하려고 애쓰고, 청중들은 내 말을 이해하려고 최선을 다합니다."

오늘날 백인 국가주의자들은 거리에서 행진하지 않는다. 따라서 과거처럼 그들을 구분하기가 쉽지 않다. 반흑인적이고 반유대적인 표현을 명확히 사용하지도 않지만 과거 유산에 대한 자부심과 애국심을 표현하는 데는 거리낌이 없다. 그들은 "우리는 누구도 미워하지 않는다. 백인을 선호하고 응원할 뿐이다"라고 말장난한다. 게다가 그런 발언에 함축된 의미를 영리하게 회피하며, 인터넷을 통해 패거리들에게 들불처럼 확산되는 사진과 그림 및 유행어, 이른바 밈 문화를 효과적으로 활용한다. 앞에서 보았지만, 소셜미디어를 통한 도덕 전염을 분석한 연구를 기억해보라. 이런 작은 시각 자료들은 강력한 효과를 발휘하며 감정을 끌어낼 뿐, 어떤 분석도 요구하지 않는다.

1920년대의 클랜은 추종자들에게 기존의 공동체를 제공한 까닭에 위력을 발휘할 수 있었다. 그들은 가족 소풍으로 모였고, 공동체에서 함께 자원봉사했으며, 거리를 행진하며 집단 의례의 희열을 만끽했다. 기본적으로 그들은 호모 두플렉스에서 집단적 속성을 활용했다. 추종자들은 의미를 공유하는 종족으로 환영을 받았다. 클랜의 말과 글은 추종자들에게 집단 정체성에 녹아들어야 한다고 강조했다. 사회 구성원 대부분이 혐오하는 조직에 속해 있다는 걸 겉으로

드러내지 않는 방편으로 얼굴을 덮은 후드와 헐렁한 겉옷이 흔히 생각되지만, 그런 의상도 조직원의 탈개인화를 부추기며, 그가 조직에 속해 있더라도 독립된 자아라는 걸 잊게 만들고, 원대한 목표에 몰두하게 해줄 수 있다. 이런 탈자아는 개인의 정체성을 접어두고, 집단 의지를 우선시하는 것이다.

켈리는 생각에 잠긴 표정으로 말했다. "클랜이 정말 효율적으로 일한 때가 있었습니다. 그때 회원들은 섬뜩할 정도로 서정적으로 조직의 역동성을 글로 표현했습니다. 불의 십자가에 대해서는 물론이고, 회원들과 함께할 때 어떤 감동을 느끼는지, 또 클랜의 일원이 된다는 게 어떤 기분인지에 대해서도 글을 썼습니다. 의례는 몸이 기억하게 합니다. 몸에 기억을 심어주기 때문에 모두가 그 행동을 계속하게 됩니다."

그들의 의례에서, 나는 에릭 호퍼Eric Hoffer(1898~1983)가 1951년에 발표한《맹신자들》이란 놀라운 책을 떠올렸다. 그 책에서 호퍼는 모든 대중운동, 즉 사회 변화를 위한 집단적 활동을 분석했지만, 운동의 내용을 기초로 운동의 성격을 구분하지는 않았다. 요컨대 원하는 변화가 정치적인 것인지 종교적인 것인지 문화적인 것인지를 구분하지 않았다. 따라서 나치와 미국 독립운동가, 기독교인과 사이비종교 집단을 동일한 시선에서 보며, 역사적으로 그런 운동에 어떤 공통점이 있는지 분석했다.

호퍼의 주장을 간략하게 정리하면, 자신의 운명에 불만을 품은 사람이 급증하며 개인적인 정체성을 포기하더라도 집단으로 뭉치려 할 때 대중운동이 일어난다.

그들이 완전한 전향자로서 대중운동에 가담하면 새롭게 태어나 긴밀하
게 다져진 조직의 일원으로 새로운 삶을 살게 된다. 한편 동조자로서 대
중운동에 끌리면 그 운동의 노력과 성취와 가능성에서 자신의 정체성
을 찾으며 자부심과 자신감과 목적의식을 갖게 된다. (……) 대중운동의
세력화와 성장은 개인을 기꺼이 희생하려는 열정을 얼마나 자극하고
채워주느냐에 달려 있다.

추종자들은 자유 선택의 짐이라 생각되는 것을 기꺼이 포기한
다. 호퍼는 "해방감은 불안정한 개인적 존재의 부담과 두려움과 무
력감에서 벗어났을 때 오는 것"이라며, "자유로움으로부터 벗어난"
환희에 대한 초기 나치의 말을 인용했다. 자신과 가족 혹은 사회의
기대치에 부끄럽지 않게 살려고 노력했지만 실패한 사람들에게 이
런 끌림은 무척 강력할 수 있다. 기준에 부합하지 못하는 개인이 되
는 것보다, 전체 태피스트리의 한 가닥이 되는 게 더 나을 수 있기
때문이다.

백인 국가주의 운동 조직도 요즘에는 소셜미디어를 통해 활동한
다. 따라서 우리는 소셜미디어에서, 켈리가 '유연 단체類緣團體, affinity
group' 혹은 '마음에 맞는 사람들kindred spirits'이라고 칭한 것을 찾아낼
수 있다. 1920년대의 클랜은 디지털 미디어의 도움이 없어 서로 힘
들게 접촉했지만, 요즘의 백인 조직은 편이성과 활동 범위가 크게

확대되어 거의 범세계적이다. 따라서 백인 우월주의, 여성의 권리를 반대하는 남성 모임 등 과거에는 별개이던 조직들이 대안 우파라는 이름하에 모일 수 있게 되었다. 그들은 문화적 지배력을 상실했다는 불안감, 그들에게 반대하는 무리들이 집결해 복수할 수 있다는 두려움을 공유할 수 있다. 실제로 클랜은 공개적으로 자신들을 기사라 칭하며 전사의 모습으로 꾸미기도 했다. 그러나 새롭게 등장한 조직들은 자신들을 변호하는 데 필요한 언어, 또 그들에게 저항하거나 그들을 해체하려는 세력에 맞서 싸우는 데 필요한 언어를 비슷하게 사용한다.

"혹시 마이클 바쿤Michael Barkun이 음모론에 대해 쓴 책을 읽으셨습니까?" 켈리가 물었다.

나는 고개를 저으며 만체코 치즈를 크래커에 얹었다.

켈리가 계속 말했다. "바쿤은 주로 종교 음모론에 대해 글을 쓰는 정치학자입니다. 그 책은 정말 좋은 책이어서, 내가 강의에서 자주 언급합니다. 바쿤은 사람들의 믿음을 무척 진지하게 다루었고, 그들의 종교적 믿음을 객관적으로 서술했습니다. 따라서 학생들도 그의 의견에 대체로 수긍하는 편입니다. 하지만 그가 렙토이드에 대해 언급하는 부분에 이르면."

그 단어에 치즈가 내 목에 걸렸다. "잠깐만요, 렙토이드요?"

켈리가 고개를 끄덕였다. "그렇습니다. 내 학생들도 똑같이 반응합니다. '잠깐만요. 도마뱀 인간을 믿는 사람이 정말 있습니까?' 인정하기는 싫지만 '물론입니다. 정말 있습니다'라고 대답할 수밖에 없습니다."

물론 나도 관심사를 연구하는 과정에서 이상하고 예상하지 못한 길에 들어서며, 의외로 많은 사람이 도무지 상상조차 할 수 없는 섬뜩한 것을 믿는다는 걸 알게 되었지만 그래도 도마뱀 인간?

그야말로 망연자실이었다.

증폭된 하이브 마인드: 컬트와 음모론

──────── 나중에 나는 바쿤의 《음모 문화: 미국의 종말》을 읽고, 내가 그때까지 집단행동과 광신적 종교 집단에 대해 읽었던 내용과 음모론에 대한 그의 연구 사이에 많은 관련성이 있다는 걸 깨달았다. 음모론, 집단행동, 광신적 종교 집단에는 하이브 마인드가 내재한다는 공통점이 있었다. 또 파악하기 힘든 현실의 사회적 속성 및 소속과 확신을 갈망하는 인간의 욕구를 이용한다는 것도 같았다. 뒤에서 다시 언급하겠지만, 이 주제에 대한 내 학문적 의견만이 그들을 결속시키는 것은 아니다. 즉 다양한 주장을 믿는 사람들이 온라인에서 서로 만나 무리를 이루고, 때로는 이상하면서도 걱정스러울 정도의 결속을 보인다는 것이다. 예컨대 백인 우월주의자들이 '인셀incel'들과 연합하고,* 도마뱀 인간이 미국 정부를 지배한다고 생각하

──────────
* incel은 involuntary celibate(비자발적 독신)의 약자로, 섹스를 원하지만 눈부시게 아름다운 여성과 섹스를 해야 한다고 생각하기에 섹스를 못 하는 남성을 주로 가리킨다.

는 사람들이 그들과 다시 연합한다. 과거에 이런 집단들은 따로따로 활동했지만 지금은 블로그와 레딧Reddit과 포챈4chan을 운영하고 있어, 집단 극화를 통해 기존의 믿음을 재확인하고 격화한 목소리에 언제라도 접속할 수 있다.

본격적으로 이야기를 시작하기 전에 광신적 종교 집단에 대해 잠깐 언급해두자. 많은 학자가 '광신적 종교 집단'이라는 뜻을 지닌 '컬트cult'란 단어를 달갑게 생각하지 않고, '새로운 종교 조직'이란 가치중립적인 표현을 선호한다. 과거에 '컬트'는 구성원에게 극단적인 순종을 요구하며, 집단에 가입하려면 개인을 희생하라고 강요하는 조직을 가리키는 데 사용되었다. 게다가 이런 조직은 구성원을 금전적으로나 성적으로 이용하는 경우가 많았다. 공통된 정체성과 생활 방식을 중심으로 치열하게 모인 조직이라고 모두가 이런 기준을 충족시키지는 않는다. 여하튼 대부분의 종교에는 세계와 인간의 기원에 대한 불가사의한 이야기가 있고, 삶의 방식을 규정하는 지침, 인도자의 지도하에 함께 모여 노래하고 찬송하는 모임, 조직을 위해 돈을 바치는 시간이 있다. 어떤 종교는 유구한 역사를 지녔지만 어떤 종교는 갓 생겨났다는 이유로, 그 종교에 '컬트'라는 딱지가 붙여져야 하는 것은 아니다. 또 새롭게 생겨났다는 이유만으로 경멸받아야 마땅한 것도 아니다. 내 생각도 다르지 않다. 그러나 사회학자 야냐 랄리치Janja Lalich가 지적하듯이, 종교 집단만이 파괴적이고 폐쇄적인 것은 아니다. 건강법, 사업체, 훈련법 같은 세속적인 것을 중심으로도 폐쇄적인 강력한 집단이 형성될 수 있다.[4] 따라서 '새로운 종교 조직'이란 표현도 썩 만족스럽지는 않다.

따라서 나는 컬트라는 단어를 계속 사용하지만, 지도자가 추종 자들에게 극단적인 자기희생과 심지어 폭력까지 강요한 주변 집단과 건전한 집단 사이의 드넓은 회색 지대에 존재한 집단들은 제쳐두고, 인간의 자율성을 위협했다고 기록된 조직들(예: 천국의 문)을 다룬 연구만을 살펴보려 한다.

'음모론'이란 용어에도 애매모호한 문제가 있다. 무엇보다 음모 자체는 현실 세계에서 제기된다. 옛말이 이르듯이, 당신이 피해망상에 빠졌다고 사람들이 당신을 구하려고 나서지는 않는다. 20세기에 미국 정부가 수십 년 동안 아프리카계 미국인의 매독을 치료해주지 않고 매독의 진행 과정을 연구했다![5] 1950년대와 1960년대에 CIA는 사람들에게 몰래 LSD(환각제)를 투여하며 인간의 정신을 통제하는 약물로 사용할 가능성을 연구했다![6] 물론 미국의 파멸을 목표로 한 테러 음모도 있었다. 게다가 미국의 이익에 비우호적인 외국 정부를 전복시키려고 미국 정부가 복잡한 음모를 꾸민다는 소문도 있었다. 여하튼 기이한 사건이 일어났지만 은폐되었다는 게 음모론이다.

무엇이 진실이고 무엇이 공상인지를 어떻게 알 수 있을까? 우리는 편향적이고 핵심에만 기반하는 하이브 마인드에 의존하기 때문에 진실과 공상을 제대로 구분하지 못하는 경우가 비일비재하다. 우리 주변에는 보편적 지식과 실험적 증거를 부정하는 믿음을 지닌 사람이 있기 마련이다. 어쩌면 당신이 그런 사람일 수 있다. 예컨대 백신 접종은 다국적 제약회사를 더 부자로 만들어주려는 고약한 음모이고, 죽은 사람의 생각을 읽을 수 있는 영매靈媒가 있으며, 2001년 9월 11일에 실제로 있었던 사건을 미국 정부가 은폐했다고 믿는 사람이 적지 않다.

내가 이 책에서 검토한 '음모론' 중 일부가 언젠가 진실로 밝혀질 수 있다는 걸 솔직히 인정한다. 그러나 하이브 마인드라는 관점에서 음모론에 대해 이야기하려면 어딘가에서 시작해야 한다.

음모론과 대중운동과 컬트에 공통적으로 내재한 하이브 마인드 원칙들을 살펴보기 전에, 그것들을 성공의 길로 이끄는 원동력 중 하나—사람들이 사방에서 우리를 지켜본다고 생각하는 편집증과 피해망상—에 대해 먼저 언급해두고 싶다.

피해망상의
힘

━━━━━ 작가이며 편집자인 제시 워커Jesse Walker는《편집증에 빠진 미국: 음모론》에서, 미국의 건국까지 거슬러 올라가는 음모론을 추적한 끝에, 미국이란 존재를 달갑게 생각하지 않는 사람들이 비밀리에 암약하고 있다고 걱정하는 편집증에 빠진 사람들이 건국 이후로 줄곧 우리 곁에 있었다는 걸 증명해냈다. 구성원에게 공동체가 공격받고 있으므로 방어에 나서야 한다고 호소하는 것보다 내집단의 결속을 강력하게 다지는 방법은 없을 것이다. 예컨대 초능력을

지닌 무시무시한 원주민 추장부터, 존 F. 케네디에게 두 번째로 총격을 가한 오리무중인 암살범, 알카에다의 공작원이라는 오바마 대통령까지 주적이란 개념이 우리 뇌리를 사로잡을 수 있다. 그 적은 내집단 밖에서 기회를 호시탐탐 엿보거나, 내집단 안에 이미 숨어들었을 수 있다. 그러나 그 적은 어떤 형태를 띠든 간에 우리 생명을 위협하는 사람이나 외집단에 저항하는 결집력을 강화시키는 역할을 한다.

가장 먼저 눈에 띄는 적은 외부의 적이다. 워커의 주장에 따르면, 외부의 적은 당신과 닮지 않은 사람, 즉 당신이 먹는 것을 먹지 않고, 당신이 입는 옷을 입지 않으며, 당신과 똑같은 신을 섬기지 않는 사람이다. 그들은 당신과 맞지 않는 타자이고, 따라서 무척 의심스런 존재이다.

워커는 외부의 적을 이렇게 묘사한다.

당신 문밖의 세계는 사악한 세력이 준동하는 비우호적인 황무지로 그려진다. 그 사악한 세력을 꼭두각시 조종사나 소수의 도당이 좌지우지하는 음모단으로 보는 경향도 있다. 여러 문화가 뒤섞이는 경계 지역에 대한 두려움, 내부의 이방인이 외부를 위해 일하는 첩자일 거라는 의심, 당신에 속한 공동체가 적의 의도대로 변질될지도 모른다는 두려움도 있다. 이런 갈등을 거대한 종말론적 투쟁—문자 그대로 사탄에 맞선 투쟁은 아니더라도 사악한 것에 맞선 투쟁으로 해석하는 경향이 있다.

위의 묘사를 그대로 받아들이며 창의적으로 생각하지 않더라도 미국은 역사적으로 많은 외부의 적을 겪었다. 제2차 세계대전에는 독일군, 냉전 시대에는 소련, 현재에는 ISIL[Islamic State of Iraq and the Levant](이라크·레반트 이슬람 국가/ISIS로도 불린다)가 외부의 적이었다. 외부의 적에 대한 두려움이 커지면 외집단에 대한 적대감이 증대하고, 이런 결과는 제한적인 정책(예컨대 전쟁 지원, 이민의 제한, 정부 규제의 강화)을 원하는 진영의 비위를 맞추는 데 도움이 된다.

하지만 모든 적이 문밖에 있는 것은 아니다. 어쩌면 가장 치명적인 적이 내부의 적일 수 있다. 내부의 적은 당신과 똑같은 음식을 먹고, 똑같은 옷을 입으며, 똑같은 신을 섬긴다. 적어도 겉으로는 그렇게 보인다. 그러나 내부의 적은 은밀한 타자이고, 당신의 이익을 해치며, 내부에서 당신을 파멸의 길로 몰아넣는다. 러시아 스파이, 마녀, 정체를 드러내지 않는 공산주의자는 모두 이런 유형의 적이다. 내부의 적이 강성해지면 누구도 의심으로부터 안전하지 않다. 내부의 적은 집 안에서 소리치기 때문이다.

은밀히 활동하는 공산주의자도 두려웠지만 매카시즘의 표적이 되지 않으려고 전전긍긍했던 1950년대에는 〈우주의 침입자〉 같은 영화가 대중의 상상력을 사로잡았다. 이런 영화에서 평범하고 믿을 만하게 보이는 사람들이 실제로는 외계인, 즉 정상적으로 보이는 외모 뒤에 감추어진 '타자'였다. 이런 두려움은 순응하는 집단화에 매몰되고 집단행동에서 개성을 상실하고 있다는 불안감에서 비롯되었다.

워커의 표현을 빌리면 "내부의 적에 대한 두려움이 극도에 달하면 물리적인 세계도 진짜가 아닌 것, 실제의 세계를 은밀히 감추고 있는 얇은 껍질처럼 느껴질 수 있다."

내부의 적이 준동하면 공동체 내에 불신이 싹트기 시작할 가능성이 높아진다. 매카시 청문회, 세일럼 마녀 재판이 진행되던 때, 보육원의 성학대 가능성에 대해 편집증적 반응을 보였던 1980년대가 대표적인 예이다. 이웃들이 서로 등을 돌리고 견제하며, 무고한 사람이 학대받을 수 있다.

외부의 적과 내부의 적은 결국 개인과 집단(혹은 충성)을 구분짓는 모든 것이며, 당신이 믿을 만한 종족에 속한 사람과 그렇지 않은 사람으로 이루어진다. 그 밖에도 두 종류의 적이 더 있다. 사회에서의 지위와 관련된 적으로, 지위가 당신보다 위에 있는 사람이나 아래에 있는 사람이 당신을 견제하고 방해할 수 있다.

사회적 권위가 아래에 있지만 자신보다 위에 있는 사람을 무너뜨리고 사회 전체를 혼란에 빠뜨릴 수 있는 사람은 '아래의 적Enemy Below'이다. 아래의 적은 대체로 가난하고 힘없는 집단이다. 따라서 자신의 운명에 더는 만족하지 않으며 힘을 결집해 사회 전체에 저항하는 세력으로 여겨진다. 물론 긍정적 변화를 추구하는 많은 사회운동이 더 공정한 사회를 만들기 위해 투쟁하는 억압받는 집단에 뿌리를 두고 있다. 그러나 아래의 적에 대한 피해망상이 위험을 과장하고, 소외된 계급을 탈인간화한다.

아래의 적은 "엄청난 식욕을 지닌 야수이며, 강간하고 불 지르고 약탈하고 학살하는 집단 이드collective id"이다. 달리 말하면, 인종차별과 계급차별이고, 서로 상대를 극도로 부정적으로 생각하며 어떻게든 억압하려는 인간의 가장 추악한 성향이다. 노예제도가 미국 역사에 남긴 상처를 빌미로, 아래의 적은 유색인을 이렇게 해석하며 그들을 공격하는 무기로 삼는다. 특히 흑인에게 가해지는 인종차별에서는 아무런 근거도 없이 흑인의 공격적인 본성과 그에 따른 위험이 강조된다. 이런 강조가 반복되면, 그 영향은 치명적일 수 있다. 미주리의 퍼거슨에서 흑인 마이클 브라운에게 총격을 가한 경찰 대런 윌슨의 증언이 대표적인 예이다. 윌슨은 자신에게 브라운은 거구의 '악마'처럼 여겨졌고, 브라운의 팔을 붙잡았을 때 자신은 헐크 호건에게 매달린 꼬마와 다를 바가 없었다고 증언했다.[7]

제시 워커의 주장에 따르면, 적으로 인식된 집단의 위상은 시간이 지남에 따라 변한다. 예컨대 아일랜드 이민자는 미국 문화에 동화됨에 따라 외부의 적에서 아래의 적으로 이동했다. 구체적으로 말하면, 과거에 아일랜드 이민자는 수상쩍은 외국의 교황에게 충성하는 국외자였기 때문에 위협적인 존재였지만 이제는 무자비한 범죄자이기 때문에 위험한 존재가 되었다. 이처럼 적이 다른 유형으로 바뀐다는 사실은 우리의 평가가 현실에 영향을 미치지만 그 반대로 가능하다는 걸 보여주는 증거이다. 달리 말하면, 우리의 편견에는 어떤 의문도 제기할 필요가 없도록 일종의 정신 훈련mental gymnastics(인지 부조화를 그럴듯하게 변명하는 논증―옮긴이)을 수행함으로써 상황의 변화에 맞추어 평가를 달리할 수 있다.

끝으로, 위의 적Ememy Above은 우리보다 더 큰 힘을 지닌 사람들에 초점을 맞춘 음모에서 나타난다. 정부가 잠재의식에 남도록 은밀히 반복되는 역하閾下 광고subliminal advertising를 사용하거나 식수에 화학 물질을 첨가해 국민을 통제하고, 제약회사가 백신에 수은을 첨가해 자폐증을 유발하고, 보험회사가 '사망 선고 위원회death panel'를 장악하고 있다는 소문은 모두 위의 적에 초점을 맞춘 음모론들이다. 흥미롭게도 위의 적을 겨냥한 이런 음모론은 정치 판도에서 오른쪽보다 왼쪽 사람들에게 더 많은 관심을 끄는 경향을 띤다.

지금까지 우리는 음모론적 사고에 기름을 끼얹는 기본적인 원리에 대해 살펴보았다. 이제는 사람들이 음모론과 그에 못지않게 극적인 집단 사고에 빠지는 이유와 과정을 살펴보자.

우리를 환영하는 공동체가 있는데 저항은 헛된 짓!

━━━━━ 광신적 종교 집단이나 음모론에 느닷없이 완전히 빠지는 경우는 무척 드물다. 인터넷에서 파괴적인 내용에 무차별적으로 노출되든 않든 간에 그 과정은 점진적이다. 당신의 이익을 반하는 정부 기관이나 집단의 의심스런 행동에 대한 글을 처음 읽거나, 관련된 모임에 처음 참석하는 것으로 시작된다. 다음 단계로 당신은 공동체 의식을 얻거나, 그 주제에 대해 더 깊이 파고든다. 여하튼 당신은 조금씩 미끄러져 들어간다.

어떤 사람이 컬트의 유혹에 취약한가에 대한 연구에 따르면, 취약성의 가장 강력한 예측 변수는 사회적 지원 시스템에서 배제되었다는 소외감이다.[8] 사회 연결망이 붕괴된 사람이 특히 위험하다. 처음으로 고향을 떠난 대학생, 최근에 배우자를 잃은 미망인과 홀아비, 일자리 때문에 생소한 지역으로 최근에 이주한 사람 등이 대표적인 예이다. 실험실에서 인위적으로 유도된 배척을 당한 피실험자도 극단적인 의견과 행동을 편드는 경우가 많다.[9]

불확실성, 특히 정체성에 대한 불확실성이 집단과의 동질감을 부추기는 듯하다. 특히 강력한 믿음과 고유한 특징을 지닌 집단과 자신을 동일시하려는 경향이 뚜렷이 나타난다.[10] 불확실성이 어떻게 극단주의로 이어지는가를 보여주는 이론적인 틀로 '불확실성-정체성 이론uncertainty-identity theory'이란 것이 있다.[11] 자신이 누구이고 어떻게 행동해야 하는지 불확실하다고 느낄 때 사람들은 그 불확실성을 해소해야겠다는 동기를 부여받고, 그 문제의 해결을 위해 채택하는 주된 방법이 어떤 사회 집단, 특히 강력한 정체성을 기반으로 특정한 행동과 세계관을 금지하는 집단과 자신을 동일시하는 것이라 주장하는 이론이다.

소문에 따르면, 사이언톨로지scientology에는 신입 회원에게 접근하는 구체적인 방법론이 있다. 먼저 모집자가 우호적으로 접근하며, 적대적인 반응을 없애기 위해 노력한다.[12] 다음 단계는 그 잠재적 신입 회원을 가장 괴롭히는 삶의 문제를 찾아내는 것이다. 예컨대 부모의 기대에 부응하지 못했다고 실망하거나, 진정한 사랑을 결코 만나지 못할지도 모른다는 두려움에 떨고 있을 수 있다. 모집자의 역할은 그 문제를 찾아내서, 사이언톨로지가 그 정신적 상처를 해결하거나 치유해줄 수 있다고 설득하는 것이다.

어떤 집단이 내세우는 많은 주장이 처음에는 합리적이고 논리적이며 위안이 되는 것으로 느껴질 수 있다. 당신이 다수로부터 멀리 배제될수록 새로운 집단이 일반적으로 용인하는 주장에 의문을 제기하기는 더욱더 어렵다. 이런 가정은 많은 사례에서 경험되고 확인된 것이다.

야냐 랄리치는 《경계가 있는 선택: 맹신자와 카리스마적 컬트》에서 두 컬트를 시간 순서로 기록했다. 하나는 집단 자살로 유명해진 광신적 종교 집단 '천국의 문Heaven's Gate'이었고, 다른 하나는 그녀 자신이 오랫동안 당원으로 있었고 마르크스주의를 표방한 '민주노동자당Democratic Workers Party'이었다. 신념 체계를 깊이 파고들수록 "공동의 이해로부터 점점 멀어지고", 집단과도 서먹서먹해진다.

랄리치의 주장에 따르면, 컬트가 구성원에게 주는 것은 개인적인 성취, 즉 당신이 상상할 수 있는 최상의 당신이다. 하지만 그와 동시에 컬트는 완전한 자기 포기, 즉 외로운 자아가 집단에 몰입하기를 요구한다. 에릭 호퍼가 대중운동의 매력이라 주장한 것과 크게 다르지 않다. 랄리치가 말했듯이 "[컬트의] 구성원들은 내면의 욕구를 표현하는 방법을 찾아냈다는 개인적인 환희, 즉 삶을 목적의식과 의미로 채우고 집단의 일원이 되었다는 기쁨을 누렸다."

당신이 새로운 집단의 사고방식에 점점 익숙해지면 많은 경우에 당신의 원래 사회 연결망에서 불필요한 부분은 제거된다. 새로운 집단 밖의 사람들과 모든 끈을 잘라내고, 결국에는 그들만이 당신의 사회적 인맥과 연결끈이 된다. 따라서 그 집단의 신념 체계나 행동 방식에서 조금이라도 벗어나면 소외되고 따돌림을 받게 된다. 예컨대 사이언톨로지에서는 그 조직의 신념을 의심하는 사회적 타자를 '억압자Suppressive Person(줄여서 SP)'라 칭한다. 사이언톨로지에 귀의한 사람이 SP에 접근하면, 그는 '잠재적 분란거리Potential Trouble Source, PTS'라 칭해지며, 훈련과 의식에 참여할 수 없게 된다.[13]

민주노동자당에서 신입 당원이 가장 먼저 해야 하는 일은 새로운 이름을 선택하고 과거의 이름을 버리는 것이다. 갓난아기였을 때부터 사용하던 이름을 버리고 다른 이름을 갖는 것보다, 과거와의 끈을 근본적으로 끊는 방법을 상상하기는 어렵다. 과거의 껍데기를 버리고 새로운 껍질을 쓰는 것과 다를 바가 없다. 인민사원Peoples Temple 교주 짐 존스Jim Jones(1931~1978)는 신도들이 입교할 때 쓴 자백서를 보관해두고, 교단을 떠나려는 신도들을 협박하는 수단으로 이용했다.[14]

에릭 호퍼에 따르면, 대중운동의 공식은 항상 똑같다. 현재는 견디기 힘들고 끔찍하며, 과거의 찬란함이나 앞으로도 도래할 미래의 영광 같은 것이 전혀 없다고 주장한다. 따라서 모두가 영광스런 미래를 앞당기는 운동에 동참해야 한다. 그래야 하찮은 지위를 차지하려고 다투고 경쟁하는 무의미한 일상에서 벗어나 원대한 목적에 참여할 수 있다. 모두가 보는 앞에서 떳떳하게 그 운동에 참여해야 한다. 미래는 아직 오지 않았고, 역사책은 아직 완전히 쓰이지 않았다.

　이 싸움은 세상을 잘못된 방향으로 끌어가는 듯한 추상적인 세력만이 아니라 구체적인 적에 저항하는 싸움이다. 이민자, 유대인과 무신론자, 러시아인과 미국인, 동부 지역의 엘리트, 이슬람 테러리스트라는 악마가 있다. 이 악마는 컬트와 음모론을 공유하는 조직의 것과 다르지만, 악마인 것은 똑같다. 앞에서도 말했듯이 사람들에게 악마의 존재를 납득시키기는 조금도 어렵지 않다. 우리는 악마를 찾으려고 위와 아래, 안과 밖을 끊임없이 살피기 때문이다.

　이 서사적인 투쟁은 컬트와 대중운동에 더 적합한 듯하지만, 음모론도 여기에 은밀히 끼어든다. 마이클 바쿤이 주장하듯이, 음모론의 본질은 악마를 상세하게 묘사해 그 모습을 파악함으로써 악마에게 유의미한 형체를 부여하는 것이다. 악마는 이동하고 변하지만 '진정한' 공동체로 여겨지는 것의 바깥에 있다는 것은 변하지 않는다.

　특히 컬트와 대중운동의 경우에는 대체로 카리스마를 지닌 지도자가 있다. 호퍼가 정리한 바에 따르면, 이런 조직의 뛰어난 지도자들은 절대적인 확신과 자신감이 넘치고, 사실 여부에 구애받지 않고 거침없이 말하며, 반항을 즐기는 모습을 과시하고, 대중집회 같은 볼 만한 구경거리를 즐겨 사용한다.* 그들은 "좌절한 사람들의 영혼을 짓누르는 분노를 명확히 표현하며 정당화한다." 그러나 호퍼의 지적이 맞는다면, 그 좌절한 사람들은 진정으로 곤궁에 빠진 사람들

---

* 　생각하는 것이 없는가?

이 아니라, 성공이나 권력을 손에 넣지 못해 목적을 잃고 방황하며 따분하게 지내는 실패자들인 경우가 많다.

컬트와 대중운동과 음모론이 사람들에게 제공하는 가장 큰 선물은 절대적인 확신, 즉 삶의 과정에서 끊임없이 제기되며 괴롭히던 의문의 답을 마침내 알게 되었다는 확신의 선물이다.

2007년 노벨 문학상을 수상한 도리스 레싱Doris Lessing(1919~2013)이 말했듯이

> 사람들은 (······) 확실한 것을 간절히 원한다. 사람들은 확실한 것을 간구하고, 원대하고 감동적인 진실을 원한다. 사람들은 이렇게 진실하고 확실한 것들을 갖춘 조직의 일원이 되고 싶어 한다. 이 때문에 반항자와 이단자가 생기더라도 우리 모두에게는 이런 바람이 깊이 내재해 있기 때문에 그들의 존재가 훨씬 더 만족스럽다.[15]

그렇다고 컬트 등이 삶과 우주 등 모든 의문에 제공하는 답이 우리가 두려워하는 것처럼 변덕스런 마구잡이는 아니다. 오히려 질서와 구조를 단순화함으로써 불안감을 없애준다. 이런 조직들의 교리는 확고하고 확실해야 한다. 조직에 가입하면 모든 의혹이 사라진다는 확신을 주어야 한다. 반면에 음모론은 모든 것을 설명하고 모든 불확실성을 제거해야 하기 때문에 무척 복잡하고 난해하며 모든 것을 아우른다.

특히 컬트의 경우에는 선택의 여지를 제거함으로써 확실성을 확

보한다. 조직의 관례와 규범은 생각을 하지 않고 자동적으로 반응하도록 유도한다. 한마디로, 선택의 부담을 완전히 없애준다. 천국의 문에서는 정교하게 쓰인 교범이 지극히 사소한 것까지, 예컨대 아침에 먹는 팬케이크의 정확한 지름부터 칫솔에 짜서 얹는 치약 양까지 모든 것을 결정했다.[16] 사이언톨로지는 여러 단계의 자기 개발을 통해 차근차근 올라가는 복잡한 성장 과정을 '완전한 자유를 향한 다리Bridge to Total Freedom'라고 칭한다.

그래서 컬트가 있는 것이다. 간절히 원하는 소속감과 사회적 인정, 점진적인 몰입, 기존 연결망의 가지치기, 사악한 악의 세력과 벌이는 서사적인 투쟁에 선택되었다는 자부심만이 아니라, 개인적 아픔을 치유하고, 좀처럼 사라지지 않고 괴롭히는 의혹과 두려움과 깊디깊은 불안감을 덜어주는 절대적인 확신을 컬트가 제공하기 때문이다.

그렇다고 모두가 그런 컬트에 현혹되는 것은 아니다.

낙인찍힌 지식

━━━━━ 정부가 당신이 알기를 원하지 않는 불소에 대한 진실. 제51구역에 숨겨진 것. 20년 동안 활동했지만 앞으로도 조사되지 않을 '웃는 얼굴 연쇄 살인범' 전국 조직망.

음모론과 컬트와 대중운동은 권위자와 제도적 기관 및 학계 전문가를 의심하며, 바쿤이 '낙인찍힌 지식stigmatized knowledge'이라 칭한 것을 숭배한다.[17] 어떤 정보에 찍힌 낙인은 자부심을 주면서도 인기를 끄는 요인이 되는 듯하다. 음모론과 컬트에 끌리는 사람은 남들이 모르는 것을 아는 것을 좋아하고, 주류 사회에서 배척된 의견을 즐겁게 받아들이는 경향을 띤다.

이렇게 낙인찍힌 지식은 주류 사회에서 배척된 것이 맹신자들에게는 음모의 확실한 증거로 받아들여지며 더욱더 증폭된다. "보라고! 그들이 우리 입을 막으려고 하잖아! 우리가 뭔가를 찾아낸 게 분명해!" 물론 주류 사회가 어떤 지식이나 믿음에 낙인을 찍는다. 하지만 동화 같은 이야기, 유령 이야기, 정부의 비밀공작 이야기를 곧이 곧대로 믿는 사람은 거의 없다.

특히 음모론은 주류 학계를 의도적으로 모방한 유사 학문을 시끌벅적하게 들먹이는 특징을 띤다. "우리 주장에 거짓이란 오명이 씌워졌지만, 우리 주장을 뒷받침하는 정교한 연구가 쏟아져 나오고 있다. 백신과 자폐증의 관계, 다국적 종자 회사들이 유전자 조작 식품의 위험을 은폐하고 있다는 논문들을 얼마든지 찾아낼 수 있다." 음모론자들은 주류 학계를 맹렬히 비난하면서도 주류 학계의 논문을 인용하는 그럴듯한 쇼를 펼친다. 소수의 자료가 반복해서 언급되지만, 그 자료들은 그 목적을 위해 창간된 전문 잡지에 실린 경우가 대부분이다. 그러나 일반 대중에게 동료 학자의 심사를 받는 진정한 과학 학술지와 그럴듯하게 꾸며진 학술지를 구분할 능력이 없다는 것은 주지의 사실이다.

음모론자들이 학문적 사고와 과학적 접근을 회피하면서 학계의 관습을 받아들이며 흉내내는 것은 흥미롭기도 하다. 그러나 이런 배척과 포용, 즉 부러워하면서도 혐오하는 모습은 이 세계의 곳곳에서 목격된다. 역사학자 리처드 호프스태터^{Richard Hofstadter}(1916~1970)는 1964년에 발표한 《편집증적인 미국 정치》라는 유명한 저서에서 "적은 많은 점에서 자아의 투영인 듯하다. 자아의 이상적인 면과 용납할 수 없는 면이 적에게서 기인한 것이다. 편집증적 정책의 근본적인 자기모순은 적의 모방이다"라고 말했다.[18] 이 지적은 '반동 형성reaction formation'이란 프로이트의 고전적인 방어기제를 나에게 떠올려 준다.* 반동 형성은 혐오하는 것을 원하고, 원하는 것을 혐오하며 과장된 뒤바뀐 행동으로 부끄러운 감정을 은폐하려는 현상을 뜻한다. 동료를 따돌리고 괴롭히는 사람은 동성에 대한 혐오를 노골적으로 드러냄으로써 동성에 끌리는 마음을 은폐하는 것일 수 있고, 어머니는 자식을 향한 상반된 감정을 감추려고 자식을 질식할 듯한 애정으로 감싸는 것일 수 있다.

사람들이 음모에 끌리는 걸 막고, 적대감을 완화하며, 문제적 발언에 균열을 일으키는 것은 얼마든지 가능하다. 하지만 예민한 감수성과 전략이 필요하다. 이 문제에 대해서는 9장과 10장에서 더 자세히 살펴보기로 하자.

---

* 현대 심리학자라면 프로이트를 언급하지 않아야 한다.

합의된 현실을
쪼개라

━━━━━━━ 실망스럽게도 점점 많은 사람이 음모론에 빠져들고, 음모론이 현실의 합의에도 영향을 미치기 때문에 음모론은 마땅히 분쇄되어야 한다. 이 책을 시작할 때부터 말했듯이, 우리가 동의할 수 있는 현실에 있기 때문에 우리 사회는 물론이고 우리 세계관과 더 나아가 우리 행복까지 모든 것이 가능하다. 우리가 직접적으로 많은 세계를 경험할 수는 없다. 따라서 우리가 알고 있는 세계를 구성하는 것을 알아가고, 그것들의 관계를 파악하려면 교육과 대중문화에 의존할 수밖에 없다. 닐 암스트롱이 달을 밟았을 때 우리는 아직 태어나지 않았다. 또 솔트레이크시티의 동굴에 외계종이 있는지 조사하려고 그 동굴들을 직접 탐험하지도 않았다. 또 화학적 지식을 갖추지 못했지만 방금 삼킨 하얀 알약이 어떻게 두통을 사라지게 하는지를 알고 있다. 요컨대 우리는 전문가에 대한 기본적인 신뢰를 바탕으로 살아간다. 또 세상이 생각보다 좋은 곳이란 믿음과, 독자적으로 연구하며 "백신이 자폐증을 유발할 수 있다는 증거는 없다"라고 말하는 사람들에 대한 신뢰도 있다.[19]

과거에는 소외되었던 비주류들이 이제는 온라인에서 동일한 깃발하에 모이고 결집하는 전례가 없던 현상이 눈에 띈다. 켈리 베이커가 우려한 현상, 예컨대 남성의 권리를 지키려는 조직이 백인 우월주의자들과 연대하는 현상이 대안 우파에서 일어나고 있다. 또 글로벌리스트가 일루미나티와 손잡고, 그들이 파충류 인간과 결탁하고, 다시 그들이 할리우드의 엘리트들과 작당한다며, 여러 음모론이 뒤죽박죽되어 거의 편집증으로 발전한다. 바쿤은 이런 결합을 '즉흥적 천년주의improvisational millennialism' 혹은 '퓨전 편집증fusion paranoia'이라 칭했다.*

이런 결합은 주류에서 밀려나고 소외된 집단들에게 강성해지고 추종자들을 모집해 눈덩이처럼 커지는 가능성을 제공하기 때문에 커다란 문제를 야기할 수 있다. 그 집단들이 세력을 규합할수록 음모론으로 더 많은 세계가 설명되고, 따라서 확실성까지 더해지며 더 많은 추종자들을 유인한다. 특히 과거에는 변두리에서 맴돌던 의견들이 공론의 장에 들어와 주목을 받고, 전문가에 대한 의혹의 씨앗을 퍼뜨린다는 것이 무엇보다 우려스럽다.

바쿤의 지적에 따르면, 웹이 광범위하게 채택되기 전까지 음모론적 사고는 전투적인 반정부적 보수 집단과, 적그리스도가 준동한다고 믿는 기독교 근본주의자들로 국한되었다. 이런 집단의 주장은 변방을 벗어나지 않고, 더 큰 하이브 마인드에 부정적인 영향을 주지 않았다. 그러나 인터넷이 도래하고 〈엑스 파일〉 같은 인기 프로그램에서 '핵심 음모론적 주제'를 다루기 시작하자, 변방의 그런 주장들이 널리 알려짐과 동시에 그 주장들이 결합되는 기회까지 주어졌다. 바쿤도 비난했듯이, 심지어 주류 언론까지 오바마 대통령이 미국에서 태어나지 않았다는 '버더birther' 음모론을 진지하게 다루기

---

* '퓨전 편집증'이란 용어를 처음 사용한 사람은 언론인 마이클 켈리(Michael Kelly)이다.

도 했다.

음모론이 주류 언론에 언급됨으로써 음모론은 적법성이란 기운을 얻었고, 주류 언론에서 다루지 않았더라면 전혀 몰랐을 새로운 독자에게도 알려졌다. 예컨대 '버더' 음모론이 저녁 정규 뉴스 시간에 보도되었다면, 그것으로 그 주장이 적법성을 얻게 되지 않겠는가.

2013년 《음모 문화》의 개정판에서 바쿤은 다음과 같이 결론지으며 걱정을 감추지 않았다.

다양한 집단이 실재하는 것에 대해 현격하게 다르게 생각하는 급진적 다원주의가 아직 도래하지는 않았다. 가령 낙태 같은 쟁점에 대해 치열하게 논쟁하는 '문화 전쟁'에 관련된 집단들도 다른 문제에 관련해서는 거의 똑같은 정신세계에서 살고 있기 때문이다. (……)

앞에서 지적했듯이, 현실이란 보편적 개념에 이론(異論)을 제기하는 진정한 국외자는 예부터 항상 있었다. 국외자는 괴짜로 여겨지며 무시되거나, 소수에게만 용인되었다. (……)

한때 국외자를 억누르던 대책들은 더 이상 적절하지 않은 듯하다. (……)

얼마 전까지도 존재하지 않았던 경계의 삼투작용이 상당한 정도로 (……)

나의 추정이지만 모든 것이 실질적으로 악화되기 5년 전에, 바쿤은 이런 불길한 전망을 공개적으로 내놓았다. 유명인사가 이미 잘못이 증명된 이론을 여전히 고집하고, 백악관 관계자가 행정부의 거짓 말을 변명하려고 '대안적 사실alternative fact'이란 용어까지 동원하기 전이었다. 어느덧 이런 부조리하고 음모론적인 주장이 주류에 올라서며, 민주주의와 사회적 기능에 광범위한 영향을 미치고 있다. 게다가 사회의 구성원으로서 함께 노력하는 우리 역량에도 영향을 미친다.

휠씬 더 불안한 위험도 있다. 우리가 백신으로 오래전에 이미 정복한 질병까지 되살아나기 시작하며 취약한 사람들의 생명을 위협하고 있다. 유사 과학에 현혹되어 자신의 면역력을 포기하는 사람들이 늘고 있기 때문이다. 캐나다 소설가 에밀리 세인트 존 맨델Emily St. John Mandel은 발광체처럼 빛나는 소설 《스테이션 일레븐》에서 "당신이 빛이라면, 그리고 적은 어둠이라면 당신이 합리화할 수 없는 것은 아무것도 없어. 당신이 살려내지 못할 것도 전혀 없을 거야. 당신이 무엇이든 살려내려고 할 테니까"라고 말했다. 노스캐롤라이나 출신의 한 남자가 그랬던 것처럼, 힐러리 클린턴의 성적 학대로부터 노예가 된 아이들을 구하겠다고 피자 가게를 찾아가 공격을 가하는 사태가 진짜로 벌어졌다.[20] 한 인셀(비자발적 독신) 블로거는 "다른 사람과 유의미한 접촉을 너무 오랫동안 못한 정신적 피해와 스트레스"로 살인을 예고하는 글을 올린 후에 진짜로 총기를 난사해 여섯 명의 무고한 사람을 죽인 사건도 있었다.[21]

나는 안락의자에 편히 앉아 반려묘를 무릎에 두고 와인을 마시며 바쿤의 책을 읽었다. 잠시 그 책을 내려놓고, 표지에 그려진 일루

미나티의 상징인 삼각형을 손가락으로 따라가 보았다. 갑자기 오싹한 전율이 밀려왔다.

우리가 토끼굴에 지나치게 깊이 내려가지 않아 아직 진로를 수정할 시간이 있기를 바랄 뿐이다. 그러나 내가 아직은 크게 불안하지 않다고 말한다면 거짓말이 될 것이다.

이런 문제들을 조금이나마 해결할 방법을 본격적으로 모색하기 전에, 소셜미디어의 시대에 우리의 하이브 마인드를 더 크게 위협하는 의문을—스마트폰이 정말 우리의 정신 건강을 해치고 있고, 애초부터 그렇게 설계된 것인가?—살펴보려고 한다. 따라서 다음 장에서는 과잉과 충동의 땅, 라스베이거스를 찾아가, 스마트폰 때문에 우리가 더 우울증에 빠지고 의존적이 되며, 정신을 집중하지 못하고 분열적이 된다고 주장하는 연구들을 검증해보자.

난도질

라스베이거스, 네바다

비행기는 이가 떨리는 소리를 내며 착륙했다. 평소보다 요란한 착륙인 것은 분명했고, 몇몇 승객은 놀라 소리를 지르기도 했다. 주 중이었다. 뮤지컬을 관람하고 슬롯머신을 즐기려고 라스베이거스에 온 것은 아니었다. 투로 대학교에서 정서에 대해 강연할 예정이었다. 비행하는 동안, 상당수의 승객이 쾌락을 얻으려는 동기에서 라스베이거스로 향하고 있다는 게 점차 명확해졌다. 승무원이 다가와 무엇을 마시겠느냐고 물었을 때 내 옆의 신사는 "진토닉 석 잔 부탁해요"라고 주저 없이 대답했다. 뒷줄에 앉은 사람들은 낯선 사이로 비행을 시작했지만, 착륙할 쯤에는 서로 술잔을 주고받으며 떠들썩하게 웃는 편안한 사이가 되었다.

따라서 비행을 끝냈을 때 나는 평소보다 더 피곤했다. 게다가 탑승교를 빠져나올 때 눈을 사로잡은 첫 풍경은 줄줄이 늘어선 슬롯머신이었다. 도착 항공편과 출발 항공편을 알리는 모니터 바로 옆에서 슬롯머신들이 웅웅대고 번쩍거려 당혹스러울 지경이었다. 카펫은 더럽게 보였다. 눈을 어디로 돌려도 전광판과 동영상이었고, 도박 기계가 줄지어 있었다. 사람들은 서로 떠밀며 소리를 질렀고, 많은 사람이 이미 술에 취한 상태였거나, 구부정한 자세로 슬롯머신 앞에 앉아 있었지만 대다수가 생기를 잃은 패배자의 낯빛이었다.

라스베이거스에 오신 것을 환영합니다.[*]

거의 쉬지 않고 번쩍이는 빛과 슬롯머신을 차지한 사람의 구부정한 자세를 보자, 테크놀로지에 대한 나의 낙관주의에 의심이 제기되었지만 차라리 테크놀로지 불가지론으로 생각하고 싶었다. 나의 긍정적인 사고방식이 올바른 판단을 방해하는 것일까? 우리 주머니 속의 매혹적 기계가 결국 우리를 파괴하게 될 것이라며 테크놀로지의 폐해를 경고하는 사람들이 맞는다면 어떻게 되는가?

라스베이거스에는 모니터 앞에 앉아 레버를 꼭 쥐고 있는 사람도 많았지만 나처럼 철저히 무관심한 사람도 적지 않았다. 또 슬롯머신의 신에게 결혼과 노후 자금을 제물로 바치는 사람도 있었지만 장난삼아 한 번쯤 하고 다시는 돌아보지 않는 사람도 있었다.

논리학에서 흔한 오류 중에 '기술결정론technological determinism'이라 불리는 것이 있다. 테크놀로지가 십 대와 부모 세대, 크게는 국민 전

---

[*] 라스베이거스 주민들에게: 라스베이거스를 부정적으로 묘사해서 죄송할 따름이다. 내가 라스베이거스에 체류하는 동안 이용한 리프트(Lyft, 차량 공유 서비스 기업)의 기사들은 카지노가 밀집된 '스트립' 구역을 한목소리로 경멸했지만, 내 눈에 비친 라스베이거스는 무척 아름다웠다.

반에게 어떻게 영향을 미칠 것인가를 예측한 글을 읽어보면, 그 영향이 테크놀로지 자체에 의해 야기되고 일방적으로 부정적이거나 긍정적인 경향을 띤다는 것이 기본적인 가정이다. 예를 들어보자. 스마트폰은 중독성이 있다. 잦은 셀카는 나르시시즘으로 이어진다. 핏빗Fitbit은 활동적인 사람과 주로 앉아 일하는 사람에게도 운동 혁명을 불러일으킬 것이다.

하지만 인간은 그렇지가 않다.

인간은 무한히 복잡하고 믿기지 않을 정도로 변화무쌍하다. 삶에서 유일한 즐거움이 자신의 겉모습에 있는 사람의 경우에는 셀카가 나르시시즘을 키우겠지만, 그렇지 않은 사람의 경우에는 셀카가 하얀 피부, 날씬한 몸매, 유럽인의 체형을 우선시하는 제한적 미적 기준에 맞서 자기 수용을 증진하는 급진적 행위로 해석될 수 있다. 또 소셜미디어에서 자신은 초대받지 못한 파티에서 모든 친구가 남몰래 짝사랑하는 상대에게 바짝 다가붙어 활짝 웃고 있는 모습을 보며 불안감과 우울증을 키우는 청소년도 있겠지만, 어떤 청소년에게는 소셜미디어가 억누르고 감추던 성적 성향이나 성적 정체성을 공유하는 사람들과 연결하는 소중한 생명선으로 여겨질 것이다. 테크놀로지가 당신의 행복에 미치는 영향은, 그 테크놀로지를 선택했을 때 당신은 어떤 사람이었는지, 당신이 좋아하는 것과 싫어하는 것, 감정을 배출하는 다른 수단과 행동, 사회적 환경에 따라 달라진다. 물론 테크놀로지와 당신의 관계만이 아니라 테크놀로지 자체를 어떻게 규정하는지, 즉 테크놀로지에 대한 당신의 평가도 중요하다.

이런 모든 이유에서, 소셜미디어가 본질적으로 우울증과 중독을 유발하고 양극화를 조장하며 부정적인 경향을 띠는 테크놀로지이 냐는 의문은 크게 중요한 것이 아닌 듯하다. 오히려 내 생각에 우리가 반드시 연구하고 심사숙고하며 논증해야 할 과제는 "어떤 사람에게 소셜미디어가 우울증과 중독을 유발하고 양극화를 조장하는 부정적인 영향을 주는가? 어떤 소셜미디어에 취약한가? 어떻게 하면 그런 사람을 보호할 수 있을까?"이다.

취약한
사람

──────── 내가 대학원에서 연구한 과제가 '외상 후 스트레스 장애PTSD'의 원인이었기 때문에 위의 의문과 약간 관계가 있다. 왜 어떤 사람은 형언할 수 없는 시련을 견뎌내고 상대적으로 빨리 회복되는 반면에 어떤 사람은 악몽의 숲에서 방향을 잃고 위협에 과민하게 반응하며 그 후에도 끝없이 트라우마에 시달릴까? 나는 신경과학자 리사 M. 신Lisa M. Shin과 함께 연구했다. 리사의 연구 과제는 정신적 충격을 겪은 후에 PTSD에 시달리는 사람과 그렇지 않은 사람이 정서와 기억과 배려에 관련된 업무를 수행할 때 뇌가 다르게 기능하는가를 조사하는 것이었다.[1]

PTSD에 대한 대부분의 과학적 연구는 일상의 삶에서 개인적으로 트라우마를 겪은 사람들을 대상으로 삼는다. 전쟁의 잔혹함을 경험한 참전 군인, 낯선 사람에게 성폭행을 당한 사람(안타깝게도 신뢰하던 사람에게 성폭행을 당하는 경우가 더 많다), 자연재앙과 그 밖의 사태에 부지중에 당한 사람이 주된 연구 대상이다. 예컨대 리사와 나는 자신의 눈앞에서 자식이 심한 화상을 입은 부모들을 대상으로 연구한 적이 있었고, 또 다른 연구에서는 팔이나 다리를 절단하는 수술을 최근에 받은 사람들을 대상으로 삼았다.[2] 모두 취약한 사람에게는 PTSD로 이어지는 극단적인 사건이었다.

대학원에서 그 연구 과제를 시작하고 한 달쯤 지났을 때 두 대의 항공기가 뉴욕의 세계무역센터를 들이받았다. 많은 미국인이 그랬듯이, 나도 뉴스를 통해 그 사건의 전개 상황을 실시간으로 지켜보았다. 첫 비행기가 충돌한 때부터 텔레비전을 켠 사람들은 두 번째 비행기가 충돌하고, 건물이 불타기 시작하는 장면, 게다가 고층에 있던 사람들이 아무런 보호 장비도 없이 허공에 떨어지고, 결국에는 세계무역센터가 무너져 내리는 모습까지 보았다. 그 후로 며칠, 아니 몇 주 동안, 뉴스 보도는 24시간 동안 계속되었다. 테러와 정치와 국제관계 전문가들이 과거에 어떤 일이 있었고, 향후에 어떤 일이 있을지에 대한 예측을 쏟아냈다. 게다가 건물이 무너지는 장면이 반복해서 방영되었다.

오랜 시간이 지나지 않아, 그 충격적인 사건이 미국인에게 미친 영향을 조사한 연구가 심리학 문헌에 등장하기 시작했다. 나도 연구 과제의 폭을 넓혀, 사람들이 사지 절단이나 성폭행처럼 직접적으로 경험한 사건만이 아니라 언론 보도를 통해 간접적으로 경험한 사건으로도 트라우마를 겪을 수 있는지에 대해 파고들었다. 911사태를 보여주는 장면에서도 사람들이 정신적인 충격을 받을까? 당시 미국에 살고 있던 사람들은 문화적 하이브 마인드에 상존하던 영상과 보도에 집단적으로 정신적 충격을 받았을까?

당시 자료들은 텔레비전에 방영된 사건에서 받은 정신적 충격에 따른 전형적인 PTSD를 뒷받침하지 않는 듯했다. 하지만 사람들은 911사태와 그 후의 언론 보도에서 깊은 충격을 받았고, 상대적으로 더 큰 충격을 받은 사람이 있었다. 게다가 텔레비전에 방영된 장면에 노출된 시간과 충격의 크기 사이에 상관관계가 있다는 걸 밝힌 연구도 있었다. 그러나 상대적으로 더 큰 충격을 받은 사람들도 완전한 PTSD의 진단 기준을─반복되는 악몽, 공황 발작, 되살아나는 기억을─충족하지 못했다. 더 높은 수준의 노출과 사건 현장과의 근접성을 고려해야 하는 듯했다.

사회적 테크놀로지는 정신적 충격을 더해줄 수 있는 새로운 원천이 되었다. 폭행이 가해지는 장면을 휴대폰으로 찍어 소셜미디어로 올리고 있지 않은가. 많은 사람이 폭력적이고 인종차별적이며, 성적으로 노골적이고, 누구에게 섬뜩한 기분을 안길 만한 내용을 소셜미디어에 습관적으로 올리고 있다. 지난 수년 동안, 페이스북은 살인과 구타, 자살, 동물 학대, 윤간 현장을 담은 동영상을 차단하는 방법을 찾으려고 혼신의 노력을 다했다. 현재 수천 명이 페이스북에 고용되어, 다른 사용자가 불쾌하다고 고발한 내용물을 일일이 점검하는 역할을 맡고 있다. 그들이 수 초 내에 내용물의 제거 여부를 판단해야 하고, 섬뜩한 영상이 감당하기 힘들 정도로 끝없이 밀려오기 때문에 많은 내용이 걸러지지 않은 채 넘겨진다.[3]

이 검열자들이 최악의 영상들을 모두 걸러내기를 바라지만, 나쁜 영상을 모두 잡아내지도 못할뿐더러 신속하게 잡아내지도 못한다. 유명한 유튜브 브이로거vlogger=video+blogger 폴 로건Paul Logan은 최근에 일본의 아오키가하라 숲에 들어간 후에 크게 사과했다. 그 숲은 그야말로 '나무의 바다'로 자살하는 곳으로 유명했기 때문이다. 클릭 수를 늘리려고 그 숲에 들어간 행위 자체가 문화적으로 몰이해한 짓이었지만, 폴은 더 나아갔다. 나무에 매달린 시신을 촬영한 영상을 수백만 구독자에게 보여주었지만, 그들 중에는 스턴트 곡예와 코미디 때문에 로건을 좋아하는 어린 시청자도 많았다.[4]

흑인이 경찰의 손에 죽어가는 생생한 영상들이 실시간으로 일반 대중에게 중계된다. 유혈이 낭자하고 가슴이 먹먹해지는 비통한 영상들, 예컨대 네 살배기 소녀가 엄마가 총에 맞지 않기를 바라기 때문에 울면서 엄마에게 경찰한테 소리치지 말라고 간청하는 동영상은, 소셜미디어 플랫폼이 최대한 빨리 찾아내 차단하려는 동영상보다 훨씬 많이 조회된다.[5]

이런 충격적인 동영상과 내용물이 우리에게 어떤 영향을 미칠까? 사변 소설가 마거릿 애트우드Margaret Atwood는 미래의 모습을 그린 삼부작《오릭스와 크레이크》에서 그런 동영상이 어떤 영향을 미칠 수 있는가를 보여주었다. 주인공 지미와 가장 친한 친구 크레이크는 온라인에서 심심풀이로 폭력적이고 성애적인 동영상을 연속적으로 보았다. 그런 동영상에 노출되는 시간이 길어짐에 따라 그들은 인간다운 공감 능력을 잃었다.

지미와 크레이크는 사형 장면과 포르노 장면을 보며 마리화나를 서너 번 말아서 피웠다. 화면 속에서 천천히 움직이는 신체의 부분들, 압력을 받는 가운데 이루어지는 육체와 피의 수중발레, 강하고 부드러운 결합과 결별, 신음 소리와 비명 소리, 꼭 감은 눈과 앙다문 이를 확대한 장면, 이런저런 것들의 분출, 앞뒤로 빨리 돌려도 계속 똑같은 행위가 반복되는 것처럼 보였다.

우리도 비슷하게 영향을 받은 것일까? 페이스북과 트위터를 때때로 뒤덮으며 '흑인의 생명도 중요하다 Black Lives Matter' 운동에 기름을 끼얹었던 사건을 근접 촬영한 생생한 동영상이, 세계무역센터가 무너지는 장면을 멀리서 찍은 오래된 영상보다 우리에게 '가상 트라우마 virtual trauma'를 줄 가능성이 더 크지 않을까? 폭력과 위협을 가까이에서 생생하게 촬영한 동영상은 소셜미디어를 통해 공유된다. 게다가 그런 동영상이 보여주는 장면은 우리 삶에서 언제라도 일어날 수 있는 사건이지, 911사태처럼 드물게 일어나는 초현실적인 사건이 아니다.

이런 맥락에서 나는 스미스 칼리지의 은남디 폴 교수가 실험 심리학회 정기총회에서 행한 강연에 큰 감동을 받았다. 은남디의 강연은 경찰이 정신적 충격을 받은 사건을 겪은 후에 부적절한 강제력을 사용할 가능성을 집중적으로 다루었다. 경찰 개혁과 관련한 하이브 마인드는 우리가 잘못된 이분법에 쉽게 빠지는 경향을 보여주는 또 다른 예이다. 우리는 많은 경찰이 제공하는 선행을 고마워하거나, 그렇지 않으면 형사 사법제도의 모든 차원에 존재하는 인종간의 불평등을 혐오한다. 그러나 은남디는 관련된 모든 공동체를 연민해야 한다고 역설했고, 그런 주장은 나에게 무척 설득력 있게 와닿았다.

은남디는 임상심리학자이다. 달리 말하면, 학문적 연구와 강의 외에 심리치료도 병행한다는 뜻이다. 치료하는 동안 치료사와 환자 간의 생물행동적인 동조 및 트라우마가 그의 주된 연구 대상이다. 둘 모두 우리 관심사와 겹치는 까닭에 나는 그에게 인터뷰를 요청했고, 그는 흔쾌히 받아들였다.

한겨울로 매섭게 춥던 어느 날, 나는 은남디를 만나려고 아침 일찍 나섰다. 우리는 매사추세츠 노스햄프턴에 있는 지중해풍 카페, 모자이크에서 만나기로 했다. 하늘은 잔뜩 흐려 어둑어둑했고, 고속도로 양편의 나무들은 얼음의 무게를 견디지 못하고 축 늘어져서, 나는 얼음에 뒤덮인 터널을 지나는 기분이었다. 하지만 반짝이는 얼음이 도로를 살짝 덮고 있었기 때문에 나는 이를 앙다물고 운전해야 했고, 그 때문에 그 멋진 풍경을 감상할 여유조차 없었다.

조용한 도심에 도착해 자그마한 카페의 온기를 느낀 뒤에야 안심할 수 있었다. 은남디가 따뜻하게 맞아주었다. 나는 턱에서부터 차오른 두통을 되돌리는 데 필수적인 커피 이외에 염소젖 치즈와 붉은 피망과 자연산 식용버섯으로 채워진 크레이프를 주문했다. 은남디는 김이 모락모락 나는 탕혜르식 치킨 스튜를 주문했다. 우리는 음식을 먹기 시작하며 서먹한 분위기를 썻어냈고, 열심히 이야기를 주고받으며 학문적이고 사회적인 연결망에서 뜻밖에도 적잖은 사람이 겹친다는 것을 알게 되었다.

나는 911사태 이후의 이른바 가상 트라우마를 과거에 연구한 적이 있다며, 요즘 페이스북을 귀찮게 하고, '흑인의 생명도 중요하다' 운동을 촉발시킨 동영상처럼 스마트폰으로 찍은 동영상들이 당시 영상보다 외상 후 스트레스 장애를 끌어낼 가능성이 크다고 생각하느냐고 은남디에게 물었다.

"그 질문에 대답하기 전에 당신은 그 연구에서 어떤 결론을 얻었는지 물어봐도 될까요?"

나는 PTSD가 세계무역센터의 붕괴 장면을 자주 시청한 결과라고 단정할 만한 확실한 증거를 찾지 못했다고 대답했다.

은남디는 고개를 끄덕였다. 그의 지론에 따르면, PTSD는 뜻하지 않게 닥친 혼란스런 사건에서 비롯되는 특이한 정신 장애이다. 따라서 그 사건에 대한 기억이 당신의 다른 경험들과 효과적으로 짜 맞추어지지 않는다. 그의 표현을 빌리면 "그 사건이 기억나면 당시를 다시 경험하게 되고, 현재와 과거의 경계까지 무척 모호해진다."

은남디는 소셜미디어의 동영상이 정신적 충격을 남길 가능성에 대해 다른 학자들보다 크게 우려하지 않는 편은 아니다. 트라우마를 연구하는 학자이자 임상심리학자로서 은남디는 환자들이 최악의 시기에 대해 털어놓는 이야기를 꾸준히 들었고, 동영상이 생생하더라도 트라우마를 야기하는 조건에 부합한다고 추정하기는 어렵다는 잠정적인 결론을 내렸다. 오락물이 너무도 폭력적이기 때문에 우리 감각이 그런 동영상에 둔감해졌을 가능성도 지적했다. 게다가 그런 유형의 장면이 저녁 뉴스와 주류 텔레비전 프로그램에 방영되고 있다는 사실을 고려하면, 그런 동영상을 규제하는 것이 가능하다고 확신할 수 없다고도 덧붙였다.

나는 경찰의 야만적인 법집행 장면을 촬영한 동영상을 떠올리며 말했다. "내가 궁금한 것은 규제 자체에 대한 것이 아닙니다. 그런 동영상이 공동체에 정신적 충격을 남길 가능성이 있느냐는 것입니다."

은남디가 고개를 갸웃하며 물었다. "어느 공동체요? 관련된 공동체가 무척 많기 때문에 묻는 겁니다. 경찰 공동체, 흑인 공동체, 도시 공동체……."

나는 그 구체적인 질문에 흑인 공동체를 뜻하는 거라고 대답했다. 그리고 지난 주중에 핼러윈 파티가 끝난 뒤 흑인 여자 친구가 우리 집에서 자고 갔을 때를 경험적으로 이야기해주었다. 이튿날 아침, 나는 여기저기를 돌아다니며 잡다한 것을 정리하고는 설거지를 시작했다. 그런데 갑자기 그 친구의 자세가 경직되고, 얼굴 표정까지 굳어지는 게 보였다. 그녀의 시선을 따라가 보았다. 경찰 순찰차가 옆집 밖에 세워져 있었다. 친구가 PTSD와 관련짓기에 충분할 정도로 자동적으로 경계하는 반응을 보였던 까닭에 나는 충격을 받았고 놀랍기도 했다.

은남디는 고개를 끄덕였다. 그의 설명에 따르면, 그런 반응은 임상적으로 정의된 트라우마보다 증오 범죄hate crime의 영향에서 공통적으로 나타는 현상에 가까웠다. 어떤 사회 범주에 속해 있다는 이유로 표적이 된다고 느낄 때 정신적 행복감이 악영향을 받는다는 사실이 확인됐고, 증오 범죄 입법이 서둘러졌다. 우리는 성별, 민족, 소속 정당, 동창회, 응원하는 스포츠팀, 세대 등에서 다양한 정체성을 지니고, 그 정체성이 우리에게 붙인 딱지는 서로 겹친다. 증오 범죄, 특히 인종처럼 눈에 띄는 차이가 있는 집단에 가해지는 증오 범죄가 잦아지면, 우리는 어떤 사회 집단에 속했다는 이유만으로 취약함과 위협을 느낀다.

은남디가 말했다. "소셜미디어의 영상에서 트라우마가 유발될 가능성에 대해 물었을 때 나는 상대적으로 취약한 사람, 그러니까 어릴 때 엄청난 정신적 충격을 이미 경험해서 새로운 충격에 제대로 반응하지 못하는 사람보다 건강하고 성숙한 방어기제를 지녀 정상적으로 반응하는 사람에게 미치는 영향을 묻는 것이라 생각했습니다. 혹시 NPRNational Public Radio(미국 공영라디오 방송)을 청취하십니까?"

나는 듣지 않는다고 솔직히 대답했다.

은남디는 그날 아침 2018년 유난히 유행했고 치명적이기도 했던 독감이 다시 시작되었다는 뉴스가 있었다고 말했다. 그때부터 우리 대화는 독감을 떨치기 위해 모두가 어떻게 행동해야 하는지에 초점이 맞추어졌고, 특히 상대적으로 취약한 사람에—노년층과 어린이, 에이즈에 걸린 사람 등에—대해 집중적으로 논의했다. 이런 개체군이 독감에 걸릴 위험에 대해 염려하는 것은 완전히 다른 문제였다.

은남디가 말했다. "그럼, 다른 이유에서 상대적으로 취약한 사람들에게 해를 주지 않는 미디어를 어떻게 만들 수 있겠습니까?"

은남디는 젊은 층과 소셜미디어에 대해 깊이 연구하지 않았고 임상 경험도 많지 않았지만, 취약성에 대해서는 두 방향에서 생각하고 있었다. 첫째로는 "모든 것이 온라인에서 이동하면 실제로 사회적 지원에 어떤 영향을 미칠까?"라는 의문을 추적하고 있었다. 앞에서도 보았지만, 사회적 지지는 우리의 행복에서 큰 부분을 차지하기 때문이다. 둘째로는 "실제의 상호작용에서 무척 중요한 사회성 기술을 개발하는 방법은 무엇이고, 대부분의 상호작용이 직접 대면하지 않고 테크놀로지를 통해 이루어진다면 어린아이가 사회성을 올바로 배울 수 있을까?"라는 의문도 품었다.

은남디는 이런 역학 관계를 임상 진료실보다 교실에서 더 자주 보았다. 그의 경험에는 두 상반된 현상이 반복해 더욱 자주 나타나는 듯했다. 하나는 학생들이 취약함을 호소하며 까다로운 문제에 아예 도전하지 않는 현상이었고, 다른 하나는 어떤 형태로든 많은 사람 앞에 서는 위험을 떠안는 행위, 예컨대 연설이 포함된 과제를 거부하는 현상이었다. 해가 갈수록 학생들이 서로 이해하는 태도 및 권위자를 상대하는 자세가 나쁜 방향으로 변해간다는 공통된 현상도 눈에 띈다며 은남디는 이렇게 덧붙였다.

"40대가 20대에 대해 항상 말하던 것처럼 들릴 수 있습니다. 그러나 사람들이 얼굴을 마주보는 상호작용에 진정한 가치가 있고, 우리가 지금 말하는 방식이 다른 사람에게 상처를 주었을지도 모른다면 이제라도 그 힘을 조절하는 기술을 습득해야 한다고 생각합니다. 동물의 세계에서도 그렇지 않습니까. 다른 강아지들과 함께 자라며 적절히 사회화되지 않은 강아지가 무는 힘을 조절하는 방법을 다시 배워야 하듯이 말입니다."

은남디는 소셜미디어 덕분에 비슷한 생각을 가진 사람들이 모인 공동체를 찾아내기가 훨씬 쉬워졌다는 데 동의하며, 이렇게 비슷한 사람과 어울리려는 성향이 극단화되면 온건한 주제에서도 반대 의견에 부딪칠 때 민감하게 반응할 수 있다고 덧붙였다. "고유한 정체성이 유별하게 부각되면 다른 정체성을 지닌 사람에게 공감하기가 어려워질 수 있다고 생각합니다."

소셜미디어에는 장점과 단점이 있어 우리에게 힘을 더해줄 수도 있지만 우리를 힘들게 할 수도 있다는 4장의 연구들을 되짚어보면, 소셜미디어에 우리를 더 가까이 결집하게 해주는 힘이 있을지도 궁금했다.

은남디는 어깨를 으쓱하며 소셜미디어에 대해 깊은 연구가 없었다고 솔직히 대답했다. 내 궁금증을 풀어주기에 적합한 전문가가 아니라는 뜻이었다. 또 최근에 영화 〈스타워즈〉를 보며, 일곱 살이었을 때 영화관에서 오리지널 삼부작을 보았던 기억이 떠올랐고, 당시 영화관은 이워크족과 광선검이 있는 가공의 세계로 탈출할 수 있는 안전한 공간이었다는 말도 덧붙였다. 그러나 그때 이후로 어떤 이유였는지 몰라도 소셜미디어를 조심스레 시작했고, 많은 주인공이 유색인이고 백인 여성인 것에 일부 팬들이 분노하며, 이른바 '사회 정의 전사social justice warrior'들의 '정치적 올바름 문화PC culture'에 영화 제작자들이 영합한 것이란 비난을 보게 되었다고 말했다.

은남디는 잠시 생각에 잠겼다. 나는 그의 시선을 쫓아 창밖을 바라보았다. 얼음이 녹으며 유리창에 긴 자국을 남기고 있었다.

은남디가 말했다. "이제는 거기에서도, 그러니까 상상의 세계에서도 우리는 분열되었습니다."

은남디처럼 나도 어떤 유형의 사람이 사회적 테크놀로지의 부정적 효과에 상대적으로 취약하고, 그들에게 피해보다 도움을 주는 미디어를 만들려면 어떻게 해야 하는지 추적하고 싶었다. 구체적으로 말하면 어떤 유형이 우울증과 중독에 쉽게 빠져들거나 제대로 집중하지 못하는지 알고 싶었다.

우울증과 불안증에
취약한 사람

──────── 심리학자 진 트웽이Jean Twenge는 2017년에 발표한 《#i세대: 스마트폰을 손에 쥐고 자란 요즘 세대 이야기》에서, 스마트폰 때문에 긴밀하게 연결된 아이들이 덜 반항적이고 더 관대하며 성장하면서도 덜 행복하게 느끼는 이유, 또 성인이 될 준비가 전혀 갖추어지지 않은 이유는 무엇이고, 이런 현상이 기성세대에게 무엇을 뜻하는지에 대해 살펴보았다. 트웽이는 세대 간의 차이를 능동적이고

생산적으로 연구하는 학자로, 이 주제에 대해 서너 권의 저서를 이미 발표했다. 위의 책이 발간되었을 쯤, 트웽이는 잡지 〈애틀랜틱〉에 '스마트폰이 한 세대를 파괴했는가?'라는 제목의 글을 기고하기도 했다.[6]

그 기고문에서의 논증은 제목 못지않게 인상적이었다.

트웽이는 "십 대의 우울증 발병률과 자살률이 2011년 이후로 급상승했다. 정신 건강에서 i세대가 지난 수십 년 이래에 최악의 상태라고 말해도 전혀 과장이 아니다. 이런 악화의 주된 원인은 핸드폰까지 거슬러 올라갈 수 있다. (……) 스마트폰과 소셜미디어가 등장하며, 우리가 여태껏 보지 못했던 규모의 대지진이 일어났다"라고 말했다.

최근 세대에서 정신 건강 지표가 악화된 것은 사실이지만, 그 밖의 거의 모든 면에서는 이전 세대들보다 나아졌다는 것도 트웽이는 인정했다. 실제로 최초 성행위 연령은 높아졌고, 십 대 임신과 알코올 남용 지수는 크게 낮아졌다. 그러나 트웽이가 지적했듯이, 이런 추세는 십 대가 남들과 접촉하며 함께 보내는 시간이 줄어든 반면에 핸드폰을 만지작거리며 방에서 혼자 보내는 시간이 많아진 현상과 관계있는 듯하다. 하기야 침대에 누워 스냅챗을 보는 곳에 자동차 사고가 일어나겠는가!

트웽이는 학자의 길을 걷기 시작한 때부터 세대 간의 차이를 연구해왔다. 역사적으로 대부분의 세대교체는 눈에 띄지 않게 느리게 진행되었다. 그녀가 분석한 자료를 보면, 세대를 나타내는 봉우리와 골짜기가 높거나 깊지 않고 점진적인 모습을 보여주었다. 그러나 스마트폰 보유율이 50퍼센트를 넘어선 2012년부터, 완만하던 경사가 그야말로 '심산유곡'으로 변했고, 젊은 층에서 우울증과 불안감 및 외로움을 호소하는 비율이 급격히 상승했다.

트웽이는 방대한 전국적인 자료를 사용한 다수의 연구에서, 십대가 스마트폰을 사용하는 빈도가 높아질수록 우울감에 빠지고 심적인 고통에 시달리는 비율도 높아진다는 걸 알아냈다. 또 많은 실험 연구를 검토한 끝에, 페이스북 사용을 일주일 동안 중단하면 행복감이 상승한다는 것도 밝혔다.

트웽이의 기고문은 입소문을 타고 확산되며, 내가 사용하던 소셜미디어들을 완전히 뒤덮었다. 모두가 '좋아요'를 클릭하며 "나도 알고 있던 거야!"라고 소리쳤다.

지금쯤이면 당신도 짐작하겠지만, 어떤 것도 그렇게 단순하지 않다. 테크놀로지가 한 세대 전체에 일방적인 영향을 미쳤다는 주장은 철저히 검토하면 뒤집어질 가능성이 크다. 그래서 나는 〈사이콜로지 투데이〉의 내 블로그에 "천만에, 스마트폰은 한 세대를 파괴하지 않았다"라는 반박글을 게시했다. 그 글에서 나는 "우리가 전대미문의 위기를 맞닥뜨리고 있다"라고 주장하는 트웽이의 자료 해석에 대해 몇 가지 우려를 표명했다.

스마트폰이 상대적으로 취약한 사람들에게 부정적인 영향을 줄 수 있느냐는 흥미로운 의문을 제기하기 전에 트웽이의 해석에 내재한 몇몇 문제점을 살펴보자.

첫째로, 4장에서 보았듯이 소셜미디어에는 우리를 해치는 단점보다 기운을 북돋워주는 장점이 더 많다는 걸 보여주는 광범위한 연구가 있지만 이런 연구는 간과되었다. 둘째로, 트웽이처럼 방대한 자료를 사용하면 현실에서는 유의미한 관계가 없는 변수들 사이에서 그럴듯한 상관관계가 발견되는 경우가 있다. 공개적으로 구할 수 있는 자료에서는 많은 상관관계가 찾아지지만, 예컨대 수영장에 빠져 익사한 사람 수와 니콜라스 케이지가 출연한 작품 수 사이, 일인당 치즈 소비량과 침대 시트에 목이 졸려 죽은 사람 수 사이에서도 상관관계가 찾아진다.[7] 하지만 니콜라스 케이지가 많은 영화에 출연하면서 애꿎은 사람을 수영장에 떠밀어 죽일 가능성은 거의 없다. 따라서 이런 상관관계는 겉으로만 그럴싸할 뿐 조금도 논리적이지 않다.

옥스퍼드 대학교에서는 두 연구원, 에이미 오벤Amy Orben과 앤드루 프르지빌스키Andrew Przybylski가 트웽이의 분석을 비판하는 데 앞장섰다.[8] 그들은 트웽이의 자료를 내려받아, 통계학적으로 분석한 끝에 스마트폰의 일부 영향이 극히 미미하다는 걸 알아냈다. 예컨대 핸드폰의 사용은 감자를 먹고 안경을 쓰는 것만큼이나 해롭다. 다시 말하면 감자를 먹고, 안경을 쓴다고 해롭지 않듯이 핸드폰의 사용이 해롭지는 않다는 뜻이다. 또 이런 결과들이 매년(예: 2016년과 2017년) 반복되지도 않았고, 실험자가 융통성을 발휘해 어떤 변수를 포함하느냐에 따라 취약함이 달라지지도 않았다. 결국 동일한 자료를 두고도 긍정적인 영향이나 부정적인 영향을 끌어내거나 영향이 전혀 없다는 결과를 끌어낼 수 있다.

그러나 스마트폰 사용과 청소년의 행복 간 상관관계를 따지는 문제는 궁극적으로 너무 애매모호하다. '하루에 핸드폰을 사용하는 시간'이란 의존 변수가 거의 무의미할 정도로 모호한 개념이기 때문이다. 그 시간에는 친구와 문자를 주고받는 시간, 캔디 크러시 게임을 하는 시간, 듀오링고Duolingo를 이용해 새로운 언어를 배우는 시간, 시샘하며 옛 애인의 인스타그램을 훔쳐보는 시간, 신곡을 찾는 시간, 트위터를 통해 신경과학에 대해 학습하는 시간, 셀카를 뒤적이는 시간이 포함될 수 있다. 이런 활동이 어떤 때에는 당신의 행복에 긍정적인 기여를 하더라도 어떤 때에는 부정적으로 기능할 수 있다.

그럼 언제 취약함이 드러나는 것일까? 달리 말하면, 어떤 특징을 띠는 어떤 유형의 활동을 어느 정도까지 사용해야 사람에 따라 취약성의 차이가 뚜렷이 나타날까?

우리는 이 질문에 부분적으로는 이미 4장에서 대답했다. 우리는 소셜미디어에서 어떤 활동이 긍정적인 결과로 이어지고, 트웽이가 언급한 바람직하지 않은 결과로 이어지는 활동은 어떤 것인지를 4장에서 대략 살펴보았다. 또 소셜미디어의 장점과 단점을 차례로 살펴본 후에는 "좋은 점은 더 살려라! 감추지 말라!"고 결론지었다.

흥미롭게도 프르지빌스키는 소셜미디어와 스마트폰을 극단적으로 사용하는 사람만이 아니라 둘을 거의 사용하지 않는 사람도 적절히 사용하는 사람보다 더 나쁘다는 걸 알아냈다. 그는 골디락스

Goldilocks(원래는 황금색 머리카락이란 뜻으로 너무 뜨겁지도 너무 차갑지도 않은 적당한 상태를 가리킨다—옮긴이)에 비유하며 이런 결론을—너무 부족한 것과 너무 넘치는 것 둘 모두 건강에 좋지 않고 중간쯤의 적절한 양이 최적의 결과를 끌어낸다는 결론을—설명했다.[9]

소셜미디어로 우리 세계를 더 낫게 만들어가기 위한 노력의 일환으로, 트웽이와 사회심리학자 조너선 하이트[Jonathan Haidt]는 십 대와 소셜미디어와 정신 건강에 대한 연구들에 주석을 더한 참고문헌을 게시하며, 학자들에게 부족한 부분을 채워주고 반론이 있으면 제시해달라고 요청했다.[10] 모두가 한목소리로 동의하지는 않았지만, 전반적인 의견을 종합하면 지나친 사용은 위험 요인이 될 수 있고, 십 대 소녀가 특히 취약할 수 있다는 것이었다.

트웽이는 주변 환경의 영향을 깊이 파고들었고, 그 영향이 중요하다는 결론에 도달했다. 소셜미디어의 사용이 잠을 방해하고 대면 관계를 대체하기 때문이었다. 요컨대 친구들을 만나 계획을 세우고 함께 시간을 보내며 사진을 공유하는 대면 접촉이 줄어들기 때문에 특히 걱정스러웠다.[11] 많은 성격적 요인도 상대적 취약성과 관계있을 수 있다. '고립 공포감[Fear Of Missing Out, FoMO]'에 빠지기 쉬운 사람은[12] 타인과 비교하여 자신을 평가하는 '사회 비교' 성향이 강하며,[13] 이런 사람은 자신이 돋보이지 않는 사진에 끼어 있는 걸 좋아하지 않고,[14] 다른 사람들과 함께 찍은 사진을 게시하지 않는 경우가 많다.[15]

참가자에게 소셜미디어 사용을 줄이거나 아예 중단하라고 요구

패거리 심리학: 분열된 세계에서의 종족주의

한 실험 연구도 적잖게 있었다. 참가자들이 실험의 의도를 충분히 의식하기 때문에 이런 연구가 완벽하지는 않았지만, 소셜미디어의 절제된 사용이 더 큰 행복으로 이어진 것은 분명한 듯하다.[16]

이 문제에 대한 과학적 연구는 이제 시작이라고 말해도 과언이 아니다. 그러나 소셜미디어가 기존의 대면 시간을 대신하고, 수면과 운동 같은 건전한 활동을 대체하는 현상이 가장 큰 문제인 듯하다. 특히 부정적인 사회 비교 성향을 지녀 자신을 습관적으로 평가절하하는 사람들이 더 큰 고통을 받는다. 그러나 앞으로 더 많은 연구가 필요하다. 소셜미디어를 얼마나 자주 사용하고, 소셜미디어의 사용이 사회적 연결망을 실제로 향상시키는지, 사람마다 취약성이 어떻게 다르고 그 영향의 정도는 어느 정도인지에 대한 신중한 연구가 필요하다.

중독에 취약한
사람

━━━━━ 하이브 마인드에서 스마트폰이 우울증을 촉발한다는 속설보다 더 자주 들리는 이야기는 우리가 스마트폰에 중독되었다는 것이다. 최근에 내가 트위터에서 팔로우하는 어떤 유명인사가 스마트폰에 의존하는 우리 모습을 묘사한 일련의 예술 작품을 게시했다. 한 작품은 몸과 분리된 손이 스마트폰을 쥐고, 스마트폰에서 뻗어 나온 촉수가 그 사람의 팔을 휘감으며 피부를 뚫고 들어가는 모

습을 묘사한 것이었다. 다른 하나에서는 전형적인 외계인의 모습처럼 스마트폰에 얼굴을 완전히 감싸인 채 비틀거리는 사람이 묘사되었다. 또 다른 작품에서는 박제된 나비처럼 사지가 벌려진 채 주요 소셜미디어 플랫폼의 상표들로 묶여 고정되고 스마트폰에 꽂힌 사람의 모습이 눈에 띄었다.

테크놀로지 중독에 대한 설명이 주된 근거로 삼는 신경과학 이론에 따르면, 즐거운 활동이 지속되면 신경전달물질 도파민의 분비가 급증한다. 흔히 사용되는 약물의 남용도 이른바 뇌 속의 쾌락 회로에서 도파민의 분비로 이어진다. 약물이 그 회로에 직접적으로 영향을 미치는 정도가 높을수록 그 약물은 중독성을 띤다. 사람들은 스마트폰, 즉 사회적 테크놀로지를 통해 즐거움을 얻는다고 생각하기 때문에 자꾸 스마트폰에 손을 뻗는다. 따라서 이런 행동은 도파민과 관련된 것이 분명하다. 결국 스마트폰이 도파민 분비를 유도하므로 중독성을 띠는 게 분명하다는 게 신경과학적 이론이다.

그러나 메시지 도착을 알리는 글을 읽거나, 공주를 구하는 비디오 게임을 추적한다고 도파민 분비가 증가한다는 실험적 증거는 거의 없거나 아예 없다. 게다가 도파민이 '쾌락을 담당하는 신경물질'이라는 설명도 지나치게 단순화된 것이어서 기본적으로는 잘못되었다. 이런저런 행동을 하면 도파민이 순간적으로 분비되고 "코카인을 흡입한 듯한 황홀감"을 느낀다고 말하는 대중지가 사방에 널려 있다. 그러나 도파민은 복잡한 신경전달물질로, 움직임을 습득하는 행동부터 보상을 추적하는 행동까지 많은 행동에 관여한다. 그러나 보상을 추적할 때도 도파민은 정확한 표적에 관여하는 경우만큼이나 가까운 주변의 것에도 관여한다. 따라서 도파민은 쾌락 자체보다 예측과 결과를 추적하는 데 더 많이 개입하는 듯하다.

또한 중독을 비유할 때 사용하는 논리가 순환적인 듯하다. 쉽게 말해서 약간의 속임수가 끼어들었다는 뜻이다. 가령 내가 어떤 것에 어떤 딱지를 붙이면, 그 딱지가 그것의 신경을 거스르며 내면에 감추어진 두려움을 끌어낸다. 그럼 나는 그것에는 "내가 선택한 딱지"가 있다고 말하며 다시 두려움을 불러일으키고, 내 딱지는 그럴듯한 평가를 받는다.

매사추세츠 보스턴에 있는 미디어 및 아동 건강 센터^{Center on Media and Child Health}의 '소아과 의사' 마이클 리치^{Michael Rich}와 동료들은 불건전한 미디어 습관을 무작정 '중독'이라 칭하는 흐름을 거부하고 '문제가 많은 대화형 미디어 사용^{Problematic Interactive Media Use, PIMU}'이라 칭한다. 내가 이 용어를 선호하는 이유는 의심스런 중독을 명확히 거부할 뿐만 아니라, 운동과 쇼핑 및 길고양이 돌봄 등 어떤 행동이든 극단에 치우치면 문제가 될 수 있다는 뜻이 함축되어 있기 때문이다.

중독이란 특수한 취약성 문제를 해결하려면, 건전한 미디어 습관을 찾고 취약한 사람들을 보호하려는 우리 노력을 거대 소셜미디어 기업들이 적극적으로 방해하고 있다는 사실에 관심을 집중해야 한다는 게 내 생각이다. 미디어 비평가, 시바 바이디야난단은 현재의 상황을 간단명료하게 요약해주었다. "카지노와 슬롯머신 및 감자

칩처럼, 페이스북은 우리가 몰입하도록 꾸며져 있다. 또 우리가 얼마나 오랫동안 깊이 몰입했는지 파악하지 못하도록 인식 기능을 빼앗고, 시간과 노력을 더 교훈적이고 보람 있으며 즐거운 것을 선택할 수 있을 때도 시시때때로 돌아오게 만들 정도로 충분한 보상을 안기도록 꾸며져 있다."[17]

애덤 알터Adam Alter는 《멈추지 못하는 사람들: 무엇이 당신을 끊임없이 확인하고 검색하게 만드는가》에서, 사회적 테크놀로지 기업들이 우리를 더욱 빈번하게 끌어들기 위해 목적과 피드백, 단계적 진전과 확대, 아슬아슬한 상황, 사회적 상호작용에 대한 심리학적 연구를 어떻게 활용하고 있는가를 살펴보았다. 소비자 행동을 지배하는 심리학적 원리를 이용하려는 접근법은 새로운 것이 아니다. 캔디 크러시 게임보다 카지노가 훨씬 오래전부터 인간 심리를 이용했고, 그 결과도 사회적으로 무척 치명적이었다. 그러나 우리가 카지노를 주머니 속에 넣고 다니지는 않는다. 따라서 우리 삶에 영향을 미칠 가능성은 사회적 테크놀로지가 훨씬 높다. 알터의 책은 이런 기업들에 맞서 심리학적 원리를 유용하게 사용할 수 있는 편리한 지침서이다. "이런 온건한 형태의 중독은 병원 치료보다 삶을 꾸리는 방식을 바꾸는 것이 답이다. 사회적 차원에서는 물론이고, 더 좁게는 일상에서 살아가는 방식을 바꿔야 한다"라며 알터는 테크놀로지의 사용을 무작정 중단하는 것보다, 테크놀로지를 사용하더라도 더 큰 목표와 가치를 의도적으로 우선시하는 습관을 키워가야 한다고 주장했다.

그 습관들에 대해서는 이 책의 결론 부분에서 살펴보기로 하자.

정신 집중에
취약한 사람

──────── 내가 취약성이란 관점에서 마지막으로 들여다보려는 스마트폰과 소셜미디어에 대한 비판은, 그것들로 인해 집중하는 능력이 영원히 상실되고, 새로운 문자가 도착하고 새로운 게시물이 올라왔다는 걸 알리는 신호에 우리가 세상을 처리하는 방법까지 바뀐다. 게다가 뇌 형성 과정에서 아이들은 집중하는 방법을 영원히 배우지 못할 가능성마저도 있다.

사회심리학자 래리 로젠^{Larry Rosen}과 신경과학자 애덤 개절리 ^{Adam Gazzaley}는 이 문제를 전반적으로 개관한《산만한 정신: 첨단기술 세계의 고대 두뇌》라는 책을 함께 썼다. 이 책에서 저자들의 주장에 따르면, 주의 산만의 주범은 모바일폰이 아니라 "우리 뇌의 근본적인 취약성"이다. 우리는 목적 지향적인 행동(예: 책을 보면서 공책에 정리하는 행위)에 주의를 집중하는 동시에, 우리가 관심을 돌려야 할 만큼 생존이나 목적과 관련된 사건이 주변에서 일어나면(예: 검치호가 우리 목을 노리고 달려들 듯한 태세이고 금방이라도 폭우가 쏟아질 듯한 날씨) 집중력을 분산시키는 다양한 시스템을 진화시켜왔다. 이렇게 상반된 시스템이 진화한 현상을 달리 해석하면, 우리가 공상 같은 내적인 행위와 문자를 받는 외적인 행위 등 주의력을 빼앗아가는 다양한 행위에 취약하도록 키워졌다는 뜻이다.

　짐승들이 먹이를 찾아다니는 것처럼 우리는 정보를 찾아다닌다는 생각에 근거해 두 저자는 "우리는 간섭을 유도하는 행동에 끼어든다. 진화론적 관점에서 보면, 우리는 '정보'를 구하려는 태생적 욕구를 채우기 위해 최적으로 행동하기 때문이다."라는 이론을 제시했다. 맛있는 먹을거리를 찾아 풀밭에 코를 대고 킁킁대는 짐승처럼, 우리는 현재의 위치에 머무는 경우와 아직 손대지 않은 새로운 정보원을 과감히 찾아나서는 경우의 잠재적 위험과 이익을 평가하고 비교해야 한다. 개절리와 로젠의 주장에 따르면, 그래서 우리가 인스타그램부터 스냅챗과 트위터까지 뒤적거리는 것이다.

　모바일폰과 인터넷의 시대에 정보를 채집할 때 정보원이나 연구 과제를 바꿀 때마다 정신적 비용을 지불해야 한다는 것이 문제이다. 동시에 두 가지를 하면 우리가 동원할 수 있는 집중력과 기억력이 분산되어, 성과가 떨어질 수 있다. 두 저자는 이런 기준에서 어떤 사람이 상대적으로 취약한가에 대한 답을 쉽게 내놓는다. 다양한 것을 인지하는 능력이 떨어지는 사람, 예컨대 주의력 결핍 문제를 지닌 사람, 어린아이와 노인, 치매를 앓는 사람의 경우에는 이런 비용이 배가된다.

　개절리와 로젠은 사회적 테크놀로지가 우리에게 점검하고 확인하기를 반복하도록 유도하며 목표 지향적인 행동에서 우리 관심을 딴 곳으로 돌리도록, 그것도 많은 경우에 의도적으로 설계되었다는 증거를 제시하며, 알터의 주장을 재확인해주었다. 스마트폰과 소셜미디어 덕분에 많은 정보가 매력적으로 바뀌었고, 그런 정보에 쉽게 접근할 수 있게 된 것은 사실이다.

그렇다고 개절리와 로젠은 우리가 디지털 해독digital detox에 나서고, 십 대에게 플립폰을 사 주는 걸 고심해야 한다고 주장하지는 않았다. 과거에도 많은 테크놀로지 혁명에 적응함으로써 그 기기를 사용하는 데 능숙해졌듯이, 오히려 우리가 소셜미디어에 적응해야 한다고 주장한다. 모든 혁명적인 발전에 적정한 사용량을 본능적으로 찾아낼 수 있으리라 기대할 수는 없다. 두 저자의 주장에 따르면, 우리 뇌에서 초인지적인 행위를 담당하는 부분, 즉 생각에 대해 생각하며 의도적인 통제에 관여하는 부분을 사용해서 감정과 자극에 더 많이 영향을 받는 부분들을 통제할 수 있다. 나도 이런 접근법을 좋아한다. 뒤에서 다시 언급하겠지만, 이 접근법에는 인간의 집단적 성향에서 추악한 면을 해소하는 방법과 많은 공통점이 있다.

지금까지 우리는 소셜미디어가 우리 행복에 부정적인 영향을 미친다고 생각되는 세 현상(우울증, 중독, 집중력 방해)을 살펴보았다. 이제부터는 관점을 달리해서 그 부정적 현상을 해석해보자.

가장 취약한 사람이
실제로는 가장 덜 취약하지 않을까?

———— 첫째, 얄궂게도 우리가 일상생활에서 취약할 거라고 생각하는 사람들, 예컨대 지독히 내성적이고 대인 관계를 두려워하

는 사람들이 소셜미디어의 부정적인 영향에 가장 덜 취약할 수 있다. 실제의 삶에서는 사회적 상호작용을 먼저 시작하는 게 어렵더라도 소셜미디어 플랫폼을 통하면 필요할 때마다 도움을 청하고, 감정을 토로하며 사회적으로 교제할 수 있어, 사회적 상호작용을 위한 '입장료cost of admission'를 낮출 수 있다. 개절리와 로젠은 여러 연구를 검토한 끝에, 페이스북 친구가 상대적으로 많은 사람이 우울증을 겪을 가능성이 낮고, 사회적인 이유로 인터넷을 사용하는 빈도가 많은 사람이 우울증을 겪거나 강박적으로 인터넷을 사용할 가능성이 낮고 사회적 지원으로부터 얻는 만족도가 높다는 것을 밝혀냈다. 우울증으로 고생하는 사람이 자살 충동을 느끼거나 기분이 가라앉을 때 소셜미디어를 통해 상대적으로 쉽게 도움을 구할 수 있었다는 보고가 적지 않다. 따라서 많은 실험심리학자가 정신 건강으로 고생하는 사람들에게 온라인 사회 연결망을 이용해 도움을 제공하는 방법을 연구하고 있다.[18]

심리적으로 취약한 사람만이 소셜미디어를 통해 이익을 얻을 수 있는 것은 아니다. 청각 장애자, 움직임이 제한된 노인, 유방암 환자, 신경발달장애자도 온라인에서의 사회적 관계를 통해 도움을 받을 수 있다고 주장하는 연구도 적지 않다.[19]

초기의 연구에서는 전도가 유망하지만, 최종적인 결론을 맺으려면 더 많은 자료가 필요하다.

둘째로는 우리 모두가 취약할 수 있다는 것에 시선을 돌려보자.

두려움에 취약한 사람:
우리 모두가 아닐까?

━━━━━━ 얼마 전, 나는 올케의 집에서 열린 야외 파티에 참석했다. 그때 나는 올케의 한 좋은 친구와 재밌게 대화를 나누었다. 그 친구는 이 책과 진전 상황에 대해 물었고, 내가 책에서 다룰 주제를 대략 설명하자 손을 쭉 뻗어 내 팔을 꽉 잡았다.

"세라, 책이 나오면 즉시 보내줄 수 있나요?" 그리고는 그녀의 딸이 과도기 연령에 있어, 아직 스마트폰과 인스타그램 계정이 없지만 곧 그 어두컴컴한 세계로 들어가지 않겠느냐며 "그래서 너무 겁나요"라고 말했다. 그녀의 목소리가 떨렸고, 내 팔을 잡은 손에도 힘이 들어가 그 말에 조금의 거짓도 없는 듯했다. 하이브 마인드에서 소셜미디어에 대한 지배적인 이야기는 두려움이다. 그 이야기가 내 올케의 친구만이 아니라 우리 모두를 근거 없는 두려움에 몰아넣고 있다.

나는 심리학 입문 강의를 처음 시작할 때마다, 영국 심리학자 본 벨Vaughan Bell이 쓴 <그 다이얼을 만지지 마라: 인쇄기부터 페이스북까지 미디어 테크놀로지 두려움의 역사>라는 논문을 소개한다.[20] 벨은 사회 인지와 정신 질환 분야를 연구하는 학자이지만 '마인드 핵스Mind Hacks'의 운영자로 더 널리 알려져 있다. 게다가 트위터에서 가장 많은 팔로워를 두고, 소셜미디어에서 가장 존경받는 심리학자로도 유명하다.

그 논문에서, 벨은 테크놀로지가 등장한 이후부터 테크놀로지에 대한 도덕적 공황은 인간이 피해가지 못한 경험의 일부였다는 증거를 제시했다. 벨은 소크라테스부터 시작했다. 전설에 따르면, 소크라테스는 문자의 확산 속도에 질겁했다고 하지 않는가. 가령 당신은 어떤 정보를 적어둔다면, 어떤 동기에서 그 정보를 기억하려 하겠는가? 우리가 더는 기억에 의존하지 않는다면 우리 기억 창고는 언젠가 허물어지지 않을까? 결국 미래의 언젠가 어떤 지식을 불러내기 위해 그 지식을 우리 뇌에 수용하는 능력도 슬금슬금 사라지지 않을까? 또 관청의 소식을 소리치며 알리고 다니던 관원이 아니라, 인쇄물을 통해 소식을 습득하게 되면서도 큰 전환기가 있었다. 이제는 사람들이 집에 틀어박혀 스스로 소외됨으로써 사회적 관계망이 무너진다! 인쇄기부터 라디오와 텔레비전, 개인용 컴퓨터와 인터넷, 더 나아가 우리 시대의 소셜미디어와 스마트폰까지 정보를 공유하는 새로운 매체가 등장할 때마다 사회 관계망은 위협을 받았다.

그러나 벨은 이런 도덕적 공황들에 대한 평가에서 세 가지 공통점을 찾아냈다. (1) 테크놀로지가 새로운 것이기 때문에 걱정거리도 새로운 것이다. (2) 과거의 테크놀로지와 비교할 때 이번 테크놀로지가 형편없어서 새로운 테크놀로지가 등장한 것이다. (3) 이런 변화는 우리 정신, 사회 조직망, 젊은 층의 행복에 끔찍한 위험을 야기할 가능성이 크다. "나는 악마가 우리 모바일폰에 살면서 우리 아이들을 해치고 있다고 확신한다"라는 페이스북의 전前 경영진 어시너 차바리아Athena Chavarria의 말은 〈뉴욕타임스〉에서도 인용되었을 정도였다.[21]

악마가 핸드폰에!

우리 목숨은 그렇다손 치더라도 우리 자식에 대한 염려는 가장 본능적인 두려움이다. 한야 야나기하라 $^{Hanya\ Yanagihara}$는《리틀 라이프》라는 소설에서 이렇게 말했다.

아이를 갖기 전에는 두려움이 뭔지 몰랐을 거야. (……) 매일매일 가장 먼저 드는 생각은 "얘를 정말 사랑해"가 아니라 "애는 괜찮나?"야. 세상이 하룻밤 사이에 공포의 장애물 경주로 바뀌지. 아이를 안고 길을 건너려고 서 있으면, 내 아이가, 어떤 아이든, 살아남기를 기대한다는 게 정말 얼토당토않다는 생각이 들곤 해. 공중에서 팔랑대는 늦은 봄날의 나비—알지, 그 조그만 하얀 나비들—가 생존하는 것처럼 불가능한 일로 보여. 자동차 유리창에 겨우 몇 밀리미터 정도 아슬아슬하게 떨어져서 용케 안 부딪치고 날아다니는 그 나비처럼.

우리가 사회적 테크놀로지를 본질적으로 위험한 것으로 평가하면, 두려움과 불안감이 생길 수밖에 없다. 그 두려움과 불안감은 감정의 전염 과정을 통해 확산된다. 그러나 우리는 이런 두려움을 항상 경계해야 한다.

저명한 철학자 마사 누스바움 $^{Martha\ Nussbaum}$은《두려움의 군주: 현재의 정치 위기에 대한 철학자의 시선》에서 이 문제, 즉 두려움에 대한 강박적 집착과 그 잠재적 영향을 집중적으로 다루었다. 누스바움은 우리가 테크놀로지와 그 영향을 두려워하지만, 그 밖에도 경제와 기후 변화, 정치의 양극화와 포퓰리즘도 무척 두려워한다고 생각한다. 따라서 이런 주제가 거론되면 우리는 즉각적인 관심을 보이며 우려를 표하지만 두려움 때문에 이 쟁점들에 대해 논의를 깊이 진행할 수 없다는 게 누스바움의 지적이다. 두려움이 밀려오면 내적인 것에 집중하며, 똑같은 것과 편안한 것을 받아들인다. 내집단에 매달리고 외집단을 멀리하며, 행동과 선택의 폭을 좁힌다. 이런 선택은 조금도 바람직하지 않다. 오히려 정반대이다. 복잡한 문제를 당면할 때 바람직한 해결책은 바깥쪽으로 눈길을 돌리며, 다양한 관점에서 창의적인 조건과 협력을 구해야 한다. 도전을 맞아 두려움을 품으면, 열린 가능성과 행동이 필요한 경우에도 선택의 문을 닫고 좁히게 된다.

게다가 두려움은 쉽게 조작되어, 주의력을 방해하고 딴 데로 돌리는 무기로 전환될 수 있다. 아리스토텔레스 시대 이후로 우리는 정치 지도자가 두려움을 유발함으로써, 예컨대 집단을 위협하는 통제되지 않는 힘이 있고, 그 위협을 해결해야 한다는 두려움을 널리 퍼뜨림으로써 국민을 직접적으로 조종할 수 있다는 걸 알고 있다. 이런 두려움은 대체로 한층 통제적 정책을 지지하는 방향으로 바뀐다. 911사태가 있고 몇 주 만에 미국 애국자법USA Patriot Act, Uniting and Strengthening America by Providing Appropriate Tools Required to Intercept and Obstruct Terrorism(테러 행위 차단 및 방지에 필요한 적절한 수단을 제공해 미국을 단결시키고 강화하는 법)이 통과된 사례가 대표적인 예이다. 이 법은 테러 방지에 필요한 첩보 활동을 확대하는 권한만이 아니라, 미국 시민을 감시하는 전대미문의 자유를 연방정부에게 부여했다.

두려움이 밀려오면 자신에게 집중하게 된다. 달리 말하면, 관심이 집단에서 개인적 자아로 향하며 그 폭이 좁아진다. 누스바움의 주장에 따르면, 두려움은 미지의 것이 어디에나 있고, 돌보는 이와 떨어지면 죽게 되는 유아기의 주된 흔적이다. 성인으로 성장하며 우리는 두려움을 억제하는 법을 배우고, 위의 적과 아래의 적, 내부의 적과 외부의 적에 대해 걱정을 중단하는 법을 알게 된다. 또 다른 모든 감정을 포용하고, 우리와 다른 사람의 관점도 고려하는 법을 배운다.

다음 장에서는 솔트레이크시티를 둘러싼 산맥의 그림자에 앉아, 두려움을 극복할 몇몇 대안을 살펴보기로 하자.

취약한 사람들을
보호하려면

──────── 집에 돌아오는 길에 시끌벅적한 공항에서 나는 같은 해에 태어난 남동생 댄의 전화를 받았다. 댄은 내가 생전 처음 라스베이거스에 있으면서도 도박을 한 번도 하지 않았다는 걸 알고는 비웃으며 놀렸다. 나는 어느덧 중년이었지만 슬롯머신 앞에 앉아 본 적이 없었다. 하기야 방어적 비관주의자였던 까닭에 나는 도박에서 돈을 딸 거라는 믿음 자체가 없었다. 나에게 도박은 돈을 불길에 던지고는 활활 타는 걸 지켜보는 것과 다를 바가 없는 짓이었다. 그러

나 댄은 나를 윽박지르며, 도박을 시도라도 해보겠다고 약속하라고 다그쳤다. 바퀴가 회전해야 행운의 여신을 만날 가능성이라도 있지 않겠느냐는 게 댄의 지론이었다. 나는 투덜거리며 전화를 끊었다. 그러고는 윙윙거리며 빙글빙글 돌아가는 기계를 향해 조심스레 다가갔다.

휠 오브 포춘Wheel of Fortune을 앞에 두자, 나는 스냅챗을 열었을 때와 기분이 비슷했다. 버튼을 눌러도 아무런 변화가 없었다.

신용카드를 꺼내 슬롯에 밀어 넣었다. 하지만 기계가 카드를 인식하지 못했다.

영화 〈스타트렉〉에서 스코티가 혹등고래에게 말을 걸 듯이 "안녕, 컴퓨터?"라고 말해보았다. 역시 아무런 변화가 없었다.

내 어리숙한 행동이 지나가던 사람의 시선을 끌었던지 나에게 눈길을 주며 말했다. "현금만 돼요."

머릿속에서 댄에게 온갖 욕설을 퍼부으며, 나는 조금 전에 신용카드를 넣었던 그 슬롯에 10달러짜리 지폐를 놓았다. 지폐는 순식간에 빨려 들어갔고 숨이 막히는 것 같았다. 오만상을 찌푸리며 기계를 바라보았다. 그다음에는? 누름 버튼이 눈에 들어왔다. 버튼을 누르자, 세 개의 슬롯이 윙윙거리며 돌았고, 각기 다른 모양에서 멈추었다. 10달러로 몇 번이나 시도할 수 있는지 알려주는 표식도 없는 것 같았다. 그래서 어깨를 으쓱하고는 다시 버튼을 눌렀다. 기계가 아무런 반응을 보이지 않을 때까지 계속 눌렀다.

그렇게 끝났다.

한 푼도 건지지 못했다.

그러나 그 경험으로 나는 이 장의 주제를 새삼스레 재인식할 수 있었다. 다시 말하면, 어떤 테크놀로지에 대한 개인적 경험 때문에 그 테크놀로지와 정신 건강 사이의 관계를 편향적으로 해석하게 된다는 것이다. 또 유전적 기질과 환경, 성격과 세계관이 결합되며 도박 뒤에 감추어진 동기를 명확히 밝힐 수 없듯이, 스마트폰을 끊임없이 확인하는 중독성과 하나도 놓치지 않으려는 두려움의 원인을 추적하는 것도 쉽지 않다. 이런 관점에서 접근하기 때문에 나에게는 스마트폰이 부담스런 짐이나 무작정 의지할 것이 아니라 신박한 도구로 여겨지는 게 아닐까 싶다.

사회적 테크놀로지가 회복탄력성이 뛰어난 사람이 아니라 상대적으로 취약한 사람에게 미치는 영향을 고려해야 한다는 은남디의 의견은 높이 평가되어야 마땅하다. 이 장에서 보았듯이, 도박의 유혹이나 동료들의 압력에 상대적으로 취약한 사람들이 있다. 또 상관의 말에 유난히 순종적인 사람도 있다. 따라서 테크놀로지가 행복에 미치는 부정적인 영향에 유난히 민간한 사람들도 있기 마련이다.

나는 개인으로서나 어머니로서 절제와 자제력 및 건전한 한계가 필요하다고 생각한다. 십 대 초반인 내 딸은 세계에서 유튜브를 보지 못하는 유일한 중학생이라고 남들에게 하소연할지도 모르겠다. 십 대이든 성인이든 간에 하나도 놓치지 않겠다는 두려움에 시달리고 남들과 비교하는 성향을 띤 사람, 요컨대 자신의 행동을 절제하지 못하는 사람에게는 테크놀로지의 사용을 건전하게 제한하는 특별한 지원이 필요하다. 서문에서도 언급했듯이, 나는 산업계를 더 강력히 규제해야 한다는 쪽이다.

내가 반대하는 것은 도덕적 공황, 특히 도덕적 공황의 대상보다 우리 행복에 더 큰 영향을 주는 도덕적 공황을 반대한다. 특히 도덕적 공황을 뒷받침하는 자료들의 설득력이 떨어지는 데도 우리가 스스로 사용을 조정할 수 있는 자율적이고 능동적인 존재가 아니라 끝없이 울려대는 알림 소리에 무력하게 끌려가는 피해자로 묘사되는 평가를 반대한다. 또한 동년배가 사회 연결망을 구축하며 정체성을 확립해가는 소셜미디어 생태계로부터 십 대를 억지로 떼어놓는 해결책에도 반대한다. 그런 경우에는 그들이 훗날의 삶에 필요한 디지털 문해 능력을 함양할 기회를 상실할 수 있다.

문자와 신문과 개인용 컴퓨터가 탄생할 때마다 우리가 품었던 최악의 두려움이 결코 구체화되지 않았듯이, 앞으로도 우리는 새로운 테크놀로지의 노예가 되지는 않을 것이고, 주의력을 집중하는 시간이 금붕어보다 짧아지지도 않을 것이며 부지불식간에 제2의 남북전쟁에 휘말려들지도 않을 것이다.

좋은 소식으로 이 장을 끝맺도록 하자. 이제부터는 사회적 테크놀로지의 풍경과, 우리가 인간으로 함께하는 길을 긍정적으로 해석하는 사람들의 이야기를 들어보기로 하자.

봄이 시작되며 여명이 밝아온다.

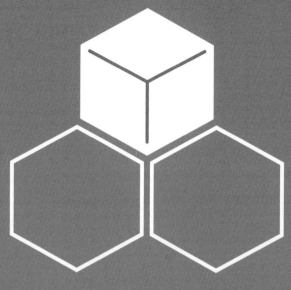

봄

HIVEMIND

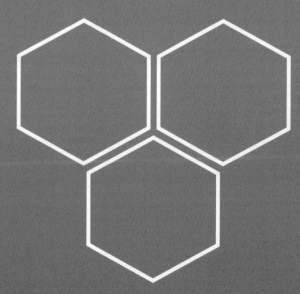

워킹 아미그달라

솔트레이크시티, 유타

솔트레이크시티 시내. 내가 묵던 호텔 앞에 은색 닛산 자동차가 멈추었다. 나는 자동차에 올라, 리프트 기사인 트레버에게 인사를 건넸다.* 내 고향에서는 초봄의 눈보라가 맹렬했지만, 이곳 유타에서는 햇살이 화창했고 공기도 포근했다. 오히려 나에게는 약간 건조하게 느껴졌다. 트레버와 나는 날씨에 대해 담소를 나누었고, 나는 보스턴에는 눈보라가 다시 찾아왔다고 말했다. 트레버는 "보스턴에서 오셨습니까? 이곳 사람들의 얼굴에서 미소를 보시려면 고생을 좀 하셔야 할 겁니다!"라며 나를 재밌게 해주었다. 나는 무뚝뚝한 보스턴 사람의 전형을 감추려고 미소를 짓고 웃어 보였지만, 엘리베이터에서 상당한 정도의 어색한 침묵을 이미 경험했다고 털어놓았다.

---

* 실명이 아니다.

잠시 침묵의 시간이 흘렀고, 그 틈에 나는 도시를 둘러싸고 눈에 뒤덮인 산봉우리들을 바라보며 경외감에 빠져들었다. 엄밀히 말하면, 솔트레이크시티는 그런 산맥 속의 골짜기이다. 이번 행사를 주최하며 나를 초빙한 담당자는, 이곳을 방문하는 사람들이 때때로 가벼운 고산병을 호소하고 탈수 증세를 보인다며, 그런 경우에는 휴식을 충분히 취하고 물을 많이 마셔야 한다고 조언해주었다. 나는 이처럼 아름다운 풍경을 옆에 두고 사는 사람들이 한없이 부러웠다. 그 산들이 실재하는 것이 아니라 영화 배경으로 투영된 것이라고 말해도 믿을 것만 같았다.

　잠시 후, 알 수 없는 이유로 트레버가 침묵을 깨며 모르몬교도에 대한 으스스한 이야기를 시작했다. 모르몬교도들이 기록을 광적으로 복사해서, 도시를 둘러싼 산맥 아래에 비밀리에 마련한 굴에 묻어둔다는 이야기였다. 트레버의 이야기를 개략적으로 정리하면 이렇다. 과거에 트레버는 복사기를 배달하는 일을 했다. 그 일을 하기 전에는 솔트레이크시티 곳곳에 있는 모르몬교 성전 중 한 곳에 배달한 복사기만큼 큰 복사기가 있는지도 몰랐을 정도였다. 여하튼 어마어마하게 컸고, 거대한 괴수를 보는 듯했다. 게다가 그 일을 하려면 몇 번의 보안 심사를 통과해야 했고, 각 단계마다 그에게는 꼭 필요한 지시 사항만이 주어졌다. 이런 심사를 통과한 뒤에 복사기를 배달하면, 일단 1층에 들어가 엘리베이터를 탔다. 그 후에도 몇 번이고 엘리베이터를 바꿔 타고 아래로 아래로 여하튼 지하 깊은 곳까지 내려갔다. 그런 후에야 복사기를 다른 사람에게 넘겼다. 그는 보안

등급이 더 높은 사람인 게 분명했다. 그는 복사기를 다시 다른 엘리베이터로 끌고 가, 더 깊은 지하층으로 내려갔다.

트레버는 내가 방금 감탄사를 연발하던 풍경을 손짓으로 가리키며 말했다. "이런 소문도 들었습니다. 그들이 보유한 모든 것을 복사해서, 저 산 아래의 비밀 동굴에 감춘다는 겁니다." 그는 밋 롬니Mitt Romney와 그의 수상쩍은 행보에 대해 더 이야기했다. 또 예수 그리스도 후기 성도 교회(모르몬교)와 미국 연방정부 간의 은밀한 전쟁, 비밀주의와 불신과 은밀히 진행되는 악랄한 행위에 대해서도 연이어 늘어놓았다. 그래서 트레버가 음모론자이면서 반反모르몬교라는 생각이 들어 나는 그의 말에 크게 대꾸하지 않았다. 마침내 우리는 목적지인 커피숍에 도착했고, 나는 그에게 행운을 빌어주었다.

퍼블릭 커피하우스Publik Coffeehosue는 바닥부터 천장까지 통유리로 꾸며지고, 등받이가 없는 검은 금속제 의자로 유명한 대형 커피숍이다. 그곳에서 나는 언론인이자 테크놀로지 전문가인 앤 콜리어Anne Collier를 만날 예정이었다. 보스턴 태생인 그녀는 솔트레이크시티로 이주했고, 트레버와는 대조적으로 그곳을 소문과 전연 다른 따뜻하고 현대적인 곳으로 생각했다. 세계 곳곳을 다니며 강연하고 프로젝트를 수행하며, 전문가 회담에도 참석하느라 바쁜 앤을 시내에서 만난 것은 나로서는 행운이었다. 그날도 앤은 텍사스 오스틴에서 열린 교육 혁신 컨퍼런스 SXSW EDU에 참석하고 돌아오자마자 나를 만나는 것이었다. 그 컨퍼런스에서 앤은 고등학교 관리자들을 대상으로, 인스타그램에서의 집단 괴롭힘이나 동의를 얻지 않은 섹스팅sexting(성적으로 문란한 내용의 문자 메시지나 사진을 전송하는 행위—옮긴이) 같은 문제에 대처하는 방법에 대한 토론회를 주재했다.

나는 길쭉하고 높은 나무 탁자에 자리를 잡고 앉아, 퍼블릭의 유명한 커피를 마셨다. 진하면서도 향이 좋았다. 잠시 후, 앤이 부리나케 들어왔다. 짧게 자른 금발이 두 눈을 살짝 덮었고, 집업 재킷을 편하게 걸친 모습이었다. 우리 둘 모두 밀레니엄세대가 아니었지만 아보카도 토스트를 주문하며, 바닷소금과 신선한 후추 및 올리브유도 넉넉히 뿌려달라고 부탁했다.

앤은 언론인으로 사회생활을 시작한 이후로 테크놀로지의 발전을 관찰하며 그에 대해 글을 쓰고 조언하는 역할을 수십 년 동안 해왔다. 온라인에서 건강과 안전에 대해 글을 쓰고 강연하며 블로그를 운영하면서도 학계 및 산업계와 관계를 꾸준히 유지해왔다. 따라서 명확한 의사소통 능력, 학문적 연구 능력, 소셜미디어 플랫폼에 대한 지식이라는 세 분야에서 전문성을 갖춤으로써 대중매체에서 탐내는 목소리가 되었다. 앤은 젊은 층을 디지털로부터 안전하게 지키는 자료를 분석하는 연방정부 차원의 태스크포스 팀에 참여한 적도 있었다. 그중 하나가 오바마 정부의 '온라인 안전 및 테크놀로지 협의회'로 여기에서 공동의장을 맡았다. 또한 페이스북과 스냅챗, 트위터와 킥 메신저에서 안전 자문단의 일원으로 일하고, 가족 친화적 테크놀로지 개발을 위해 구글과도 긴밀히 협력하고 있다.

앤과 나는 우리를 서로 만나게 해준 주제—젊은 층과 사회적 테크놀로지와 불안감—에 대해 먼저 이야기를 나누었다. 그녀는 새로운 테크놀로지의 흥망성쇠를 관찰하며 많은 시간을 보내서인지, 새로운 테크놀로지에 대한 두려움의 부침에 대해서도 무척 많이 알았다. 그녀의 지적에 따르면, 그 두려움은 2006년경에 최고조에 달했다. 온라인 약탈자라는 크나큰 공포가 팽배했고, 〈약탈자 잡기〉라는 텔레비전 프로그램 때문에 두려움은 더욱 심화되었다. 2004년에 첫 방영된 그 프로그램은 보이지 않는 아동 성추행범(내부의 적)과 새로운 사회적 테크놀로지에 대한 두려움을 십분 활용했다. 그러나 요즘에는 아이들이 온라인에 있을 때 그들에게 어떤 일이 일어날 수 있는지 큰 관심을 두지 않는 듯하다. 오히려 온라인 자체가 문제인가 아닌가, 스마트폰에 대한 집착이 계량적으로 측정되지 않더라도 중독이나 우울증 혹은 두려움을 유발할 위험이 있느냐 없느냐에 초점이 맞추어지는 듯하다.

10년 전만 해도, 총기 폭력을 다룬 마이클 무어^{Michael Moore}의 다큐멘터리 〈볼링 포 콜럼바인〉을 보려면 영화관에 가야 했다. 나는 그 다큐멘터리를 보기 전까지, 궁극적인 범인이 총기 문화와 미국총기협회^{National Rifle Association, NRA}로 결론지어질 것이라 생각했다. 그러나 무어는 그런 집단을 겨냥해 비난하면서도 두려움을 조장하는 미국 언론의 태도도 표적으로 삼았고, 공포심과 적대감을 끊임없이 생산해대는 저녁 뉴스를 궁극적인 원인이라 주장했다. 24시간 쏟아지는 뉴스에 따르면, 세계는 내부와 외부의 적, 위와 아래의 적으로 들끓는다. 끝없는 괴담에 우리는 불안에 떨며 뒤이은 괴담에 귀를 기울이게 된다. 위험과 학대로 점철된 이야기를 끊임없이 들으면 불안감과 양극화가 고조될 수밖에 없고, 모두가 자신을 지키기 위해서라도 베개 밑에 권총을 마련해두어야겠다고 생각하게 된다.

나는 이 책을 쓰기 위해 자료를 조사하던 과정에서 스마트폰과 소셜미디어에 대해서는 두 가지 반응이 가능하다는 가정이 거의 보편적으로 존재한다는 걸 알게 되었다. 하나는 맹목적인 두려움이었고, 다른 하나는 무비판적인 칭찬이었다. 나로서는 이해가 가지 않는 가정이었다. 언젠가 나는 스마트폰이 한 세대를 파괴하지는 않았다는 내 블로그 글에 대해 소개하려고 온타리오에 기반을 둔 라디오 방송국에 출연한 적이 있었다. 조연출은 방송을 준비하던 중에 내 열 살배기 딸이 스마트폰을 아직 갖고 있지 않다는 걸 알게 되자 고민스런 표정을 지었다. 나는 십 대 초반의 정신 건강을 염려하는 트웽이의 입장이 잘못되었다고 생각하지 않지만, 그녀가 제시하는 증거에 결함이 있다는 게 내 생각이라고 설명했다. 십 대이지만 보조장치로 스마트폰을 사용하는 경우도 있고, 이미 사회적 관계망이 두터운 아이도 있다는 중요한 맥락 요인을 무시한 것도 트웽이의 실수였다고 덧붙였다. 따라서 삶의 모든 면에서 절제가 가장 건전한 접근법이라는 걸 청취자에게 알려주는 게 중요하다고 생각한다고도 말했다. 그러자 조연출은 깜짝 놀라며 소리쳤다. "절대 그렇게 말씀하시면 안 됩니다!"

블로그에 그 글을 게시한 후, 나는 중도적 입장을 취했다는 이유로 상당히 많은 비난 메일을 받았다. 스마트폰과 소셜미디어가 태생적으로 위협하지도 않고 경이로운 것도 아니므로, 부모가 철저한 규제와 무관심한 방관 사이에서 굳이 선택할 필요도 없다는 입장이어서, 그런 비난이 이해되지 않았다. 나는 예전부터 성과 인종을 주제로 글을 썼고, 인터넷에서 이런 주제에 대해 제기되는 분노를 대수롭지 않게 여겼지만, 사회적 테크놀로지에 절제해 접근하자는 주장이 특별히 도발적으로 여겨지지는 않았다.

내가 그 소동에 대해 말하자, 앤은 이렇게 답했다. "우리는 이분법을 좋아합니다. 옳거나 그르거나, 둘 중 하나를 원합니다. 이른바 흑백론으로 좋은 편이거나 나쁜 편이어야 하는 겁니다."

앤은 이분법적 사고방식이 우리 사회를 지배하는 변화의 성격에서 부분적으로 비롯된 것이라 보았다. 물론 모든 것이 예부터 변했지만, 과학기술과 경제 및 기후 등에서 변화의 속도가 한층 빨라졌다. 이런 이유에서 우리는 극심한 공황에 빠지고, 특히 자식들을 염려한다.

전국적인 조사에서 밝혀졌듯이, 낯선 사람이 온라인에서 나쁜 의도로 자식에게 접촉할까 염려하는 부모가 93퍼센트이지만 실제로 그런 사건을 겪은 부모는 1퍼센트에 불과했다.[1] 우리가 품는 많은 두려움이 그렇듯이, 컴퓨터 화면에 대한 공포도 현실과 동떨어진 것이다. 아동범죄 연구센터 소장, 데이비드 핀켈러David Finkelhor는 테크놀로지를 비롯해 사회적 변화가 젊은 층에 미치는 영향을 과장되게 두려워하는 현상을 '주베노이아juvenoia'라 칭했다.[2] 특히 인터넷에 대한 두려움을 다룬 글에서, 핀켈러는 온라인에 위험이 실재하는 것은 사실이지만, 그런 위험이 우리가 삶을 살아가는 현실에서는 만날 가능성이 없다는 하이브 마인드, 즉 객관적 증거가 없는 속설에 휘둘리는 것이 문제라고 지적했다.

앤은 고개를 저으며 말했다. "그저 두려움에 불과한 거지요. 우리는 걸어 다니는 아미그달라와 다를 바가 없습니다."

나는 그 비유가 썩 마음에 들었다.* 측두엽에 위치한 아몬드 모양의 기관, 편도체amygdala가 그렇듯이, 우리는 주변 환경에 잠재된 위협을 끊임없이 경계하는 듯하다. 우리가 온갖 위험에 끊임없이 경계심을 품지 않고, 편도체가 포함된 회로를 사용해 생물학적으로 생존과 번식에 관련된 환경적 요인들에 적절히 반응하도록 진화하는 데는 두려움의 역할이 컸다.

앤의 비유에 나는 신경내분비학자 로버트 사폴스키Robert Sapolsky의 스트레스에 대한 역작이 떠올랐다.[3] 우리에게는 현재의 극심한 위험에 반응하도록 진화된 투쟁-도피 반응이 있다. 가령 당신이 호랑이에게 쫓기고 있다는 걸 뇌가 감지하면, 신경계의 한 영역이 활성화되며 심장 박동이 빨라지고 호흡도 가빠진다. 아드레날린이 분비되고, 큰 근육에 포도당이 공급된다. 이 모든 것의 도움을 받아 당신은 안전한 곳으로 피신한다. 현대 서구식 생활 방식에서는 이런 사건으로 스트레스를 받는 사람은 없다. 오히려 마감시간, 세금, 학자금을 위한 저축 같은 스트레스 요인에 만성적으로 끊임없이 투쟁-도피 반응을 활성화하고, 우리 아이가 이웃집 아이만큼 영리하

---

* 우리 모두에게 아미그달라(편도체)가 있고, 걸어 다닐 때 편도체를 작동한다. 따라서 이 비유는 문자 그대로 사실적이면서도, 우리의 극단적인 초경계심을 적절히 빗댄 표현이다.

고 친절하며 재능 있는가를 걱정한다. 이런 비상 대응력이 만성적으로 활성화되면 우리 신체에서 거의 모든 기관계가 약화되고, 그 결과는 스트레스와 관련된 다수의 질병으로 나타난다. 우리 선조들은 호랑이를 피하려고 이런 스트레스 반응을 활성화했지만, 호랑이에게 상처를 입어 많은 사람이 젊은 나이에 죽었다. 그런데 지금 우리는 심리적 스트레스 요인에 만성적으로 반응하고, 스트레스와 관련된 질병들(예: 심장마비, 뇌졸중, 암)로 젊은 나이에 사망한다. 물론 컴퓨터 화면에 대한 스트레스도―우리가 중독되고 집중력이 떨어지는 것은 아닐까? 아이들이 성장하는 과정에서 공감력이 떨어지고, 비판적으로 사고하거나 주의력을 유지하지 못하는 것은 아닐까?―만성적 스트레스 요인의 목록에서 윗자리를 차지한다.

요즘 젊은이들도 우리 어른들이 느끼지 않을 수 없고, 우리가 점점 깊이 말려드는 불안의 늪에 영향을 받지 않을 수 없다. 앞에서 보았듯이, 감정은 전염되고 신경은 동조화되기 때문이다. 따라서 우리의 두려움이 그들의 두려움, 작가 존 워너John Warner가 '적하 불안trickle-down anxiety'이라 칭한 것이 된다.

2013년 영국에서, 소니아 리빙스턴Sonia Livingstone과 줄리언 세프턴 그린Julian Sefton-Green이 8학년 학생 아홉 명의 일상을 1년 동안 추적했다. 그들과 이야기를 나누었고, 학교와 집과 디지털 공간에서 그들을 관찰한 결과를 《교실: 디지털 시대의 생활과 학습》이란 책으로 펴냈다. 학생들은 세상에서 자신들의 위치에 대한 불확실성과 불안감이 점점 커지고 있다는 걸 인정했다. 그러나 리빙스턴과 세프턴 그린은 학생들과 대화하고, 그들이 생활하는 모습을 관찰한 결과에 근거해서 그 불안감의 원인이 스마트폰에 있지는 않다고 주장했다. 오히려 그들의 자료는 다른 요인들을—예컨대 부모에 대한 높은 의존성, 유의미한 일의 부족, 학업의 과중한 압박감, 종교와 시민 공동체에 참여할 기회의 감소, 가정에 도움을 줄 만한 역할의 축소를— 지목했다.

문화 분석에서도 그 세대는 부모 세대보다 더 나은 사람을 기대할 수 없다는 징후가 보였다. 그 세대는 부모가 수입과 지출을 맞추려고 복수의 일에 종사하며, 건전하고 충만하며 남들에게 본보기가 될 만한 삶을 살라는 신자유주의의 요구에 맞추려고 분투하는 모습을 지켜보았다. 따라서 리빙스턴과 세프턴 그린은 "미래에 대한 젊은 층의 걱정이 불안정한 사회적 변화에서 정말 비롯된 것인지, 아니면 주변에서 들리는 걱정스런 담론을 반영한 것인지 따져볼 필요가 있다"라고 말했다. 우리 젊은이들은 방황할 때, 예컨대 삶의 다른 길에서도 그렇겠지만 소셜미디어에서 방황할 때 우리에게 눈을 돌리며 답을 찾는다. 그런데 우리까지 방황한다면 그들은 중심을 잃고 표류하지 않겠는가.

앤의 지적에 따르면, 많은 부모와 교육자가 디지털을 완전히 새로운 영역이라 생각하며 소셜미디어에 대해서는 두 손 두 발을 다 들고 젊은 층을 도울 방법이 없다고 생각하는 듯하다. 앤은 온라인 소셜미디어 플랫폼과 접속할 때 필요한 지침을 구하려는 학교들에 상담 서비스를 제공하는 '아이캔헬프닷컴ICanHelp.Com'이라는 소셜미디어를 운영하고 있다. 예컨대 최근에 스냅챗에서 익명으로 한 고등학교 여학생들에게 나체 사진을 요구하는 사건이 있었다. 앤은 스냅챗에 접촉을 시도했고, 수 시간 내에 그 계정은 폐쇄되었다. 그러나 앤에게 상담을 받는 과정에서 고등학교 관리자들은 고등학교가 존재한 이후로 험담과 괴롭힘과 편 가르기가 있었고, 그런 문제를 그들이 줄곧 다루어왔다는 것을 깨달았다. 그 솜씨는 디지털 영역에서도 여전히 필요한 것이었다. 구체적으로 말하면, 학생들과 접속해 대화하고, 거기에서 얻는 정보를 실천에 옮기고, 부모와 학생 모두를 상대로 심리 교육을 시행하는 노력은 온라인의 문제를 해결하는 데도 유익하다.

앤은 자신의 아들에 대한 고약한 험담이 온라인에 게시되어 들불처럼 퍼져나간 사례를 나에게 이야기해주었다. 그 험담으로 우정이 깨지고, 60여 시간의 고통이 이어졌다. 그러나 모든 소동이 끝난 뒤, 그녀의 아들은 역경을 무사히 견딘 덕분에 더 강해졌다. 험담과 괴롭힘이 소셜미디어에서 처음 생겨난 것은 아니다. 익명성도 전혀 새로운 것은 아니다.

"슬램 북!" 앤과 나는 거의 동시에 말했다.

우리가 십 대 초반이었을 때 학생들은 작은 공책을 만들어, 거기에 익명으로 친구에게 온갖 욕을 퍼부었다. 2004년 크게 히트한 영화 〈퀸카로 살아남는 법〉에서는 그런 공책이 '번 북Burn Book'이라 불리었다.

그러나 앤은 십 대의 테크놀로지 사용을 지나치게 감시하면 그들이 스스로 통제하는 능력을 키워가는 걸 방해하게 된다고 걱정했다. 그들과 디지털 미디어의 관계가 전적으로 외부의 힘으로 통제된다면, 그들이 복잡한 한계를 다루는 법을 어떻게 배울 수 있겠는가? 또 앤은 당시 11세이던 아들이 '헤일로' 게임을 할 수 있는 가정용 게임기 엑스박스 360을 무척 갖고 싶어 했다는 이야기도 들려주었다. 게임기를 사자마자 아들은 잠시도 쉬지 않고 몇 시간이고 게임에 몰두했고, 앤의 걱정은 커져만 갔다. 앤은 자신의 원칙을 위배하면서까지 개입해서 외적으로 규제해야 하지 않을까 고민했다. 앤은 그런 욕망을 참아냈고, 오랜 시간이 지나지 않아 아들은 게임에 싫증내기 시작했다. 타고난 운동선수였던 그녀의 아들은 밖에서 훈련하며 보내야 할 시간을 그렇게 헛되이 보냈지만, 그 과정에서 과잉과 절제 및 우선순위에 대한 교훈을 얻었을 것이다. 앤의 이야기를 듣고, 나도 2월 방학에 잠옷도 갈아입지 않은 채 '바이오닉 코만도' 게임을 하며 방학을 꼬박 보냈던 때를 떠올리며 빙긋이 웃었다.

앤의 지론에 따르면, 테크놀로지에 대한 도덕적 공황이 확산되면 우리는 자식들을 제대로 보호하지 못하고 있다는 죄책감에 시달리게 된다. 테크놀로지의 흐름은 끊임없이 변하기 때문에 그 흐름을 따라가기는 무척 힘들고, 사용자와 부모를 불안하게 만들 수 있다. 그러나 새로운 테크놀로지를 더 경계하며 더 위험할 것이라 추정할 가능성은 부모 쪽이 더 크다. 젊은 층은 애초에 디지털 테크놀로지 시대에 태어나 부모 세대처럼 적응하는 데 어려움을 겪지는 않는다. 따라서 테크놀로지의 변화에 두려워하며 반응하는 우리의 태도에 초점을 맞추지 말고, 다시 말하면 테크놀로지에서 비롯될 수 있는 피해를 걱정하느라 시간과 에너지를 허비하지 말고, 모두가 소매를 걷어 올리고 그 문제를 해결하기 위해 합심하면 어떻겠는가? 그렇게 하면, 우리의 걱정을 가볍게 하는 동시에 젊은이들의 방식으로 그들에게 다가가는 이중의 보상을 기대할 수 있을 것이다.

복잡하다!

───── 다나 보이드danah boyd는《소셜 시대, 십대는 소통한다》라는 환상적인 책에서 이 문제를 다루었다. 보이드는 마이크로소프트의 책임 연구원이고, 사회문화적인 쟁점과 테크놀로지의 교차점을 집중적으로 조사하는 연구소, 데이터 앤드 소사이어티의 설립자이기도 하다. 이 책은 십 대와 테크놀로지의 관계, 또 십 대가 테크놀로지를 어떻게 사용하는지에 대해 보이드가 10년 이상 동안 당사자들과 대화한 결과를 정리한 것이다. 마이스페이스에 게시되는 많은 이야기에서 보듯이 테크놀로지는 부분적으로 유행에 뒤떨어지기 마련이지만, 교훈에 담긴 힘은 지속성을 갖는다.

그 책은 내슈빌에서 열린 풋볼 경기를 소개하는 것으로 시작된다. 보이드는 모두가 스마트폰을 들여다보고 있는 듯한 모습에 주목했다. 그러나 정작 스마트폰에서 얼굴을 떼지 않는 사람들은 부모들이었다. 배우자와 이웃이 바로 옆에 있어 얼굴을 맞대고 교감할 수 있는 시간임에도 그들은 혼자 말없이 화면을 스크롤하고 있을 뿐이었다. 반면에 젊은 층은 스마트폰을 "카메라와 조정 장치"로 사용하는 경우가 많았다. 구체적으로 말하면, 사진을 찍어 게시하고, 만날 장소를 결정하기 위해 문자 메시지를 주고받으며, 반려견이나 반려묘의 엉뚱한 모습을 담은 동영상을 보여주는 도구로 사용했다. 요컨대 혼자 고립되는 도구가 아닌 서로 교감하는 도구로 스마트폰을 사용했다.

풋볼 경기가 끝난 뒤 보이드는 경기에 참가에 한 십 대 소녀와 대화를 나누었고, 소녀는 자신의 페이스북 페이지를 열어 보이드에게 보여주었다. 소녀는 경기 중에는 페이스북을 사용하지 않았지만 경기가 끝난 뒤에는 사진을 올렸고 친구들을 연결했다. 그러고는 단체 대화방에서 오랫동안 대화를 나누었다. 그곳은 경기 중에 진행되었던 대화들로 가득했다. 소녀는 경기에서 만눈을 팔기 위한 수단이 아니라 사회적 범위를 넓히고 대화를 계속하기 위한 수단으로 소셜미디어를 사용했다.

결국 청소년들은 소셜미디어(문자 메시지 등 다양한 형태의 비공개 메시지 포함)를 일종의 '광장public'으로 사용하는 셈이다. 보이드는 이 광장을 사회적 공간 혹은 공동체로 규정하며, 그 공간은 구체적일 수도 있고 가상일 수도 있으며 이 둘이 복합된 것일 수도 있다고 말한다. 또한 누구나 다수의 광장에 속하고, 각 광장에는 상호작용을 위한 자체의 공간이 있다. 교회와 정당, 동창회와 업무팀이 대표적인 예이다. 보이드의 주장을 요약하면 "광장은 사람들이 모여 교감하며, 우리가 알고 있는 사회를 구축하는 데 도움을 주는 공간과 공동체를 제공한다." 테크놀로지와 인터넷 및 소셜미디어의 다각적인 발전으로 이런 광장들이 온라인에 옮겨지며 더욱더 네트워크화되었다.

보이드가 주장하듯이, 우리는 한층 강력한 규제. 낯선 사람에 대한 두려움, 끝없는 과외 활동, 게으름에 대한 무관용 등을 이유로 젊은 층의 사회적 공간을 위축시켜왔다. 따라서 젊은이들의 광장은 위축되었고, 이에 대한 대응으로 그들은 광장을 온라인으로 옮겼다. 십 대들은 친구들과 함께 있기를 간절히 바란다. 구체적으로 말하면, 십 대는 어른에게 감시를 받지 않고, 그들이 선택한 광장에서 그들의 방식대로 친구들과 함께하기를 원한다. 따라서 십 대에서 허용된 사회적 공간이 끊임없이 줄어드는 환경을 고려하지 않고는 소셜미디어가 십 대 세계에서 크게 성공한 이유를 올바로 파악할 수 없다.

십 대 초반이었을 때 나는 아침을 먹고 나면 저녁을 먹을 때까지 집 주변을 수 킬로미터까지 자유롭게 돌아다니곤 했다. 나무 위에 다양한 형태로 지은 오두막들에서, 값싼 초코바를 파는 상점 앞에서, 동네 저수지를 둘러싼 숲에서 친구들과 빈둥거리며 시간을 보냈다. 반면에 십 대 초반의 내 딸은 부모가 허락하고 미리 약속된 놀이와 회전목마처럼 되풀이되는 활동을 벗어나지 않는다. 내가 딸에게 아무 곳이나 헤매고 다니라고 허락하더라도 내 딸과 함께 빈둥거릴 친구가 한 명도 없을 것이다. 내가 딸에게 혼자 도서관에 가고, 큰길을 건너는 걸 허락하면, 딸의 친구들은 나를 못된 엄마로 생각할 것이 뻔하다. 그레그 루키아노프^{Greg Lukianoff}와 조너선 하이트^{Jonathan} Haidt는 《나쁜 교육: 덜 너그러운 세대와 편협한 사회는 어떻게 만들어지는가》에서 이런 과보호 육아법을 '안전주의^{safetyism}'라 칭하며 우리 십 대의 자주성을 빼앗아간다고 주장했다. 어쩌면 '안전주의'가 여기에서 논의하는 우울증과 불안감을 키우는 주된 요인일 수 있다.

십 대가 소셜미디어에 떼 지어 모이는 이유는 멋진 테크놀로지 기기에 현혹되기 때문이 아니라, 태생적으로 사회성을 띠고, 자신이 속한 사회적 공간을 지배하고 헤집고 돌아다니고 싶기 때문이다. 이런 이유에서 보이드는 "소셜미디어는 유혹적인 트로이의 목마가 아니라, 십 대에게 주변의 압력과 제약을 관리하는 도구로서 유의미한 사회성을 되찾게 해주는 배기 밸브이다"라고 말했다. 보이드는 십 대들과의 인터뷰에서, 그들이 얼굴을 맞대는 모임을 가지려 했지만 그런 기회는 제한적이었다는 말을 귀에 딱지가 앉도록 들어야 했다. 그들과의 대화에서도 부모의 두려움과 지나치게 조직화된 삶이 무엇보다 큰 제약 요인이라는 게 확인되었다.

십 대에게 소셜미디어는 자신을 소개하고 드러내는 새로운 공간이기도 했다. 십 대가 사물함과 침실 벽을 기념품, 개인적으로 좋아하거나 싫어하는 사진, 소속된 집단(예: 스포츠팀, 음악 동호회)의 정체성을 상징하는 물건으로 장식하듯이, 자신의 삶을 담은 사진들을 온라인에 올리는 것도 동일한 패턴을 따르는 일종의 자기표현이 되고, 온라인은 십 대가 각자의 다양한 정체성을 시험해보는 공간이 된다. 청소년기는 모자 같은 것으로 새로운 자아를 꾸며보고 시험해보는 시간이다. 십 대는 성인의 꾸짖고 캐묻는 듯한 눈빛에서 벗어나 그런 시도를 하고 싶어 한다. 십 대가 온라인에서 행하는 많은 것이 현실 공간에서 과거에 하던 것들이다.

그러나 온라인과 현실 사이에는 많은 차이가 있다. 주된 차이 중 하나는 많은 행동이 다수에게 공개되고 되돌릴 수 없다는 것이다. 디지털 미디어에는 보이지 않는 청중이 있기 마련이고, 그 때문에 관리가 더욱더 힘들다. 반면에 개인 사물함이나 침실을 들여다볼 수 있는 사람은 소수에 한정된다. 게다가 십 대에는 정체성이 변해감에 따라 사물함과 침실의 내부도 변하고, 과거의 흔적은 시간의 모래로 사라진다. 트위터에 올린 내용물은 인터넷으로 연결되면 대학 입학 사정관부터 훗날의 고용주, 심지어 과거와 미래의 짝까지 누구나 볼 수 있고, 항구적으로 남을 수도 있다. 이렇게 디지털 플랫폼에서 뒤섞인 관련자들은, 보이드가 '맥락의 붕괴context collapse'라 일컬었던 상황에 이를 수 있다. 게시자가 비슷한 삶을 살며 세계관을 공유하는 사람들을 위해 게시물이나 메시지를 올리지만 온라인에서는 더 많은 사람에게 필연적으로 공개되고, 그들은 그 게시물을 올바로 해석하기에 적합한 맥락에 있지 않아 '맥락의 붕괴'가 있게 된다는 뜻이다.

물론 소셜미디어와 게임 등을 스스로 절제하지 못하며, 앞에서 다루었던 미디어 사용의 문제를 제기하는 십 대가 적지 않다. 보이드는 이런 문제적 현상이 우울증과 불안감 등 부적응의 가능성을 보여주는 징후라고 생각한다. 충동 조절을 제대로 해내지 못하는 사람이 스마트폰 사용을 절제하는 데도 곤란을 겪을 가능성이 크다. 따라서 우리는 이런 사람들에게 관심을 기울여야 하지만 "생산적인 대화를 유도하지 못하고 중독을 운운하며 새로운 테크놀로지를 악마화하고, 십 대를 주변의 유혹에 대응하는 힘을 구조적으로 갖지 못한 존재로 폄하한다"라며 보이드는 안타까워한다.

앤은 서던캘리포니아 대학교의 미디어학 교수 헨리 젠킨스Henry Jenkins가 부모들에게 주는 조언을—아이들의 어깨 너머로 보지 말고 든든한 지원군이 되라—좋아한다며, "아이와 마주보고 앉아 이렇게 물어보십시오. 너를 힘들게 하는 것이 무엇이니? 너를 짜증나게 하는 것이 무엇이니?"라고 조언했다. 소셜미디어 시대에 좋은 육아법은 시대를 초월하는 좋은 육아법과 다를 바가 없듯이, 테크놀로지와 더불어 원만하게 살아가는 법도 어느 시대에나 적용되는 좋은 삶의 법칙과 별로 다르지 않다. 절제와 이성적이고 신중한 결정이 필요하다. 일과 생활의 균형, 식습관과 지출, 약물 사용 등에 관련해 우리가 삶의 과정에 길들이는 습관은 테크놀로지에도 적용된다.

디지털 시민

──────── 《교실: 디지털 시대의 생활과 학습》의 공저자인 소니아 리빙스턴은 런던 정치경제대학의 사회심리학 교수로 아동과 미디어에 대해 20여 권의 책을 쓴 저자이기도 하다. 소니아는 디지털

시민의 권리에 대한 연구를 주도하는 사상가이며, 유럽연합 키즈 온라인EU Kids Online과 글로벌 키즈 온라인Global Kids Online에서 차례로 선임 연구원을 역임하기도 했다. 글로벌 키즈 온라인은 국제적인 연구 프로젝트로, 아동의 디지털 미디어 사용과 복지에 대한 편견 없는 경험적 증거를 수집하고 보고하는 연구원들의 글로벌 네트워크를 구축하는 데 그 목적이 있다.

이 프로젝트는 지금까지 많은 보고서와 논문을 발표했지만,《그들의 언어로: 무엇이 온라인에서 아이들을 괴롭히는가?》도 그중 하나이다.[4] 이 보고서는 9세부터 16세까지 25개국의 아이들과 가진 대화를 분석한 것이다. 연구자들은 컴퓨터 앞에 앉아 온라인에서 아이들과 각자의 경험에 대해 이야기를 나누었다. 앤의 주장에 따르면, 현재의 온라인 정책은 세계 어디에서나 청소년층의 관심사와 경험을 전혀 고려하지 않고 거의 전적으로 성인의 걱정과 두려움을 반영한 것에 불과하다. 청소년들의 진짜 관심사는 미래이고, 사회적 동료들과 어떻게 어울리느냐는 것이다.

디지털 문해력digital literacy을 향상시키려면 충분한 시간과 노력, 생각과 자금을 투자해야 한다. 사실과 진실을 신뢰하는 믿음을 잃지 않으면서도 의심하는 태도를 함양하기 위해서는 좋은 정보와 나쁜 정보를 구분하는 방법이 절대적으로 필요하다. 이제는 많은 사회적 참여가 물리적인 접촉 없이 이루어지고 피드백이 즉각적으로 주어지기 때문에 십 대에게는 사회적이고 정서적인 문해력이 예전과 다름없이 여전히 절실히 필요하다. 그러나 온라인이란 새로운 환경

패거리 심리학: 분열된 세계에서의 종족주의

에서도 그들이 자신과 서로를 지켜주고, 심지어 부모까지 보호하려고 애쓴다는 많은 증거가 찾아진다며, 앤은 "우리는 아이들을 잠재적 피해자라 생각하며 오래전부터 인터넷 안전을 고민해왔지만, 아이들은 온라인과 오프라인 모두에서 자신의 행복과 동료의 행복, 더나아가 공동체의 행복에 관련된 당사자이기도 합니다"라고 말했다.

앤은 덧붙여 말했다. "우리는 이런 문제를 테크놀로지 문제로 생각하려 합니다. 그럼 문제를 해결하기가 쉬울 것 같으니까요. 하지만 이런 문제는 테크놀로지 문제가 아닙니다. '인간'과 관련된 문제입니다." 끊임없이 변하는 세계에서 문해력을 유지하는 방법, 심층적으로나 표층적으로 사회적 연결망을 구축하는 방법, 현재의 순간에 충실하면서도 미래에 대한 야망을 품는 방법, 사회적 불평등을 해소하는 방법, 아이들에게 자율성을 부여하면서 사회에 상존하는 실질적인 위협으로부터 아이들을 보호하는 방법 등에 대한 문제이기 때문이다. 문제 해결을 위해서는 모두가 도와야 한다. 시민운동가, 학자, 언론계 종사자, 산업계 종사자, 심지어 다음 세대까지 문제 해결을 위해 합심해야 한다.

젊은 층은 서로 교감하는 강력한 새로운 방법을 개발하고, 거기에서 의미를 얻기 위해 소셜미디어를 사용한다. 비판적으로 말하면, 많은 젊은이가 시민으로서 온라인에 포괄적으로 참여할 뿐만 아니라, 지지자들을 결집시켜 자금을 모금하고 범세계적인 조직을 결성함으로써 전례가 없는 규모의 집단행동을 추진하기 위해서도 소셜미디어를 사용한다. 예컨대 플로리다 파크랜드 고등학교에서 공포의 총격 사건이 벌어진 후, 그 학교 학생들은 세계적인 주목을 받았다. 그들은 그 비극적인 사건에 담긴 아픔과 소셜미디어를 도구로 활용해 총기 규제에 힘을 보태며, 그 사건에 소극적으로 대처하던 어른들을 부끄럽게 만들었다.

앤은 직접 경험한 다른 예도 들어주었다. 앤은 페이스북이 세계 각지에서 #프리피리어즈#Freeperiods라는 새로운 운동을 주도하는 젊은 여성들을 초빙한 전문가 회담에 참석한 적이 있었다. 생리 빈곤을 척결하는 데 앞장섰던 영국 운동가, 아미카 조지Amika George가 낭송한 원고에 따르면, 저소득층 학교에서는 많은 소녀가 생리대를 구할 수 없어 학교를 결석하거나, 속옷에 양말을 테이프로 붙인 해결책을 임시방편으로 사용하거나, 화장실에서 훔친 두루마리 화장지를 다리 사이에 끼워 넣었다. 아미카를 비롯한 젊은 운동가들은 소셜미디어를 이용해 자문단을 구성하고, 평화적인 시위와 청원을 시도하며 세계 전역에서 지지 세력을 끌어 모았다.[5] 소셜미디어를 적극적으로 활용한 생리 빈곤 척결 운동은 영국 의회까지 전해졌고, 의원들은 정책 변경까지 적극적으로 고려하며 문제 해결에 나섰다.

앤의 목소리가 높아졌다. "그들은 모두 20세 이하의 젊은 청년입니다! 그들이 그들의 세계, 아니 우리 세계를 바꾸고 있습니다!"

나는 이쯤에서 인터뷰를 끝내는 게 최상이란 생각이 들었다. 그래서 녹음기를 껐다. 그리고 앤이 다음 약속을 위해 떠나기 전까지 우리는 편안한 마음으로 한담을 나누었다.

앤이 떠난 후, 나는 밝은 햇살이 들어오는 창문 옆의 긴 의자로 옮겨 앉았다. 노트북을 인터넷에 연결했다. 그리고 어머니와 두 남동생과 공유하는 슬랙 가족방을 열고, 인터뷰가 진행된 상황을 간략하게 정리해 올렸고, 리프트 운전기사가 음모론자였다는 재밌는 이야기도 덧붙였다.

웃음소리에 나는 고개를 들었다. 내 옆에서 20대 후반쯤으로 보이는 두 여성이 즐겁게 웃으며 수다를 떨었다. 한 여성은 생후 6개월 된 아기를 무릎에 안고 있었다. 친구가 스마트폰을 꺼내 아기 엄마에게 사진을 보여주었고, 곧이어 아기 엄마가 아기를 바싹 껴안은 모습을 사진에 담았다. 그러고는 스마트폰을 내 옆 탁자 끝에 내려놓았다. 화면이 아직 꺼지지 않아, 환히 웃는 아기와 엄마의 행복한 얼굴을 담은 사진이 고스란히 보였다. 두 친구는 다시 열띤 대화에 빠져들었고, 일상의 사소한 사건과 소문을 주고받았다.

나는 미소를 지으며, 앤 콜리어와 다나 보이드가 그들의 주장, 즉 소셜미디어와 스마트폰의 매력은 테크놀로지 자체가 아니라 사회성에 있다는 주장을 시각적으로 분명히 보여주는 이 모습을 보았다면 얼마나 좋아했을까 생각해보았다. 꿀벌 같은 우리에게 기대할 수 있는 최상의 모습이었다.

그때 노트북에서 메시지의 도착을 알리는 소리가 들렸다. 나는 슬랙 가족방으로 돌아갔다. 남동생이 내 글에 몇몇 기사를 링크해놓았다. 모르몬교가 모든 기록을 복사해 일정한 장소에 보관하고 있는 것은 사실이지만 그 행위에는 어떤 사악한 음모도 없고, 여러 곳에 흩어져 있는 신성한 기록을 안전하게 보관하려는 욕심에 그런 작업을 할 뿐이라는 기사였다.

때로는 우리 머릿속의 두려움이 실제의 위험을 크게 앞지르고, 때로는 우리가 실제로 두려워해야 하는 것이 두려움 자체인 경우도 있다.

사회적 삶의 많은 부분이 온라인으로 옮겨감에 따라, 그에 따른 영향과 문제가 없을 수 없다. 그러나 8장에서 살펴본 부정적인 견해와 달리, 앤 콜리어와 다나 보이드, 소니아 리빙스턴을 비롯해 십 대와 마주보고 앉아 열린 마음으로 대화를 나눈 전문가들이 제시하는 대안적 의견은 곰곰이 생각해볼 만한 가치가 있다.

시간을 거꾸로 돌리려면 노력을 멈추고, 현재의 문제를 인정하고 긍정적인 자세로 정면으로 대응한다면 어떻게 되겠는가? 또 젊은 층과 마주보고 앉아 그들의 관점을 묻는다면 어떻게 되겠는가?

내 생각에는 신나면서도 신선한 의견인 듯하다.

해독제

도쿄, 일본

뇌는 무척 변덕스런 기계이다. 때로는 대단히 독창적이지만 때로는 지독히 어리숙하다. 2011년 3월 11일 아침, 나는 컴퓨터 앞에 앉아 한 심리학 실험을 조정하고 있었다. 그 일에 온통 집중하면서도 디지털 시대를 살아가는 덕분에 더 큰 세계로 의식을 확대할 수 있었다. 내가 가입한 소셜미디어 플랫폼들이 대규모 지진과 쓰나미가 일본을 덮쳤다는 소식을 황급히 전하는 알림 소리가 연이어 들렸다. 나는 멀리에서 일어난 나쁜 소식을 듣고, 말로 표현하지는 않았지만 마음속으로 경악하지 않을 수 없었다.

여전히 실험 자료를 머릿속으로 생각하며 나는 이메일을 열고, 내 실험실에서 졸업 논문을 위해 그 실험을 진행하고 있던 학부생 에린 피츠제럴드Erin Fitzgeral에게 메일을 썼다. 그 실험의 목적은 문화권에 따라 정서 경험이 어떻게 다른지를 평가하는 것이었다. 에린이

"이 정도이면 안전하게 시작할 수 있겠지요?"라는 메일을 보낸 때가 바로 전날이었다. 에린이 실험을 본격적으로 시작하기 전에 나는 준비를 철저히 해두고 싶었다. 그때 에린이 지구 반대편에서 공부하고 있어, 뭔가가 잘못되더라도 마지막 순간에 바로잡아 줄 여유가 없을 것 같았기 때문이다. 나는 이메일 작성을 끝내고 '보내기'를 클릭했다. 바로 그 순간, 모든 정보의 끈이 하나로 합해지며 나는 뒷머리를 얻어맞은 기분이었고, 옆에 앉아 있던 반려견까지 깜짝 놀랄 정도로 거의 비명을 내질렀다.

당시 에린은 일본에 있었다.

다행히 오랜 시간이 지나지 않아, 에린은 지진에 아파트가 무너지며 모든 가재도구가 사라졌지만 몸은 다친 곳이 없다는 답장을 보냈다. 누구나 상상할 수 있겠지만, 그런 손실은 심리적 충격에 비하면 작은 타격에 불과했다.

에린의 실험은 정서를 조절하는 방법에서 미국 학생과 일본 학생이 어떻게 다른지를 비교하는 게 원래의 목적이었다. 사진이나 동영상(실험실에서), 언쟁이나 나쁜 소식(실생활)처럼 정서에 영향을 미치는 자극을 받았을 때 사람마다 다르게 반응한다. 그런 차이에 관여하는 과정이 정서 조절이다. 에린은 사람들이 정서를 조절하는 데 사용하는 전략, 이른바 '인지적 평가cognitive appraisal'에서 문화적인 차이를 분석해보려 했다.

이 책에서 줄곧 말했듯이, 평가는 어떤 사건에 담긴 의미와 중요성에 대한 해석이다. 달리 말하면, 우리가 어떤 사건에 대해 자신에게 말하는 이야기를 뜻한다. 가령 당신이 일자리를 구하려고 인터뷰를 했지만 일자리를 얻지 못한다면 많은 평가가 그 사건에 주어질 수 있을 것이다. 예컨대 당신보다 더 나은 자격을 갖춘 지원자, 당신보다 더 많고 폭넓은 경험을 갖춘 자원자가 있었다고 추정할 수 있다. 물론 당신이 인터뷰를 완전히 망쳤고, 인사팀이 당신을 부적절하다고 생각했거나, 당신이 다시는 일자리를 얻지 못할 수 있다는 평가도 가능할 수 있다. 어떤 평가가 상대적으로 긍정적인 정서 상태로 이어지고, 어떤 평가가 부정적인 정서 상태로 이어질 수 있는지 판단하는 건 그다지 어렵지 않다.

이런 평가들은 거의 무의식적이고 자동적인 것이다. 주변에서 어떤 사건이 일어나면 우리 뇌는 자동적으로 그 사건에 대한 의미를 꾸미고, 우리는 그렇게 꾸며진 이야기의 영향을 느낀다. 인지적 평가는 그런 원초적인 반사적 평가를 받아들이고, 그 평가를 더 생산적인 해석으로 옮긴다. 다시 일자리를 거부당한 예로 돌아가 보자. 불합격했다는 이메일을 받으면, 당신의 뇌는 "당신이 형편없어 모두가 당신을 미워한다"라는 이야기로 당신을 속인다. 그러나 인지적 평가가 시작되면, 당신은 원래 평가를 되돌리고, 부모가 자식을 달래듯이 더 자격 있는 지원자가 있었을 거라는 대안적 설명을 살며시 받아들인다.

우리는 자기 대화 self-talk를 통해 인지적 평가를 훈련할 수 있다. 두 자아가 대화하는 것처럼, 뇌의 한 부분이 다른 부분에게 이렇게 말한다고 생각해보라. "네가 형편없고 모두가 너를 미워해서 네가 불합격한 것이라 생각하겠지. 하지만 그 일자리가 전에 그 일을 했던 사람이나 사장의 조카딸에게 갔을 가능성도 있잖아. 현재 팀원 모두가 남자여서 관점을 다각화하려고 여성을 뽑은 것일 수도 있고. 네가 부족한 사람이라고 자책할 필요가 전혀 없어." 현재까지 가장 효과적인 심리치료법으로 알려진 인지행동치료cognitive behavioral therapy, CBT는 환자에게 이런 유형의 재평가를 반복하도록 요구하는 '숙제'를 부여한다.

이렇게 뇌를 양분하는 가정은 비유에 불과한 것이 아니다. 많은 연구가 입증하듯이, 피실험자를 신경영상 촬영장치에 넣고 감정을 자극하면 대뇌 피질 아래쪽 영역, 즉 정서적 충격을 받았을 때 반응하는 영역이 활성화된다. 이때 피실험자에게 인지적 재평가를 시행해보라고 요구하면, 전ﾑ전두엽 피질 영역이 더 활성화되며 정서와 관련된 영역의 활성화를 하향 조정하는 것처럼 보인다.[1]

정서 조절에 대한 일반론적 연구, 특히 인지적 재평가에 대한 연구 자료는 무척 많은 편이다. '정서 과학'은 스탠퍼드 대학교 심리학 교수 제임스 그로스James Gross에 의해 시작되고 유지되었다고 말해도 과언이 아니다.[2] 그로스를 비롯해 많은 학자가 발표한 논문들에 따르면, 인지적 재평가는 가장 효과적인 정서 조절 기법 중 하나(부정적인 감정이 불끈할 때 야기되는 부정적 반응을 진정시키는 효과가 뛰어나다)이며, 최적의 심리적 결과(인지적 재평가를 적절히 활용하면 행복지수를 높이고 우울증 징후를 낮출 수 있다)를 끌어내는 기법이기도 하다.

그러나 에린과 내가 실험을 준비하던 때 이런 연구는 거의 서구 세계에서, 그것도 미국의 몇몇 선택받은 대학교의 학부생들을 대상으로 시행되었다. 문화를 언급한 연구도 한두 건이 있었지만, 그 연구도 아시아계 미국인이나 미국에서 공부하는 아시아계 학생을 미국인 학생과 비교한 것이었다. 에린과 나는 도쿄에 거주하는 일본인 실험 참가자들을 표본으로 수집해서, 미국 어섬션 칼리지 학생들과 비교함으로써 인지적 재평가와 좋은 결과의 상관관계에 문화적 차이가 있는지 살펴볼 생각이었다. 따라서 에린은 실험을 위한 소프트웨어를 설치한 노트북을 도쿄까지 가져간 터였다.

그런데 그 노트북과 우리의 원래 계획도 사라지고 말았다.

에린과 나는 실험 계획을 재정비하고, 새로운 실험에 대한 윤리적 승인을 얻기 위해 서둘렀다. 도쿄 주재 대사관에 에린의 지인이 있었다. 그래서 우리는 삼중 재난(지진과 쓰나미와 핵원자로 비상사태)이 겹친 시기에 대사관에서 일하거나, 대사관과 관련된 사람들에 초점을 맞추는 쪽으로 실험 방향을 수정했다. 참가자들은 당시에 겪은 끔찍한 상황을 이야기해주었다.* 한 여인은 대사관에서 근무 중이었다. 재난이 엄청난 규모로 덮친다는 걸 알고는 곧바로 유모에게 전화를 걸어 두 아이들을 즉시 10층에서 큰길로 데려가라고 부탁했다. 유모는 기울어지고 흔들리는 계단에서 두 아이를 간수할 수 없어, 생후 7개월 된 아기와 걸음마를 시작한 아이 중 하나를 선택해야 했다. 한편 도쿄 시내에서 발을 제대로 딛지를 못해 온몸을 휘청

---

* 이 연구에 참가한 사람들로부터 연구 보고서에 사용된 개인적 이야기를 이 책에서 사용해도 좋다는 동의를 얻었다.

대며 거대한 고층 건물이 바람결의 풀잎처럼 흔들리는 것을 지켜보았다는 사람, 사방이 막힌 작은 방에 갇혀 어디로 탈출해야 할지 몰랐다고 증언한 사람도 있었다.

에린과 나는 문화적 차이를 보여주는 증거를 의도적으로 찾으려 하지는 않았지만, 실험 과제에 대해 인지적 재평가(예: 긍정적인 재평가에 집중함으로써 무너진 건물 잔해에 앉아 흐느끼는 여인의 모습을 담은 사진에 대한 부정적 반응을 줄여라)를 더 낮게 시행하는 사람일수록 재난 후에 우울증과 외상 후 스트레스 장애를 호소하는 확률이 낮았다는 차이를 찾아냈다.[3]

그 사건을 보도할 때 더해지는 사진이 모두 재앙과 관련된 것이었고, 따라서 당시의 끔찍한 상황을 떠올려주었다. 따라서 에린과 나는 재앙 자체와 사진의 관계를 통계적으로 분석하면, 우리 실험에 참가한 사람들이 현실 세계에서 부정적 감정을 어떻게 처리하는지 파악할 수 있을 것이라 생각했다. 달리 말하면, 온라인에 게시된 사진에 대한 부정적인 감정을 완화하는 데 상대적으로 능숙한 사람들은, 일상의 삶에서 핵발전소 냉각 장치의 파손 가능성에 대한 섬뜩한 소식들로 가득한 신문을 읽거나, 식료품점에 갔지만 달걀과 빵과 우유가 바닥난 선반을 보았을 때, 또 안전한 곳으로 언제 피신하느냐고 묻는 전화를 미국 친척들에게 받을 때마다 밀려오는 부정적 감정을 완화하는 데도 더 능숙했다.

업무를 진행할 때 이런 절제력을 보인 사람들은 재앙에 따른 악몽에 시달리거나, 놀람반응을 보이는 가능성이 상대적으로 낮았고,

쉽게 절망에 빠지지도 않았으며, 종말이 임박했다는 위협에도 흔들리지 않았다는 결과를 발표한 연구도 있었다. 우리의 작은 연구도 인지적 재평가와 부정적 사건에 대한 새로운 이야기가 있을 때 긍정적 결과로 이어질 수 있다는 결론을 확인하는 데 보탬을 주었다.

2011년 일본을 덮친 쓰나미의 영향에 대한 연구의 중대성을 고려할 때 인지적 재평가는 부족주의와 양극화라는 우리의 문제를 해결하는 데도 훌륭한 해결책일 수 있다. 다행히 나는 이런 가능성을 연구하고 있는 학자들을 적잖게 알고 있다.

인지적 재평가의 가능성을 일단 가볍게 시험해보자.

시험 운전:
안전지대 안에서

──────── 키스 매덕스Keith Maddox는 칵테일 메뉴판을 열고는 깊은 한숨을 내쉬었다.

그때 키스와 나는 데이비스 스퀘어에 있었다. 보스턴 근처의 북적대는 작은 도심 공원으로, 곳곳에 자갈을 깐 길이 있고, 독립 영화관과 중고 서점도 간혹 눈에 띄었다. 우리는 몇 군데 커피숍을 들렀지만, 모든 곳이 만원인 데다 음악 소리까지 시끄러웠다. 결국 우리는 더 파운드리라는 식당에 자리를 잡고 앉았다. 조용하고 약간 어두운 분위기여서 마음이 차분해지는 기분이었다. 또 약간 높은 붉은색 가죽 의자도 마음에 들었다.

하지만 겉보기에는 그곳의 메뉴가 키스의 심기를 건드린 것 같았다.

나는 문제가 무엇이냐고 물었고, 키스는 키튼 미튼스^{Kitten Mittens}라는 칵테일을 가리키며 말했다.

"이 맛있어 보이는 버번 칵테일을 정말 마시고 싶은데…… 왜 이 칵테일에 이런 유치한 이름을 붙였을까요?"

물론 내 남자 친구 중에서 키스만이 전형적인 '여성적' 음료처럼 들리는 칵테일을 주문하는 걸 망설이지 않는다. 하지만 키스는 이렇게 행동하면서도 정형화된 것을 타파하는 방법을 연구하며 일생을 보내는 유일한 친구이다. 그러나 나는 이런 친구를 어떻게 다루어야 하는지를 잘 알았다. 그래서 키스가 성역할을 엄격히 구분하고 권위에 휘둘리는 사람이어서, 자율성을 위협하는 두 요인 사이에서 선택해야 하는 힘든 위치를 자초하는 것이라고 놀린다. 물론 '빌어먹을' 키튼 미튼스를 주문하면 그가 정말 마시고 싶은 것을 마실 수 있기 때문에 실제로는 전혀 힘든 위치에 있는 것도 아니다.

나도 친구를 도와주고 싶은 마음에 키튼 미튼스를 주문했다. 우리는 같은 칵테일을 마시며 홍합을 넣은 그린 커리와 감자튀김을 안주로 삼아, 최근에 키스가 동료 심리학자 헤더 어리^{Heather Urry}와 함께 연구한 결과에 대해 대화를 나누었다.

키스 매덕스는 표현형 편견^{phenotypicality bias}이라 일컬어지는 특수한 형태의 인종 편견을 연구하는 사회심리학자이다.[4] 키스의 결론에 따르면, 인종 편견은 특정한 인종에 속한 모든 사람에게 똑같이 적용되는 일면적인 생각이 아니다. 신체적으로 특정한 인종의 원형에 더 가까운 특징을 지닌 사람들에게 훨씬 더 큰 부담이 지워진다. 예컨대 흑인이어도 피부색의 짙기와 입술의 굵기에 따라 편견의 정도가 다르다.

키스는 특유의 너그럽고 외향적인 성격 덕분에 그 분야에서 가장 널리 알려지고 환영받는 동료이기도 하다. 언젠가 제프와 나는 키스를 학회 칵테일파티에서 끌어내려고 한 시간 이상 진땀을 흘린 뒤에야 저녁식사를 예약한 시간에 겨우 맞출 수 있었다. 학회에 참석한 모두가 그와 잠깐이라도 대화를 나누고 싶어 했기 때문이다. 제프와 나는 키스를 자동차 뒷좌석에 안전하게 감추었다고 생각했지만, 인도에서 "키스!"를 부르는 소리가 들렸고…… 키스는 내 무릎을 짓누른 채 창밖으로 얼굴을 내밀고는 오래전에 소식이 끊긴 친구를 다시 만난 것처럼 이야기를 나누었다.

헤더는 내 박사 후 과정의 지도교수였다. 따라서 나처럼 헤더도 정서 조절을 전공한 심리학자이다. 헤더의 주된 관심사는 어떤 전략이 어떤 환경에 있는 어떤 사람에게 효과가 있는지 알아내는 것이다. 예컨대 관심의 방향에 변화를 줄 때 정서적 편익을 얻은 사람이 있는 반면에 어떤 사람은 상황에 대한 해석을 달리함으로써 정서적 편익을 얻는다.[5] 헤더는 조용하고 사색적인 성품이어서 키스의 유쾌한 성격과 뚜렷한 대조를 이루지만, 현실적인 낙관주의와 유머감각이란 공통분모가 둘의 끈끈한 우정을 뒷받침하는 원동력이다.

헤더와 키스는 자신들의 연구 프로그램을 결합하면 외집단과 관련된 문제를 부분적으로 해결할 수 있다는 걸 알게 되었다. 터프츠 대학교에서 함께 근무한 까닭에 공동 작업을 준비하기는 쉬웠다. 그들이 공동으로 작업한 연구 과제는 "사람들에게 불안감을 관리하는 도구로 인지적 재평가 같은 도구를 부여하면, 인종차별과 관련된 쟁점에 대해 타인종과 더 편하게 이야기를 나눌 수 있을까?"라는 의문이었다.[6]

그들의 연구는 키스의 실험실에 소속된 대학원생, 제니 슐츠Jenny Schultz가 주도했고, 동료 연구원이던 사라 게이서Sarah Gaither의 지원을 받았다. 그들이 새로운 실험을 고안한 논리적 이유는 다음과 같았다. 기존의 연구에 따르면, 타인종과 이야기를 나눌 때 불안감이 고조된다. 그 불안감은 내적(자기 보고, 생리적 반응)으로 측정되고 외적(행동, 비언어적 단서)으로도 측정된다. 이런 불안감에 모든 인종이 현실에서 타인종과의 상호작용을 피하게 되고, 피할 수 없다면 상호작용이 순로롭게 진행되지 않아 실패할 수밖에 없다는 뜻이 함축된 비언어적 신호를 보내지 않을까?

연구원의 간섭을 받아들인 실험 참가자들에게는 "사람들은 다른 인종에 속한 사람과 상호작용할 때 간혹 불안을 느낀다. 이런 불안감을 줄이려고 그들은 타인종과의 교류가 있을 법한 상황을 피하는 쪽을 선택할 수 있다. 그런 상황을 피하면 불안감이 줄어들기 때문이다. 하지만 여러 연구에 따르면, 타인종에 속한 사람과 상호작용하는 상황을 선택하면 미래의 불안을 줄이는 데 실질적인 효과가 있다고 한다"라는 정보가 주어졌다. 그러고는 모두가 백인이던 그 참가자들에게 인종차별을 논의하는 과제가 주어질 텐데 백인과 흑인 중 어느 쪽을 대화 상대로 선택하겠느냐고 물었다.

키스는 감자튀김을 흔들며 말했다. "이 과제에서 내가 흥미롭게 생각하며 관심을 가졌던 것은 협력자를 만드는 방법이었습니다." 사회적 불평등에 저항하는 부담은 표적이 된 집단에 주어진다. 다수 집단이 편견의 영속화에서 더 큰 역할을 하기 때문이다. 따라서 다수 집단이 해결책에 동의하지 않으면, 전체적인 구도를 고려할 때 어떤 해결책도 실효성이 없다. "그런데 이렇게 하기가 쉽지 않습니다. 자칫하면 '불쌍한 백인들이 편안하게 느끼게 해주자'라는 말로 들릴 수 있으니까요!" 그러나 키스의 생각대로, 사람들이 편하지 않으면 참여하려고 하지 않는다. 피하고 멀리하면 어떤 진전도 이루어지지 않는다. 따라서 사람들을 테이블에 끌어들여, 인종차별 같은 까다로운 논제를 다루도록 유도하는 게 중요하다는 게 키스의 주장이다.

헤더와 키스의 연구에 참가한 피실험자들은 선택한 상대와 테이블에 마주보고 앉자마자, 인종차별에 대해 논의를 시작해야 했다. 인종차별은 어떤 상황에서도 논의하기가 쉽지 않은 논제이지만, 특히 다른 인종과 그 주제를 논의하기는 더욱더 어렵다. 키스는 흑인 공동체로부터 인종 편견과 끊임없이 싸우고, 유색인으로 세상을 살아가는 게 어떤 것인지를 선의의 백인 친구와 친척에게 알리려고 노력하는 데도 지쳤다는 하소연을 자주 듣는다고 말했다. 특히 유색인의 힘겨운 삶을 세상에 알리는 힘든 역할을 내려놓고, 그 역할을 백인 협력자들에게 떠맡기고 싶다는 말도 자주 듣는다고도 덧붙였다. 끊이지 않는 차별의 무게를 견디고, 차별의 아픔이 백인의 머릿속에는 전혀 없다는 걸 백인에게 알리려고 노력하는 데도 지쳤다는 말은 내가 소셜미디어에서 흔히 보던 하소연이었다.

키스는 흑인인 까닭에 이런 이중의 부담이 고통스럽고 피곤할 수 있다는 걸 잘 알지만, 교육자인 까닭에 자신이 그 짐을 조금이나마 짊어져야 한다고 생각한다. "우리는 사회에서 여러 신분으로 다양한 역할을 맡고 있습니다. 그래서 다수 집단의 참여를 유도하려면 우리가 그런 수고를 떠맡아야 할 것 같습니다." 키스는 그 연구가 이런 노력에 도움이 되기를 바랐다.

나는 키스에게 그들의 가정이 맞았느냐고, 다시 말하면, 참가자들이 불안감을 줄이는 방법이라는 조언을 듣고 타인종을 대화 상대로 선택하는 경우가 더 많아졌느냐고 물었다.

그런 간섭은 어떤 면에서 효과가 있었다. 불안을 줄이는 간섭을 받아들인 사람들은 같은 인종보다 다른 인종을 선택하는 경우가 눈에 띄게 많아졌기 때문이다. 또 간섭의 여부와 상관없이, 백인을 대화 상대로 선택한 사람과 비교할 때 흑인을 대화 상대로 선택한 사람이 비언어적 불안 징후를 더 적게 보여주었다.

하지만 이런 재평가는 더 희망찬 세계를 만들어갈 수도 있다.

차이를
받아들여라

━━━━━━━ 키스의 연구는 이 책에서 다루었던 핵심 개념 중 하나와도 밀접한 관계가 있다. 다시 말하면, 의미를 함께 공유하며 연대하는 내집단을 형성하려는 우리의 욕망은 결코 채워지지 않기 때문에, 우리는 그 욕망을 채우려고 해서는 안 된다는 것이다. 우리의 많은 경험은 가족과 종교와 민족의 역사에 근원적으로 비롯된 것이다. 하지만 내집단의 유대를 강화하려는 그 속성 자체가 여러 집단으로의 분열과 심지어 탈인간화를 부추길 수 있다. 이때 우리에게 선택의 여지가 있을까? 내집단을 진영의 문턱, 즉 우리 정체성과 더 가까운 사람들이라 평가하면서 외집단을 인류 공동체라는 더 큰 품안에 포용할 수 있을까?

그래서 실험 참가자들에게 인종적 정체성을 강조하는 대신에 공유하는 정체성, 예컨대 모두가 터프츠 대학교 학생이란 정체성을 강조하는 방향으로 연구를 진행하는 것은 어떻게 생각하느냐고 키스에게 물었다.

키스는 고개를 끄덕였지만 크게 수긍하는 모습은 아니었다. "내 생각이지만, 그렇게 하면 곧바로 참가자들은 다시 하위 범주로 분류하며 그들을 불쾌하게 만드는 어색한 사태가 벌어질 겁니다. 실험 참가자들에게 '우리는 모두 터프츠 대학교 학생이다'라고 말할 수는 있을 겁니다. 하지만 그다음, 즉 그 말을 시작한 순간, 실험 참가자들은 '그런데 모두의 경험이 똑같지는 않잖아. 같은 대학교를 다니지만 내 학위증이 이 친구의 학위증과 질적으로 같을 수는 없어. 내가 학교에서 쌓은 경험도 이 학생의 경험과는 완전히 다르다고!'라고 생각할 겁니다. 그럼 그런 생각이 비언어적 단서로 나타나면, 대화 상대는 '뭐야, 내가 원하던 게 아니잖아. 이 친구는 나를 인종차별주의자, 그냥 몰지각한 사람으로 생각하고 있어'라고 생각할 겁니다. 십중팔구 그런 결과가 나타날 겁니다. 그럼 우리는 다시 원점으로 돌아가야 하겠지요."

키스는 마법처럼 실수가 없는 상황에서나 상위적 정체성의 설정이 유효할 것이라 생각했다. 그러나 우리 각자의 시각은 너무도 달라 실수는 거의 필연적이다. 따라서 결국에는 상대의 관점을 제대로 이해하지 못한 채 무엇인가를 말하게 되면 갈등이 다시 시작된다. 여러 파벌이 모인 조직에서 '우리'를 상위적 개념으로 강조하면 부정적 감정은 조금이나마 줄일 수 있겠지만 실질적인 변화를 꾀하지는 못한다. 진정한 변화가 있으려면 어느 정도의 갈등이 필요하다. 다양한 경험이 충돌하며 야기되는 위협과 거기에서 비롯되는 감정을 정면으로 마주하며, 그런 상황을 해결하는 능력을 키워가도록 유도하는 편이 더 낫다는 게 키스의 생각이었다.

누군가와 가까워지려면 경험과 관점의 차이를 조사하고 탐색하는 과정이 필요하다. 누군가와 가까워지기 위해서는 그의 내면세계를 탐색해야 한다는 일반적인 원칙에서는 상대의 내적인 도서관을 알아야 하고, 더 나아가 우리가 사랑에 빠지는 과정도 알아야 한다는 피에르 바야르의 생각이 고스란히 읽힌다. 이런 접근은 유사성의 이해와 인정에 더 큰 무게를 두는 것이다. 그런데 사람마다 차이의 탐색에 관심을 두는 정도가 다르고, 일단 차이가 확인되면 차이에 반응하는 정도도 다른 이유가 대체 무엇일까?

"많은 사람이 가까운 것을 똑같은 것이라 생각하는 것 같아요. 하지만 나는 다른 사람과 의견이 충돌할 때가 좋아요. 그래야 말싸움이라도 할 수 있으니까요. 내 생각에 친밀함은 이미 그런 싸움에 깊이 빠진 후에 오는 것이 아닐까 싶어요. 지금은 상관없이 말이에요."

이런 내 생각과 대조적으로, 키스는 절친한 친구가 다른 의견을 제시하면 위협받는 기분이라며 "하지만 우리 둘의 차이는 해결됐습니다. 네이선 필리언Nathan Fillion에 대해서……."

"뭐라고 하셨어요, 키스? 정말이에요?"

키스와 나는 배우 네이선 필리언을 좋아했지만, 내 사랑은 조스 휘던Joss Whedon의 SF 드라마 〈파이어플라이〉에서 맡은 맬컴 레이놀즈 선장의 역할에 국한된 것이었다. 레이놀즈는 허세로 가득한 가죽 바지, 자신감에 넘치는 으스대는 걸음걸이로 겉모습은 거칠지만 속마음은 순수한 선장이었다. 키스는 경찰 드라마 〈캐슬〉에서 필리언이 맡은 역할도 좋아했다. 반면에 나는 경찰 드라마를 좋아하지도 않았지만 필리언이 자신의 카리스마를 완전히 드러내지 못한 역할을 맡았다고 생각했다.

키스가 말했다. "그렇습니다. 필리언에 대한 의견 차이는 별것이 아닙니다. 하지만 절친한 친구, 혹은 가까운 친구가 되고 있는 사람이 내 핵심 가치, 예컨대 '흑인의 생명도 중요하다'에 대해 크게 다른 의견을 갖고 있다는 걸 알게 되면 그 차이가 큰 문제로 비화할 수 있습니다. 흑인 생명은 중요하지 않다고 생각하는 이유를 나에게 납득시키지 못하면, 그럼……."

키스는 고개를 저으며 잠깐 뜸을 들였다. 봇물처럼 솟구치는 감정을 억누르며, 재평가 같은 심리학적 원칙을 활용해 자신의 생각과 감정을 정리하는 것 같았다. 어떤 경우에든 생각과 감정의 재정리는 쉬운 일이 아니었다. 더구나 그런 원초적인 감정은 많은 기법에 정통한 사람도 정리하기 쉽지 않았다.

마침내 키스가 입을 열었다. "안 되겠지요. 흑인의 생명도 중요하다고 믿지만, 인종 편견과 경찰의 과잉 진압이 나만큼 심각한 문제라고 생각하지 않는 사람이 많습니다. 하지만 내가 그런 관점을 이해하더라도 그 차이 때문에 우리가 더 가까워지지 못하는 것이라 생각합니다. 그렇지 않을까요?"

이 새로운 세계에서도 정치 문제에 대한 의견 충돌은 진영 논리에 갇히고, 더욱더 원초적이고 반지성적이며, 공동체에 직접적으로 영향을 주지 않는 쟁점에 대해서도 다를 바가 없는 듯하다. 정치적인 쟁점에 대한 의견 차이가 윤리적 내집단에 속한 사람들에게도 영향을 주는 경우, 그런 차이까지 극복하고 절친한 친구가 된다는 것은 상상하기 힘들다. 이런 직관적 판단을 뒷받침하며, 미국에서 공화당원과 민주당원이 정책적인 입장 때문이 아니라 사회적 정체성의 이유로 서로 싫어할 뿐만 아니라 '혐오'한다는 걸 증명하는 연구보고서가 적지 않다.[7]

이런 정치적 양극화의 원인은 다면적이다. 그 원인을 나름대로 추적한 한 이론에 따르면, 우리 정치가 도덕화된 것이 주된 원인이다. 따라서 어떤 쟁점이 도덕성과 관련되면, 당사자들이 자신의 입장을 고수하며 물러서지 않는다는 것이다. 이런 이론을 대표하는 학자는 조너선 하이트이다. 하이트는《바른 마음: 나의 옳음과 그들의 옳음은 왜 다른가》에서 자신의 관점을 정리해 보여주었다. 이 책에서 그가 주장한 핵심적인 개념, "인간은 90퍼센트가 침팬지, 10퍼센트가 꿀벌"이란 개념은 1장에서 자세히 다루었다. 그러나 그의 지적인 고향, 즉 그가 집중적으로 연구하는 분야는 도덕 심리학에 있다. 하이트의 주장에 따르면, 진보주의자와 보수주의자는 다른 도덕적 기반에서 살아간다. 영화 〈매트릭스〉에서 그렇듯이, 우리는 빨간 알약이나 파란 알약을 삼킨다. 어떤 알약을 선택하느냐에 따라, 우리는 완전히 다른 세계를 살아간다. 달리 말하면, 다른 원칙과 가치관을 고수하며 존재론적 위협을 다른 식으로 인식하며 살아간다.

하이트의 주장에 따르면, 진보주의자와 보수주의자는 도덕적 기반이 다르기 때문에 현실에 대한 인식도 다르기 마련이다. 세 가지 중요한 도덕적 가치가 피해/보살핌, 공정함과 자유라는 것은 보수주의자와 진보주의자 및 그 사이의 중도까지 거의 모두가 인정한다. 요컨대 타인을 해치는 것은 나쁜 행동이고, 타인을 보살피는 것은 옳은 행동이다. 또 모두가 공정한 대우를 받아야 하고, 모두가 자유로워야 한다.

그러나 보수주의자의 도덕 가치 체계에는 진보주의자가 도덕성과 관계있다고 생각하지 않는 것들이 추가로 존재한다. 그중 하나가 권위이다. 외적인 규칙을 따르고 책임자에게 순응하는 자세이다. 따라서 보수주의자는 권위를 존중하지만, 하이트가 지적하듯이 진보주의자의 유명한 구호는 '권위에 의문을 품어라'이다. 다른 하나는 순수함이다. 특히 성적 취향과 임신에 대한 보수주의적 관점과 관계가 있다. 세 번째로는 충성심이다. 보수주의자들은 차이를 제쳐두고 서로 돕는 반면에, 좌파는 사소한 것까지 들추어내며 애국심의 표현을 국가주의라 생각하며 애국심을 강하게 드러내는 걸 피하는 진보적인 경향을 띤다. 성격적인 면에서도 보수주의자와 진보주의자는 특히 '경험에 대한 개방성openness to experience(새로운 경험과 경계 무너뜨리기보다 전통적인 경험과 안전지대를 바라는 정도)'이란 성격 특성에서도 확연히 다르다.

이 모든 것을 종합할 때 전통과 권위를 존중하고, 내집단에 충성하며, 사회 규범을 위반하는 사람을 의심하고, 가족과 친구를 안전하게 지키기 위해 외부의 위협을 차단하려는 사람들, 더 나아가 권위와 순수함과 충성심을 확실하게 지키기 위해 작은 피해/보살핌과 공정함을 기꺼이 희생하는 사람들이 한쪽에 있게 된다.

한편 반대쪽에는 피해자와 공정함을 무엇보다 중요하게 생각하고, 사회의 진보를 위해 권위에 도전할 필요가 있다고 믿으며, 또 사회 규범이 제약적이어서 창의성과 개인의 개별적인 경험을 방해한다고 생각하고, 배려가 필요한 다양한 타자에게 다가가고 싶어 하는 사람들이 있게 된다.

두 집단이 양극화되면 국민이 서로 이해하지 못하고 진영에 갇혀 말하고 투표하는 국가가 된다. 2장에서 "이야기가 가장 자연스런 형태의 생각"이라 주장한 심리학자 로저 섕크와 로버트 에이벌슨이 말했듯이, 모두가 "좋은 사람과 나쁜 사람이 있다. 나쁜 사람은 불법적인 방법을 사용해 사악한 상황을 빚어내려 한다. 좋은 사람들이 힘을 모으고, (나쁜 사람들의 유혹에 빠져 위험에 처한) 사람들을 지원군으로 끌어들여 영광의 승리를 향해 단호히 진격해야만 그런 상황을 방지할 수 있다"라고 믿는다.

그런데 나쁜 사람이 어떤 사람인지 생각하는 기준도 사람마다 다르다.

이른바 고질화된
갈등을 위한 재평가

──────── 고질화된 갈등intractable conflict, 즉 가장 분열적인 갈등에도 인지적 재평가는 도움을 줄 수 있다. 이스라엘 텔아비브 대학교의 심리학자 에란 할페린Eran Halperin은 인지적 평가를 바꾸면 정서에 영향을 줄 수 있다는 이론을 세계에서 가장 골치 아프고 감정적으로 뒤얽힌 문제에—이스라엘과 팔레스타인 사이의 갈등처럼 고질적인 문제에—적용하고 있다. 할페린은 까다로운 주제나 까다로운 방법론을 사용하지 않는다. 그의 연구팀은 소책자부터 동영상 광고와 가상현실까지 사용하며 그들의 개입으로, '우리 대 그들'이란 고질화된

사고방식에서 갈등의 양쪽 모두를 조금이나마 벗어나게 할 수 있는지 시험하고 있다. 두 사례를 들어 인지적 재평가의 힘을 살펴보자.

한 실험에서 할페린 연구팀은 '역설적 사고paradoxical thinking'라 일컬어지는 방법을 사용했다. 가령 당신이 어떤 쟁점에 극단적으로 확고한 견해를 지닌 사람과 논쟁한다면 그를 반대 의견으로 설득하는 것은 거의 불가능하다. 예컨대 보스턴 레드삭스 팬이라면, 뉴욕 양키스 모자를 쓴 사람이 양키스의 많은 장점을 늘어놓아도 레드삭스 팀을 향한 애정을 바꾸지 않을 것이다. 하지만 할페린의 실험에서 확인되었듯이, 당신이 레드삭스 팀을 극단적으로 칭찬하면 그가 애초의 경직된 생각을 조금 녹이기 시작하며, "레드삭스가 역사상 최고의 팀이지. 하지만 요즘엔 결함이 눈에 띄는 것 같아"라고 생각하기 시작한다. 달리 말하면 그가 마음의 문을 조금 열고 생각하기 시작한다.

이런 접근법이 스포츠팀보다 훨씬 심각한 쟁점에도 효과가 있는지 검증하기 위한 연구에서, 할페린 팀은 보수적인 이스라엘 사람들에게 국가 폭력을 생생하게 보여주며, 국가 폭력의 행사라는 전술이 적절한 것이고 갈등은 때때로 필요한 것이란 주장까지 덧붙인 프로파간디식 광고를 보여주었다. 이 동영상을 반복해 보여주자, 그들의 보수적인 생각이 흔들리기 시작했다. 갈등이 전혀 필요하지 않을 수 있다고 생각하며, 물리적 갈등을 대체할 방법을 고심하기 시작했다.[8]

아미트 골렌베르그Amit Golenberg가 주도한 연구에서,[9] 할페린 팀은

패거리 심리학: 분열된 세계에서의 종족주의

집단 믿음과 관련된 부분을 맡았다. 집단이 의견을 쉽게 바꿀 수 있다고 생각하는 정도는 구성원마다 다르다. 따라서 할페린 연구팀은 집단 믿음이 정적이어서 변하기 힘든 것이라 평가되고, 당신이 그 집단의 일원이라면 당신의 견해도 거의 변하지 않을 것이라 추론했다. 그러나 집단 믿음이 상황에 따라 잘 변하고, 외부의 힘에 영향을 받는다고 믿는 사람은 자신의 견해에 크게 집착하지 않을 것이라 추론했다. 결론적으로, 융통성 있게 다른 관점을 수용하는 집단이어야 양보를 고려하고 기대할 수 있었다.

다른 연구자들은 다른 형태로 불화를 일으키는 쟁점에서 동일한 결론을 끌어냈다. 예컨대 당신이 과거에 주변으로부터 비판을 받는다고 느꼈던 때로 시작해 성전환자의 권리에 대한 이야기로 대화가 이어진다면, 성전환에 대한 부정적인 인식이 크게 변하고 그 영향이 수개월 동안 지속된다.[10] 당신이 남들과 다르다는 이유로 과거에 비판받았던 때에 대해 생각하면, 역시 남들과 다르다는 이유로 지금 비판받고 있는 사람들의 권리를 도와줘야 한다는 생각을 더 적극적으로 갖게 된다.

이런 연구들을 종합하면, 평가, 즉 우리가 꾸미는 이야기에 변화를 주면 지극히 분쟁적이고 분열적인 쟁점에서도 합의에 도달할 수 있다는 결론이 내려진다. 우리가 벌 떼처럼 하나의 집단에 속해 있더라도 변할 수 있고, 우리와 다른 사람들의 관점을 받아들일 수 있는 존재라고 생각할 수 있어야 한다.

절대적으로 그렇게 생각할 수 있어야 한다.

두 가지 경고:
내가 말하지 않는 것

━━━━━ 우리가 선택하는 이야기가 우리 현실을 만든다면, 친사회적이고 생산적이며 인간적인 정서와 결과로 이어지는 이야기를 선택할 수 있지 않겠는가! 내가 이렇게 말한다고, 긍정적인 생각의 힘이 인종차별이나 동성애 혐오, 정치적 당파성과 계급간의 불평등이 없는 세상을 마법적으로 만들어낼 수 있다고 말하는 것은 아니다. 우리 세계에는 교육제도와 사법제도와 의료제도에 녹아 있는 많은 불평등이 있다. 이렇게 추악하고 불평등한 현실에 정면으로 맞닥뜨려야만 불평등을 하나씩 해체하는 희망을 품을 수 있다.

결국 내가 말하고 싶은 것은 "인간은 태생적으로 폭력적이고 자원을 비축하는 성향이 있으며, 자기와 비슷하지 않거나 자기처럼 투표하지 않는 사람을 증오하는 이야기를 선택한다는 것은, 폭력적으로 행동하고 자원을 비축하며, 우리처럼 생각하지 않는 사람을 증오해도 좋다고 우리에게 허락하는 것과 다를 바가 없다"라는 것이다. 이스라엘과 팔레스타인 간의 갈등처럼 더는 희망이 없다고 인식하면 그 상황을 체념하게 되고, 그 결과로 변화를 꾀하려는 시도까지 사라질 가능성이 크다. 아미트 연구팀의 보고서를 평가한 서평의 주저자이던 스마다르 코언 첸Smadar Cohen-Chen은 "그런 노력이 미래의 방향을 정말 바꿀 수 있을 것이라 믿는 사람들은 갈등 해결을 어떻게든 모색하려는 경향이 있다"라고 말했다.[11] 결국 우리가 꾸미는 이야기들이 변화의 가능성을 열어줄 수 있다.

━━━
━━━

우리가 선택하는 이야기가 우리 현실을 만든다면, 친사회적이고 생산적이며 인간적인 정서와 결과로 이어지는 이야기를 선택할 수 있지 않겠는가! 내가 이렇게 말한다고, 우리가 어떤 이야기를 선택하든 간에 사회 규범을 창밖으로 내던질 수 있어야 한다고 말하는 것은 아니다. 우리는 사회 규범을 결정하고 정리할 때 사회적 비난을 받지 않고 공개적으로 지지받을 수 있는 주제와 관점으로 국한한다. 따라서 이런 한계에는 우리가 공유하는 가치가 반영되기 마련이다. 이런 한계는 이른바 '오버턴 윈도우Overton window(너무 급진적이지도 극단적이지도 않아 대중이 수용할 수 있는 범주에 있는 아이디어—옮긴이)'를 통해 개념화되기도 한다.[12] 오버턴 윈도우는 자유시장 정책연구소를 이끌던 공공정책 전문가, 조지프 P. 오버턴Joseph Paul Overton (1960-2003)의 이름을 딴 것이다. 오버턴은 정치와 공공정책을 집중적으로 다루었다. 따라서 그의 '윈도우'는 정치인이 여론 법정에서 뭇매를 맞지 않으면서도 공개적으로 지지받을 수 있는 의견이나 아이디어를 압축해 보여주었다. 이런 대중 친화적 속성을 띠기 때문에 오버턴 윈도우는 현재의 시대정신이나 하이브 마인드에서, 달리 말하면 다수의 시민에게 용인되었다고 여겨지는 생각들의 범위를 압축하는 데 지금도 사용된다. 윈도우 내의 생각과 주장은 용인되지만, 그 밖의 것은 편향적인 것으로 여겨진다. 문화가 변함에 따라, 오버턴 윈도우도 변한다.

최근에 세계 곳곳에서 포퓰리즘이 극성을 부리고, 백인 국가주의자들이 주류 언론에서 적잖게 우호적으로 묘사된다. 따라서 인종과 정체성에 대한 오버턴 윈도우에 변화가 있었다는 주장이 가능할 수 있다. 이런 주장을 뒷받침이라도 하듯이, 2016년 이후로 미국에서 증오 범죄가 크게 증가했다.[13] 게다가 새로운 계층이 증오를 새롭게 배운 것이 아니라, 주요 인물들이 극단적인 발언을 하고도 벌을 받지 않는 결과가 사회 규범이 변했다는 신호로 해석되며 예전부터 증오심을 표출하던 사람들이 비난을 두려워하지 않고 자신의 의견을 공공연히 표현하게 되었다고 주장하는 연구도 있었다.[14]*

나는 현재의 사회 규범에 아직 우호적이다.

결국 내가 말하고 싶은 것은 "사회 규범은 불변의 법칙이 아니다"라는 것이다. 따라서 새로운 세대가 등장할 때마다 공정성과 형평성과 피해 가능성을 두고 기존의 사회 규범에 의문을 품어야 한다고 말하고 싶은 것이다.**

특히 편견과 분열을 줄이는 방법을 연구하는 분야에서 진행되는 흥미진진한 연구들에서는 광고와 픽션 등 다양한 개입을 통해 사회 규범을 직접적 대상으로 삼는 경우가 많다.

---

* 사회학자로서 나는 이런 주장이 지나치게 무모하고 비과학적이라고 지적하지 않을 수 없다. 또한 증오라는 추상적인 개념의 변화에서 인과관계를 찾는 것은 거의 불가능하다는 것도 지적해두고 싶다.
** 내가 파란 알약을 삼킨 때문인지 현재까지는 눈에 띄는 변화가 보이지 않는다.

규범을
넛지하라

━━━━━━ 사람들이 믿는 이야기, 즉 그들의 내적 평가를 바꾸려면 많은 노력과 상대의 협력도 필요한 것이 사실이다. 따라서 그런 목표를 위해 애쓸 필요 없이, 사회 규범에 대한 그들의 '인식'을 목표로 그들을 '넛지nudge'하면 상당한 효과를 기대할 수 있을 것이라 주장하는 연구들도 있다.

2장에서 보았듯이, 사람들은 평균적인 행동이나 믿음 자체보다 평균적인 행동이나 믿음으로 인식되는 것에 더 많은 영향을 받는다. 또한 픽션이 집단 하이브 마인드의 도덕에 엄청난 영향을 미친다는 주장도 기억날 것이다. 그럼 허구적 이야기에서 이런 사회 규범을 직접 표적으로 삼는다면 어떻게 될까?

사회심리학자 벳시 레비 팔럭Betsy Levy Paluck은 "의도적인 개입을 통해 친사회적인 방향으로 사회 규범을 넛지할 수 있다"라는 것을 입증한 연구로 존 D. 앤드 캐서린 T. 맥아더 재단으로부터 지원금(흔히 '맥아더 영재상'이라 일컬음)을 받았다.

할페린이 그랬듯이, 팔럭도 까다로운 과제를 피하지 않고 작게 시작했다. 르완다에서 그녀는 한 라디오 프로그램과 손잡고, 실험 참가자들에게 1년이란 기간 동안 연속극을 듣게 했다.[15] 연속극은 르완다에서 경쟁 관계에 있는 두 종족에 속한 남녀의 사랑을 그린 이야기, 즉 르완다판 로미오와 줄리엣이었다. 등장인물들은 규범에 도전하고 반론을 거침없이 제기하며, 지엽적으로 문제를 해결하는 모습을 연기해 보였다. 그 결과는 놀라웠고, 우리가 지금까지 살펴 보았던 연구들과 일치했다. 연속극을 보기 전에는 그들은 근본적으로 다른 종족에 속해 있다는 인식이 뚜렷했다. 그러나 연속극은 두 종족 간의 갈등에 내재한 '믿음'에 변화를 주려고 어떤 의도적인 노력도 시도하지 않았지만, 사회 규범과 행동, 즉 종족의 차이를 어떻게 대해고 어떻게 말하는 게 옳은가에 대한 그들의 인식에 큰 영향을 미쳤다.

NPR과의 인터뷰에서, 팔럭은 연속극을 청취한 사람들에게 "르완다인들은 그런 삶을 바랍니다. 르완다인들은 연속극이 보여준 관계를 원합니다. 개인적으로 내 딸이 다른 종족의 남자와 결혼하는 걸 허락할 수 있을지는 모르겠습니다. 하지만 허락해야 할 것 같습니다. 우리 르완다가 이제는 그렇게 변해야 하니까요"라는 말을 들었다고 전해주었다.[16] 근원적인 감정이 바뀌지 않은 경우에도 사회 규범과 행동에 대한 인식이 바뀌고 하이브 마인드에 맞추어질 수 있다는 걸 보여준 좋은 예이다.

우리 모두가 자신에게서 사회적 타자와 다르다고 생각되는 면들을 침묵하기 때문이다. 독일 정치학자 엘리자베스 노엘레 노이만 Elisabeth Noelle-Neumann(1916~2010)이 제시한 '침묵의 나선 spiral of silence'에 따르면, 논란을 불러일으킬 만한 의견을 가진 사람들이 자신의 의견을 감추면 반대 의견이 제시되지 않았다는 일반적인 인식으로 귀결된다.[17] 예컨대 침묵의 나선은 악의적인 의견을 감추게 함으로써 시간이 지나면 그런 의견 자체가 사회에서 완전히 사라질 가능성도 있다. 이런 침묵의 나선은 친사회적으로 기능할 수도 있지만(예: 인종차별적인 의견을 공개적으로 발언하는 걸 꺼리는 인종차별주의자), 반사회적으로 기능할 수도 있다(예: #미투 운동 이전까지 침묵의 나선은 권력자를 범죄의 책임으로부터 보호하는 한 수단이었다).

팔럭은 사회 규범의 변화를 위한 개입을 중학교에도 적용해 성공을 거두었다.[18] 한 연구에서, 팔럭은 괴롭힘 방지 운동에 참여할 학생들을 모집했다. 선발된 학생들은 지도 교사를 만났고, 교사는 그 학생들이 각자의 학교에서 눈에 띄는 특정한 행동을 찾아내서 그 행동을 척결하는 방법을 고안하는 걸 도왔다. 예컨대 한 학교에서는 집단 괴롭힘에 참여하는 학생들이 결속을 다짐하려는 징표로 오렌지색 손목띠를 차고 다녔다. 또 어떤 학교에서는 문제 행동을 규탄하는 해시태그를 개발하거나, 학교 곳곳에 포스터를 붙였다.

어떤 경우에 규범이 변할 가능성이 가장 높을까? 자신이 규범에 반발하는 주체가 된 듯한 때이다. 이른바 '에듀테인먼트edutainment'에 등장하는 인물들에서 편안함과 우정을 느끼며 그들과 닮았다고 생각하는 때이다. 예컨대 한 트위터봇 연구에서는 흑인에 대해 인종차별적인 발언을 일삼는 사람을 표적으로 삼아, 흑인을 비하하는 단어를 사용한 사용자를 찾아내면 책망하는 답글을 남기며 다른 단어를 사용하도록 권유했다. 그 실험적 연구는 표적으로 삼은 사람이 적어도 짧은 시간 동안에는 비방하는 단어를 사용하는 횟수를 통계학적으로 유의미할 정도로 줄였다는 점에서 성공적이었다. 백인 남성 아바타를 사용하고 팔로워가 많은 트위터봇인 경우에는 그 효과가 더

욱 컸다.[19]

다시 보스턴의 식당으로 돌아가자. 키스 매덕스와 나는 설득력 있는 사회적 타자가 규범을 넛지하는 힘에 대해 잠시 이야기를 나누었다.

키스가 말했다. "선거 직후, 나는 크게 낙담했습니다. 아니, 내가 지금까지 무엇을 한 거지? 내 삶을 낭비한 것 같았습니다." 키스는 암묵적인 편견과 그 편견에 대응하는 방법에 대해 열린 마음으로 배우려는 사람들과 이야기를 나누며 많은 시간을 보냈지만, 그 미묘한 편견에 대해 배우려는 의욕이 없을 뿐만 아니라 인종차별 같은 것이 있다는 걸 부정하는 사람들이 존재한다는 걸 분명히 알고 있었다.

대통령 선거가 있은 후, 키스는 자신의 말이 정치 스펙트럼에서 극단적으로 우측에 있는 사람들에게 아무런 영향을 주지 못한다는 걸 깨달았다. 그 괴리가 너무도 컸기 때문이다. 그래서 키스는 생각을 바꾸었다. 그보다 조금 우측에 있는 사람을 설득하면, 그 사람이 다시 자신보다 조금 우측에 있는 사람에게 영향을 미칠 것이고, 이런 과정이 계속 이어진다면…… 결국 그가 직접 접근해서 대화할 수 없는 사람에게 접근해 대화할 수 있는 협력자를 이용하는 방법이었다.

나는 키스에게 그 방법에 전적으로 동의한다며, 그 방법이 기본적으로는 이 책의 논점이라는 것도 알려주었다. 이 책의 논점을 다시 정리하면, 생각과 정서와 심성이 하이브 마인드를 통해 확산되고, 그렇게 전염되는 현실 인식에 지배됨으로써 우리는 서로 동조화하고 모방하며 영향을 준다는 것이다.

키스는 눈빛을 반짝이며 나에게 물었다. "반대편에 있는 사람이 당신을 넛지하며 은근히 심어주는 사상을 열린 마음으로 받아들이십니까? 그러니까 보수적인 생각도 열린 마음으로 받아들이십니까?"

그 질문에 나는 선뜻 대답하지 못했다. 침묵이 길어지고 깊어졌다. 나중에 녹취할 때 한없이 길어진 침묵에 나는 쓴웃음을 짓지 않을 수 없었다.

그러나 그때 나는 녹음을 중단하는 버튼을 누르고 의자에 기대 앉아 생각에 잠겼다.

그리고 다음 단계로 무엇을 해야 할지 깨달았다.

재평가를
적용하라

───── 그러나 그날 저녁쯤 헤더 어리가 우리에게 합류하며 저녁식사를 함께했다.

우리는 저녁식사를 하는 동안 학계에 떠도는 소문과, 우리 모두가 아는 지인들에 대한 현황에 대해 주고받으며 대부분의 시간을 보냈다. 나는 그렇게 정감어린 농담을 나누며, 인간은 한담을 일종의 '사회적 그루밍social grooming'으로 사용한다는 많은 인류학자의 주장을 떠올렸다. 사회적 그루밍은 원숭이들이 상대의 털에서 진드기 같은 벌레를 잡아주거나 털을 다듬어주며 친목을 다지는 물리적 그루

밍을 대신하는 개념으로, 언어를 통해 우리 관계를 재확인하는 행위이다. 나는 그들과 정겹게 이야기를 나누는 동안, 아버지가 나를 보행기에서 번쩍 안아 올려 무릎에 앉힌 후에 손가락을 장난스럽게 물어뜯으며 내 머리칼에서 진드기를 잡겠다고 할 때마다 아버지의 품에서 즐거운 비명을 질렀던 어린 시절의 기분에 젖어들었다.

식사가 끝나갈 쯤 나는 헤더와 키스를 토론장으로 다시 끌어들였다. 내가 그들에게 물었다. 두 분의 연구 결과가 언젠가 현실 세계에 적용될 거라고 생각하십니까?

헤더는 흠칫 놀라는 반응을 보였다. 신중한 학자답게 그녀는 그들의 연구가 하나의 연구에 불과하다고 대답하며 덧붙여 말했다.

"물론 우리가 지금까지 해낸 작업이 자랑스럽고, 우리가 찾아낸 결과가 흥미롭기는 해요. 하지만 동일한 결과를 반복해서 확인하고, 더 많은 작업을 통해 메커니즘을 밝혀낸 후에야 확실한 결론을 도출할 수 있을 거예요. 그전까지는 세상에 내놓기도 쑥스럽지요."

그렇기는 하지만 차후의 실험들에서 그 결과가 재확인되고 정교하게 다듬어지면 헤더도 그 결과를 현실 세계에 적용하는 가능성을 모색하기 시작할 것이다.

헤더는 원래 임상심리학자로 교육을 받았다. 달리 말하면, 심리 치료 전문가였다. 헤더도 그렇지만 심리 치료사는 어떤 사람에게 어떻게 해야 행동 변화가 도움이 되고 보람이 있는지를 깨닫는 걸 도와줄 수 있다. 하지만 심리 치료사가 그 사람과 함께할 수 있는 시간은 제한적일 수밖에 없다. 따라서 심리 치료사에게 상담을 받은 후에 그 사람이 상담 결과를 자신의 삶에 적용해 변화를 끌어내느냐는 전적으로 그에게 달려 있다.

"우리가 어떻게 많은 사람의 일상을 추적할 수 있겠습니까 ……." 헤더가 말했다.

키스가 불쑥 말을 막고 나섰다. "못 할 이유가 있습니까?"

헤더는 고개를 갸웃하며 약간 놀라는 듯한 표정을 지어 보였다.

키스가 어깨를 으쓱해 보이고는 말했다. "다양한 애플리케이션이 스스로 생각해서 나에게 조깅할 시간이라고, 명상할 시간이라고, 또 스트레칭할 시간이라고 알려줄 수 있다면, 내 스마트폰은 나를 넛지하는 게 됩니다. 그럼, 당신을 넛지하는 애플리케이션도 있지 않을까요? 잘 기억해보십시오. 당신과는 다른 사람들과 상호작용하는 게 좋다고 생각하신 적이 없나요? 오늘도 그렇게 생각하지 않을 이유가 없습니다. 그렇게 생각할 때 우리는 다른 사람과의 상호작용에 대한 불안감을 처리하는 몇몇 요령을 자연스레 터득하게 됩니다." 키스는 그런 애플리케이션이 실제로 가능할 수 있을지에 대해서는 확신하지 못했다. 하지만 창의성은 기존의 틀을 벗어나 생각하는 것이므로, 처음에는 엉뚱하게 여겨지는 아이디어를 흔쾌히 환영할 수 있어야 한다고 역설했다.

나는 키스에게 마음속으로 감사했다. 그가 애플리케이션을 언급한 덕분에, 우리 대화가 "소셜미디어와 스마트폰은 이런저런 문제를 야기할 수 있지만, 궁극적으로는 우리가 더 나은 삶을 살도록 때로는 도와줄 수 있는 도구"라는 이 책의 핵심 주제 중 하나로 넘어갔기 때문이다. 나는 우리 대화가 진지한 토론으로 빠져들지 않기를 간절히 바랐다. 그래서 헤더와 키스를 인터뷰의 격식에서 풀어놓고, 후식을 먹으며 사회적 그루밍이 자연스레 계속 되도록 내버려두었다.

친구가 좋다는 게 무엇이겠는가!

시험 운전:
안전지대 밖에서

──────── 내가 넛지될 수 있는지 확인해보려면 듣기 거북한 주장을 들어보라는 키스의 제안을 실천해보려고, 나는 친구 조를 설득해 공화당 지역 후보의 모금 행사에 함께 참석했다. 그러나 그때의 경험은 크게 거북하지도 않았고 특별히 흥미롭게 여겨지지도 않았다. 또 나에게 부흥집회에 참석해보라고 권하는 친구들도 있다. 그러나 부흥집회에 참석하지 않는 지금도 나는 종교 단체가 세상에 좋은 일을 할 수 있다는 걸 알고 있다. 따라서 부흥집회에 참석한다고 내 세계관이 크게 바뀔 것이라고는 생각하지 않는다.

그래도 나는 해결책이 무엇이어야 하는지를 깨달았다. 보수적 성향의 픽션 작품을 읽어야 한다. 지금쯤 당신은 내가 픽션을 약간 신성화한다는 걸 눈치챘을지 모르겠다. 소설을 읽는다는 것은 결국 다른 사람의 뇌를 빌리는 것이기 때문에, 나는 우리가 픽션을 읽고 나면 기존 세계관이 조금이라도 달라질 가능성이 상대적으로 높다고 생각한다. 여하튼 이 생각이 이 책의 핵심 주장 중 하나이다.

보수적인 픽션 작품이 어떤 색채를 띠는지에 대해서는 오래 생각할 필요가 없다. 20세기 초의 철학자 아인 랜드Ayn Rand(1905~1982)는 소설을 이용해 개인적인 철학을 분석하고 설명했다. 그녀의 허구적 소설이 미국에서 경제학자 앨런 그린스펀과 하원의장을 역임한 폴 라이언을 비롯한 정치적 보수주의자들에게 훨씬 큰 영향을 미쳤다. 일설에 따르면《파운틴헤드》는 도널드 트럼프가 읽었다고 공언하는 세 권의 소설 중 하나이다. 역사상 최고의 영화라 할 수 있는 〈더티 댄싱〉에서도 주인공 베이비가 엘리트 대학생 로비에게 자신의 노동자 친구를 임신시키고 낙태까지 시켰다고 곤란하게 만들자, 로비는 베이비에게 그 소설을 건네준다. 로비는 뒷주머니에 항상 넣고 다닌 듯한《파운틴헤드》를 베이비에게 건네주며 "중요한 사람도 있지만 그렇지 않은 사람도 있지"라고 말한다.

다행히 그 소설은 내 하이브 마인드의 한 구석에서 예단하던 것만큼 나쁜 책은 아니었다. 오히려 랜드의 철학이 다루는 주제는 이 책에 완벽하게 맞아떨어졌다. 거듭 말하지만, 인간의 이중적 속성, 즉 호모 두플렉스의 두 얼굴, 집단적인 성향과 개인적인 성향 간의 긴장 상태를 어떻게 해소하느냐가 이 책의 주제이기도 하다.

핵심 줄거리는 적잖은 독자가 실존 인물인 건축가 프랭크 로이드 라이트Frank Lloyd Wright를 떠올렸다는 건축가 하워드 로크를 중심으로 전개된다. 로크 주변의 모든 사람들, 즉 동료 건축가들과 미술 평론가들은 건축물이 어떤 모습이어야 한다는 하이브 마인드적 생각들에서 벗어나지 못한다. 물론 그 생각들은 역사적으로 형성된 것이다. 누구도 혼자 힘으로 생각하며 혁신을 꾀하지 않는다. 자연 환경 같은 맥락이나 건물의 목적, 혹은 그곳에서 살아갈 사람들의 성격을 고려하지 않는다. 달리 말하면, 문화적 관습과 사회 규범의 경계를 벗어나 독자적으로 생각하며 위대한 작품을 창조해내겠다는 로크를 제외하고 누구도 하이브 마인드를 깨려고 하지 않는다. 로크는 좌담회에 참석하겠다는 약속을 지키지 않거나 점잖은 행동을 요구한 사회 규범을 무시한 때문에 사람들로부터 신용을 잃는다. 게다가 그에게 완전한 자유를 보장하고 어떤 외압도 가하지 않겠다고 약속하는 계약만을 받아들인다. 그는 우상 파괴자이다. 그는 호모 두플레스에서 집단적인 면을 철저히 거부한다.

로크는 어떤 경우에나 초지일관하지만, 다수 등장인물은 편협함과 사악함에서 변덕스런 모습을 보인다. 그들은 동료들의 집단 의견에 끝없이 순응하며 자유롭게 생각하는 능력이 조금씩 고갈되고, 급기야 껍데기만 인간에 불과할 정도로 혼자 생각하는 능력을 상실한다. 혼자만의 독백에서 그들을 '중계인second-hander', 즉 자신의 고유한 생각이나 의견은 없이 집단으로부터 생각을 무작정 빌리는 사람으로 규정한다. 콧수염을 빙빙 돌리는 악당, 엘즈워스 투이는 인간의 사악한 본능에 사로잡혀 독자적인 생각이나 새로운 철학을 가진 사람들을 억누르려고 한다.

이 소설에는 로크와 도미니크 프랭컨 사이의 사랑 이야기도 있다. 도미니크는 차갑고 쌀쌀맞은 여주인공으로, 로크처럼 사회의 표리부동함을 경멸한다. 그녀는 로크가 유난히 남다르기 때문에 그의 작품이 평범한 중생들에게 주목받지 못하고, 결국에는 그가 파멸할 것이라 생각한다. 그들의 사랑 이야기는 강간으로 시작된다. 로크는 그녀의 몸을 탐하고, 그녀는 짐승처럼 그와 싸운다. "로크는 도미니크를 침대에 넘어뜨렸다. 그녀는 피가 목구멍과 눈에 몰리고, 증오심과 무력한 공포감이 그녀의 피에 파고드는 것 같았다." 진정한 개인주의자, 주인공은 원하는 걸 그렇게 취한다. 여인의 몸을 원할 때도 그 여인의 의지와 즐거움 따위는 아랑곳하지 않는다는 점에서는 예외가 없다.

두툼한 두께, 건축이란 갈등의 소재—내가 건축을 싫어하는 것은 아니다. 하지만 건축이 긴장감을 유발하는 소재는 아니지 않은가!—몇 페이지씩 철학적인 불평을 늘어놓는 등장인물들을 고려할 때 《파운틴헤드》가 오랫동안 지속적으로 주목받았다는 게 놀랍기만 하다.

아인 랜드는 허구적인 소설들을 통해 자신의 철학을 설명했다. 《파운틴헤드》에서 처음으로 예시해 보인 자신의 철학을 '객관주의 Objectivism'라 칭하며, 이론적으로는 "인간은 영웅적인 존재이고, 개인의 행복이 삶의 도덕적인 목적이며, 생산적인 성취가 가장 고결한 행위이고, 이성이 유일하게 절대적인 것이라 생각하는 철학"이라고 요약했다.[20]

진정으로 깨어 있는 사람, 진정으로 중요한 예술가와 사상가는 소수에 불과하고, 집단의 의견을 전달하는 중계인들만 무수하다는 의견에 내가 동의하는 것은 아니다. 오히려 그 의견에는 몰상식적이고 엘리트주의적인 편견이 담겨 있는 듯하다. 또 진정한 예술가는 사회 규범에 얽매이지 않아야 하고, 개인적인 충실성, 성교 전 동의 등 사소한 것이란 이유로 모든 관습을 무시한 채 불꽃처럼 앞장서야 한다는 의견에도 동의하지 않는다. 다음 장에서 자세히 다루겠지만, 우리가 개인의 행복을 삶의 목적으로 추구한다면 오히려 정반대의 결과를 초래할 가능성이 크다는 게 내 생각이다.

그러나 랜드가 집단의 바다에서도 개인적인 생각을 유지하는 게 중요하다고 강조한 점은 여전히 설득력 있고, 내 사상의 형성에도 적잖은 영향을 주었다. 어떤 점에서, 창의성과 혁신은 하이브 마인드를 벗어나 생각하는 능력을 뜻한다. 따라서 현재의 하이브 마인드를 지배하는 이야기에 의문을 제기하며, 시대에 뒤처졌고 부정확하지는 않은지 조사할 때 인간의 진보가 이루어진다.

랜드는 공산주의가 지배하던 러시아에서 성장하며, 강요된 순응의 위험을 직접 목격했다. 이런 경험이 그녀의 세계관에 영향을 주었을 것은 분명하다. 따라서 철학적인 글에서, 랜드는 인간의 집단주의적인 면을 위험하고 원시적이라 생각하며, 부족의 제단에 개인의 권리를 희생하는 것과 다를 바가 없다고 지적했다. 랜드는 개인주의가 확대되는 범위 내에서만 인간의 진보가 가능하다며 "인간이 사회적 동물로 태어났다면, 이 가정 자체도 의문이지만, 이 가정이 맞더라도 그 상태가 죽을 때까지 유지되어야 한다는 뜻인가? 또 인간이 사회적 동물로 삶을 시작한다면, 개인화를 지향하는 것이 진보이고 문명화가 아닌가? 개인화만이 유일하게 가능한 진보이지 않은

가?"라고 말했다.[21]

다음 장에서는 랜드의 이런 도발적 주장을 검증해보려 한다. 집단적인 것은 야만적이고, 개인적인 것은 신성하다는 관점을 무작정 받아들이지 않고, 그녀의 주장대로 개인주의를 확대한 결과가 현시대를 짓누르는 불행과 단절일 수 있다는 증거를 제시하며, 오히려 우리의 집단적인 성향은 소중히 간직해야 하는 것이라 주장해보려 한다.

랜드의 주장에 반론을 제기하는 근거로는, 인간이 자신의 사회성을 다른 종에게도 확대할 정도로 생득적으로 사회적인 존재라고 말해주는 연구들을 살펴볼 것이다.

이제부터 우리 반려동물들과 함께 시간을 보내보자.

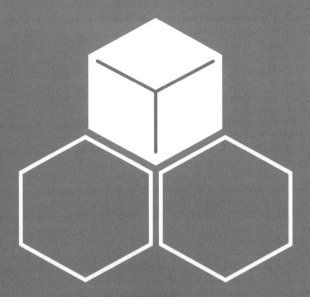

여름

HIVEMIND

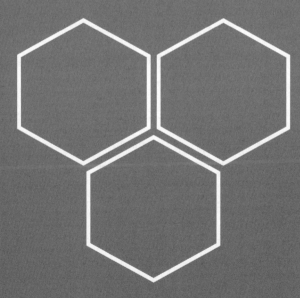

보이지 않는 가죽끈

구스베리 섬, 매사추세츠

아버지날이었다. 모든 가족이 모였고, 모두가 좋아하는 바다로 향했다. 우리는 구스베리 섬을 산책하며 800미터쯤 이어지는 커다란 돌덩이들, 수백 종의 조류, 제2차 세계대전 당시에 세워진 이후로 활기찬 십 대와 낙서 미술가에게 점령당한 콘크리트 감시탑들을 보았다. 날씨는 더할 나위 없이 화창하고 산뜻했다. 게다가 날씨와 공모한 듯이, 섬에서는 모든 꽃이 한꺼번에 활짝 핀 것 같았다. 곳곳에서 앙증맞게 작은 하얀 데이지, 놀랍도록 선명한 분홍빛을 띤 자두꽃, 다소 옅은 색을 띤 들장미가 구스베리 섬을 수놓았다. 어린 시절 여름이면 나는 할아버지가 섬의 둘레길에서 좀 떨어진 곳에 지은 작은 오두막에서 보내며 어른들의 저녁거리로 홍합을 잡았고, 남동생들과 많은 사촌들과 파도를 쫓으며 놀았다. 따가운 햇살, 짭짤한 공기, 밀려들고 밀려가는 파도 소리는 내 기억에 깊이 새겨졌고, 그 기억은 지금도 나에게 큰 생동감을 준다.

그날 새로운 가족이 있었다. 생후 10주밖에 되지 않은 래브라도, 재피를 얼마 전에 입양한 덕분이었다. 귀를 덮은 털이 벨벳처럼 보드랍고, 밝은 갈색 눈동자와 짧은 황금색 속눈썹이 예쁜 재피였다.

내 조카딸 키아라가 재피를 해변으로 데려갔고, 우리는 그 뒤를 따랐다. 해변에서 담요와 접이식 의자에 줄지어 앉아 있던 사람들의 눈길이 우리를 향했다. 그 모습에서 나는 어렸을 때 어머니의 허락을 받으면 어김없이 샀던 접촉에 민감한 식물들을 떠올렸다. 잎이나 가시에 손가락을 살짝 대면 바싹 움츠리는 식물들이었다. 재피는 움츠림보다 열림을 자극했다는 것만이 달랐다. 우리가 지나갈 때마다 사람들의 눈이 커졌고 입이 벌어졌다.

사람들은 재피의 작은 귀를 긁어주고 앙증맞은 얼굴을 쓰다듬으며 재피의 나이를 물었고, 재피와 함께 사진을 찍고 싶어했다. 그 때문에 우리는 몇 발짝을 내딛지 못하고 걸음을 멈추어야 했다.

반려견, 특히 강아지에게는 우리를 즐겁게 해주는 것이 있다.

개는 우리의 즐거움만이 아니다. 눈을 돌리면 개는 인간 문화권의 어디에나 있다. 작가 제나 워긴리치Jenna Woginrich가 '개가 남다른 이유'라는 멋진 글에서 말했듯이,[1]

개는 가축과 집을 지킨다. 심지어 우리 자식들까지 지켜준다. 개는 폭발물을 탐지해내고, 시각장애인을 인도하며, 범인과 실종자를 추적해 찾아낸다. (……) 어떤 개는 썰매를 끌며, 우리가 혼자서는 결코 갈 수 없는 곳까지 우리를 데려간다. 또 어떤 개는 마약을 탐지하고, 심장마비의 가능성을 미리 알아내며, 숲에서 우리는 결코 들을 수 없는 소리를 추적하기도 한다. 안타깝게 뜨거운 솥에 들어가는 개가 있는 반면에 호화로운 거실에서 푹신한 소파에 앉아 지내는 운좋은 개도 있다. 인류의 역사에 남겨진 그림이나 문학 작품을 보라. 어디에나 개가 있다. 개가 주인공이고 악당이다. 일하는 개가 있는 반면에 씨받이 개가 있다. 어떤 개는 우리를 대신해 전쟁터에 나가고, 어떤 개는 우리가 울음을 그칠 때까지 우리 옆을 조용히 지켜준다. 한마디로 개는 우리가 살아가고 일하고 먹는 것을 도와주었다. 이런 관계에서 인간과 개는 개체수가 폭발적으로 증가했고, 따라서 서로에게 더욱더 중요한 존재가 되었다.

앞에서 언급한 낭만적 사랑과 마찬가지로, 개와 인간의 이렇게 뒤얽힌 운명적 관계는 인위적인 조작이나 우연한 사고의 결과가 아니라 진화의 결과인 듯하다. 또한 이 관계는 집단 자아의 중요성에 대해 많은 것을 말해준다.

서로를 길들이다:
인간과 개의 공진화

──────── 약 10년 전부터 개의 인지 능력에 대한 연구가 폭발적으로 증가했고, 그 진화적 근거를 이론적으로 입증하려는 노력도 병행되었다. 이런 연구에 대한 이야기, 즉 반전과 새로이 발견되는 반

복되는 이야기는 항상 흥미진진하다.

그 이야기는 대략 이런 식으로 전개된다. 동물의 인지 능력을 조사하려는 연구자들은 과거에 대부분의 관심을 침팬지과 돌고래에 두었다. 침팬지는 인간과의 관련성이 높았고, 돌고래는 사회성과 지능이 높았기 때문이다. 그러나 개가 분석해볼 만한 흥미로운 후보라는 확신하에, 많은 연구자가 개에 초점을 맞추는 게 더 합리적일 수 있다는 의문을 품기 시작했다. 실제로 침팬지와 돌고래처럼 개도 무척 사회적인 동물이다. 인간과의 관련성이 높지는 않지만, 개가 인간과 함께 수만 년 동안 공진화한 것은 분명하다. 요컨대 수만 년 동안 함께 일하고 함께 살며, 모닥불과 화로만이 아니라 침대까지 공유한 동물이었다. 자연선택이란 과정 이외에 우리는 개의 선택적 교배에 의도적으로 개입했다. 달리 말하면, 우리가 높이 평가하는 형질을 가진 품종을 선택해 키웠고, 좋지 않은 형질을 가진 품종은 사육하지 않았다. 이런 선택적 교배를 통해 기왕에 사회적인 피조물이던 개의 사회적 지능이 한층 높아졌을 것이 거의 분명하다.

연구자들은 개를 평가하는 동시에, 침팬지와 돌고래 같은 동물들과 비교하기 시작했다. 예측대로, 사회적 지능을 평가하는 데 사용되는 많은 과제에서—행동을 이해하는 지적인 자질, 감추고 속이는 능력, 인간의 정서를 인식하는 능력에서—개가 다른 동물들을 능가했다.

나는 학계에 발표된 이런 연구들을 수년 동안 수집해 읽고 분석하며 가르쳤다. 그 과정에서 이 분야의 주된 학자 중 한 명이 듀크 대학교의 브라이언 헤어Brian Hare라는 것도 알게 되었다. 나는 그와 인터뷰한 영상을 강의실에서 보여주고, 트위터에서 그를 팔로우하며, 때로는 상위 학생들에게 그의 연구 논문을 읽으라고 과제를 부여하기도 한다.

나는 이 장에서 개와 인간 및 그 둘의 동조화를 다루기로 결정하고, 그가 아내 바네사 우즈Vanessa Woods와 함께 쓴《개의 특별한 재능: 개가 당신 생각보다 더 영리한 이유》를 집어 들었다. 이 책에서 헤어는 사람들이 공공장소에서 가끔 그에게 다가와 "당신이 그 유명한 개 전문가입니까?"라고 묻는다고 말했다. 그 글을 읽으며 나는 쓴웃음을 지었다. 나도 언젠가 비행기에서 그의 옆자리에 앉게 되고, 그를 알아보았다면 똑같이 질문했을 것이기 때문이다.

따라서 나는 개가 무척 영리하다는 걸 알았기 때문에 그 책을 집어 들었다. 또 헤어의 발견이 좋은 이야깃거리가 된다는 걸 알았지만, 얼마나 좋은 이야깃거리가 되는지는 몰랐다.

첫째로 그 책을 통해 나는 헤어가 다른 학자도 아니고 마이클 토마셀로와 함께 연구하며 학자의 길을 걷기 시작했다는 걸 알게 되었다. 기억하겠지만, 우리가 2장과 3장에서 인간의 사회성 진화를 살펴볼 때 인도자로 삼았던 학자가 토마셀로였다. 토마셀로는 '공동의 상호작용'이 인간의 초사회성에 영향을 미쳤다고 믿었다. 헤어와 토마셀로는 다른 동물에게도 그런 능력이 있는지에 대한 일련의 연구를 함께 진행했다. 그들은 침팬지에게 그런 능력이 있는지 테스트하기 위해, 침팬지가 먹을 것을 통에 감추고, 어떤 통에 먹을 것이 있는지를 동료들에게 언어와 눈짓으로 알려주는지를 조사했다. 실험실에서 진행된 실험에서 침팬지는 번번이 실패했다.

어느 날 헤어는 자신의 반려견 오레오라면 그 과제를 완전히 해낼 수 있을 거라고 토마셀로에게 무심결에 말했다.

토마셀로는 호의적인 반응을 보였지만 믿지 않으며, 모두가 자기 반려견은 미적분도 푼다고 믿는 법이라고 놀렸다.

그러나 헤어는 물러서지 않았다. "아닙니다, 정말입니다. 오레오라면 식은 죽 먹기로 해낼 겁니다."

토마셀로는 헤어에게 오레오가 실제로 그 과제를 해내는 동영상을 찍어 가져오라고 말했다.

헤어는 토마셀로의 지시를 따랐고 오레오는 그 과제를 완벽하게 해냈다.

그 후로, 오레오가 유난히 뛰어난 반려견이 아니라는 걸 입증하는 실험들이 뒤따랐다. 전체적으로 개들은 몸짓과 눈짓을 사용해 주인의 의도를 직감적으로 파악하는 데 상당히 능숙했다. 헤어와 토마셀로는 과학자였던 까닭에, 경계 조건과 예외적인 경우를 파악하기 위한 다른 시험들을 곧바로 시작했다. 개가 인간과 함께 보낸 시간이 중요한가? 그렇지 않았다. 인간과 사회화된 침팬지가 야생의 침팬지보다 훨씬 낫지는 않았고, 강아지가 성견보다 크게 나쁘지도 않았다. 타고나는 능력인 듯했다. 늑대는 어땠을까? 늑대는 다른 면에서는 상당히 영리했지만 사회적 테스트에서는 별다른 능력을 보여주지 못했다.

헤어는 세계를 돌아다니며 연구의 깊이를 더해갔다. 그는 지상에 남아 있는 소수의 들개종 중 두 종, 뉴기니 노래하는 개New Guinea singing dog와 오스트레일리아산 들개 딩고를 찾아냈다. 두 종은 인간에게 길들여지지 않았고, 실생활에서 인간과 접촉한 적도 거의 없었지만 상당한 사회적 인지 능력을 보여주었다.

또 헤어는 드미트리 콘스타니노비치 벨랴예프(1917~1985)라는 소비에트 학자가 관련된 그 자체로도 흥미로운 이야기를 듣게 되자, 길들여진 여우들을 만나려고 시베리아까지 달려갔다. 벨랴예프는 진화론과 유전학을 연구하고 싶었지만, 당시 스탈린 정부는 진화론과 유전학을 금지한 까닭에 벨랴예프는 발각되면 처형될 수 있었다. 따라서 벨랴예프는 상업용으로 최상의 은여우 털가죽을 얻기 위한 방법을 연구한다는 구실을 내세웠지만, 실제로는 여우가 가축화될 수 있는지 확인하기 위한 실험도 병행했다. 모든 좋은 실험이 그렇듯이, 그의 실험도 단순했다. 한 배에서 태어난 여우 새끼들을 상대로 인간에게 어느 정도까지 공격적이고, 어느 정도까지 인간의 간섭을 자발적으로 견뎌내는지를 시험했다. 상대적으로 친사회적으로 판단되던 새끼들은 한 무리에 속해 함께 키워졌다. 다른 새끼들은 특별히 구분되지 않아 대조군이라 할 것도 없이 무작위적으로 키워졌다. 세대가 거듭됨에 따라 친사회적이던 여우들은 더욱 사회적인 경향을 띠었고, 30~35세대가 지난 후에는 완전히 가축화되었다. 이제 그 여우들은 사람의 무릎 위에 앉고, 사람의 품에 파고들고 꼬리를 살랑살랑 흔든다. 작은 여우개처럼.

하나의 행동 특징을 기준으로 선택되었지만, 그 선택이 사회적인 여우들에게 공통적으로 확인되는 다른 특징에도 영향을 미친 듯했다. 예컨대 두개골이 점점 작아졌고, 꼬리는 동그랗게 말린 형태를 띠었으며, 귀는 귓구멍 전체를 덮는 형태를 띠어갔다. 요컨대 가축화에 따른 물리적인 특징을 띠었다. 헤어는 그 여우들을 테스트했고, 녀석들은 지시 반응 검사에서 뛰어난 능력을 보였다. 반려견보다 훨씬 뛰어났다. 헤어의 결론에 따르면 "교배를 위해 가장 우호적인 여우를 선택하는 가축화가 인지적 진화를 유도했다."

이 모든 연구를 근거로, 헤어를 비롯해 많은 학자가 개와 인간에 대해 흥미로운 가설을 세웠다. 그 가설을 설명하면 대략 이렇다. 인간이 늑대를 의도적으로 가축화하지는 않았지만 늑대를 길들이면 유용할 수 있다는 걸 알게 되었다. 가축화는 자연선택이란 과정을 통해 자연스레 일어났을 수 있다. 그렇다면, 먹이가 부족한 시기에 굶주린 늑대들이 모닥불 근처에 몸을 감추고 있다가, 간혹 주변에 던져진 먹을거리, 즉 우리가 버린 것을 찾아 주변을 맴돌기 시작했을 것이다. 이때 상대적으로 우호적이고 상냥한 늑대들이 인간 주변에 살금살금 다가왔을 것이다. 그렇게 약간 더 우호적인 늑대들이 음식물 쓰레기로부터 혜택을 누렸고, 따라서 번식 성공률도 높았을 것이다. 세대가 거듭됨에 따라, 시베리아에서 여우가 그랬듯이, 그 늑대들이 최초의 개가 되었을 것이고, 점점 더 친화적으로 변해갔을 것이다. 친근성과 인지력의 밀접한 관계를 고려하면, 가축화된 늑대들은 적어도 사회적으로는 더 영리해졌을 것이다. 그 과정에서 인간은 늑대가 포식동물을 쫓아내고 함께 사냥하며 썰매를 끄는 데도 유용하게 쓰일 수 있다는 걸 알게 되었을 것이다.

헤어는 개도 인간을 가축화했을지 모른다는 훨씬 더 파격적인 가설을 제기하기도 했다. 적어도 개와 함께하는 걸 좋아하는 사람을 선택하는 진화적 압력이 인간에게 가해졌을 수 있다. 개를 좋아하며 동물과 함께하는 걸 두려워하지 않는 사람, 달리 말해서 동물에게 개방적이고 세균 감염을 두려워하지 않는 사람이 사냥을 하고 삶의 터전을 지키며 밭일을 하는 데도 도움이 되었을 것이기 때문이다. 따라서 그런 사람이 냉담한 사람보다 번식에도 더 성공을 거두었을 것이다. 그 결과로 시간이 지남에 따라 우리는 자연선택을 통해 개를 사랑하는 종으로 진화했을 수 있다. 그래서 리오나 헴슬리^{Leona} Hemsley(1920~2007)처럼 사랑하던 반려견, 몰티즈에게 1억 2,000만 달러를 유산으로 남긴 사람이 있고, 반려견에 대한 재밌는 글을 공유하는 트위터 계정^{WeRateDogs}의 팔로워가 수백만 명에 이르는 게 아닐까.

오프라 윈프리가 초기의 북클럽에서 최고의 소설로 선정한《에드거 소텔 이야기》에서 저자 데이비드 로블레스키^{David Wroblewski}는 시골 농장을 무대로 현대판《햄릿》을 창의적으로 재구성해냈다. 이 소설에서 벙어리 소년은 할아버지가 시작한 개의 육종 관리를 이어받은 손자이다. 벨랴예프가 여우에게 그랬듯이, 소년의 할아버지는 개가 인간을 좋아하고 따른다는 직관적 판단에 기초해 육종을 통해 개의 품종을 개량하기 시작했다. 그는 인간의 감정과 신호를 유난히 잘 읽어내는 강아지를 선택했고, 그렇게 몇 세대가 지난 후에는 무척 예민해서 정서적으로 적절히 대응하는 품종을 개발해냈다. 오필리어나 호레이쇼 역할을 설득력 있게 해낼 정도로 사회정서적 수준이 상당한 품종이었다. 할아버지의 꿈은 개의 진화에서 언젠가 '카니스 포스테루스'(차세대 개)로 알려질 새로운 혈통을 개발하는 것이었다.

물론 에드거와 그의 개들은 허구이다. 그러나 개를 교배하고 주인과 동조화하도록 훈련시키는 조직들은 실제로 존재한다. 게다가 그 개들은 로블레스키가 상상했던 역할을 실제로 해내고 있다. 구체적으로 말하면, 개들은 주인의 정서에 기막히게 맞추며, 주인에게 몸과 마음을 추스르고 회복할 기회를 제공한다.

나는 안식년을 맞아, 수요일 아침에는 전미 보조견 양성기관 National Education for Assistance Dog Services, NEADS에 속한 개사육장에서 보조원으로 자원봉사했다. NEADS는 보조견을 강아지 때부터 일상의 삶에서 도움이 필요한 사람들과 함께 지내도록 훈련시킨다. NEADS가 강아지에 적용하는 훈련 프로그램은 혁신적이다. 예컨대 개들은 주말을 자원봉사자의 집에서 보내며 공동체에 뒤섞이는 시간을 갖지만, 많은 훈련이 지역 교도소에서 진행된다. 강아지에게 보조견으로 일할 때 필요한 능력을 가르치는 방법을 배우는 엄격한 교육 프로그램에 대한 신청을 교정시설의 모범수들로부터 받아, 교육을 진행하는 방식이다.

보조견이 제공하는 도움은 새 주인의 상황에 따라 다르다. 가령 청각장애인에게는 전화벨이 울리는 소리와 문을 두드리는 소리를 듣고 알려주는 친구가 필요하다. 외상 후 스트레스 장애에 시달리는 참전 군인에게는 고통스런 기억과 불안 발작을 극복하도록 도와주는 삶의 동반자가 필요하다. 또 움직임에 곤란을 겪는 사람에게는 엘리베이터 단추를 눌러주고, 떨어뜨린 물건을 집어주는 개가 있다면 큰 도움이 되지 않겠는가.

내가 자원봉사원으로 한 일은 곳곳에 남겨진 배설물을 치우고, 사육장 벽에 남겨진 털과 기름을 긁어내는 등 그다지 매력적인 일이 아니었다. 하지만 개와 함께하는 시간으로 모든 것이 보상되었다. 개들의 귀는 유난히 부드러웠고, 갈색 눈은 희망과 열정으로 가득했다.

나는 보조견 훈련소 자원봉사원으로 등록하고, 일을 시작하기 전에 오리엔테이션을 받았다. 그때 선임 훈련관 캐시 포먼에 대해 설명하는 선임 감독관 태벌리의 목소리는 경외감으로 가득했다. 캐시는 NEADS에서 수십 년째 일하는 까닭에 훈련 프로그램에 관련해 모르는 것이 없었다. 캐시는 의뢰인에게 적합한 반려견을 고르는 데 거의 마법적인 능력을 보여주었다. 태벌리의 눈에는 캐시가 긍정적인 면이 한도 끝도 없는 여인으로 보이는 듯했다. 시간이 지나면서 나는 훈련소의 다른 직원들도 알게 되었고, NEADS의 모든 직원이 캐시를 비슷하게 생각한다는 걸 확인할 수 있었다. 따라서 내가 이 책을 쓰기 위해 캐시와 인터뷰하도록 주선해달라고 태벌리에게 부탁했을 때 태벌리는 캐시라면 기꺼이 인터뷰에 응할 거라고 대답했고, 나는 짜릿한 흥분을 감추기 힘들었다.

신의
은총으로

━━━━━ 그날 나는 인터뷰를 위해 아침 일찍 NEADS에 도착했다. 건물에 들어서자 작은 비숑 프리제가 접수대를 차지하고 있는 게 보였지만, 크게 놀라지는 않았다. 비숑은 뒷발로 사무실 의자 위에 서서, 작은 앞발을 접수대에 올려놓고 있었다. 고개를 들고 입을 약간 벌려 편안한 미소를 보여주었다. 내가 다가가자 비숑은 내게 다정히 눈길을 마주쳤고, 나는 소리내어 웃었다. NEADS의 홍보 관리자 오드리 트리시만이 모퉁이를 돌아 나오며 나를 맞아주었다. 나는 주머니에서 스마트폰을 재빨리 꺼내 비숑을 찍지 못한 것이 아쉬웠다.

오드리는 위층에 있는 자신의 사무실로 나를 데려갔다. 그때 나는 잠시 훈련실을 엿볼 수 있었다. 캐시가 푸른색 조끼를 입은 검은 래브라도를 훈련시키고 있었다. 나는 푸른 조끼를 보고, 그 래브라도가 덩치는 크지만 아직 훈련 중에 있는 강아지라는 걸 알 수 있었다. 완전히 훈련이 끝난 반려견에게는 붉은 조끼가 입혀지기 때문이다. 그 순종적인 검은 래브라도는 옆을 지나가는 우리에게 한눈을 팔지 않았다. 캐시의 얼굴에만 온통 집중했다.

캐시가 훈련을 끝낼 때까지 기다리는 동안, 나는 NEADS의 소셜미디어 계정을 담당하는 오드리의 역할에 대해 잠시 이야기를 나누었다. 오드리는 NEADS에 합류하기 전에 비영리조직에서 일했고, 개인적으로도 트위터와 페이스북에 별다른 시간을 투자하지 않았다. 물론 '좋아요'의 숫자와 댓글에도 큰 관심을 두지 않았다. 그러나 NEADS로 이직한 후에는 크게 변했다. 매일 아침, 귀여운 강아지 사진을 게시하고, 끝없이 밀려오는 듯한 푸른색의 좋아요와 붉은색의 하트를 지켜보는 게 일과 중 하나였다.

훈련을 끝낸 캐시가 들어왔고, 우리는 곧바로 마음을 다잡고 인터뷰를 본격적으로 시작했다. 먼저 나는 인간의 정서와 의도를 읽는 갯과 동물의 능력을 평가한 듀크 대학교를 비롯한 여러 곳의 연구에 대해 그녀에게 알려주었다. 그러고는 그녀의 개들이 그렇게 말로 표현되지 않은 단서를 어느 정도까지 포착해 읽어낼 수 있는지에 대해 물었다.

캐시는 교도소에서 얼마 전에 새로운 강의를 시작했다며, 항상 그렇듯이 이번에도 개에 대한 그녀 개인의 철학으로 시작했다고 대답했다. 그녀는 자신의 초보 훈련사들에게 개는 늑대에서 진화한 까닭에 늑대와 똑같은 사회적 구조를 지닌다고 가르친다(흥미롭게도 캐시는 모든 훈련사를 '자신의 훈련사'라 칭했고, 시간이 지나면 훈련사들도 자신들을 '그녀의 훈련사'로 생각하는 듯했다). 늑대는 살아남기 위해 극도로 강력한 사회적 관계를 구축하는 방향으로 진화했다. 인류의 조상이 그랬듯이, 늑대도 무리를 짓지 않고는 사냥할 수 없고, 새끼를 키울 수 없고, 영역을 지키지도 못했을 것이다. 지금도 그렇지만 먼 옛날에도 소리와 몸짓 언어는 내집단의 커뮤니케이션에서 주된 수단이었다.

캐시가 말했다. "개와 의사소통하고 싶으면 개가 이해하는 방식으로 이해해야 합니다. 나는 그 방법을 '보이지 않는 가죽끈invisible leash'이라 칭합니다." 그 가죽끈은 개와 주인을 이어주는 보이지 않는 수단이다. 예컨대 일련의 목소리, 몸짓 언어 등 둘을 하나로 이어주며 서로를 이해하게 해주는 공통분모가 그런 가죽끈이다.

야생에서 개와 늑대는 높고 낮은 목소리를 사용해 서로 교감한다. 캐시는 교도소 훈련사들에게 강아지가 가장 먼저 받는 훈육이 무엇이라 생각하느냐고 묻는다. 대체로 훈련사들은 정확히 대답한다. 그렇다, 규칙을 위반했을 때 엄마가 으르렁거리는 꾸지람이다. 이런 이유에서 훈련사는 개에게 무엇인가를 말할 때 목소리에 많은 관심을 기울여야 한다. 용기를 북돋워주려면 음조를 높여야 할까, 아니면 으르렁거리는 것처럼 음조를 낮추어야 할까?

캐시에게 보조견을 훈련시키는 법을 배우는 재소자들은 대체로 감정을 드러내지 않는 편이다. 교도소라는 환경에 적응하기 위한 방어기제인 듯하다. 그들은 세심하게 관리된 껍질을 벗지 않으려 한다.

캐시가 말했다. "나는 그들에게 '진심'이 담긴 목소리를 내라고 가르칩니다. 나는 그들에게 누구 앞에서나 진심이 담긴 목소리로 말하라고 가르칩니다. 개와는 그렇게 의사소통해야 하니까요." 개는 견주의 목소리에 진심이 담겼는지, 속임수를 쓰는 것인지, 무엇인가를 감추고 있는지를 감지하기 때문에 진심을 담아 말하는 게 무엇보다 중요하다. 캐시는 얼마 전에 겪었던 곤혹스런 사건을 들려주었다. 그녀는 속상한 마음을 겉으로 내색하지 않았다. 울지도 않았고, 친구에게 전화를 걸어 속내를 털어놓지도 않았다. 여하튼 그녀의 불편한 속내를 겉으로 전혀 드러내지 않았다. 그러나 그녀의 개들은 기막히게 알아냈다. 집에서 항상 그녀의 뒤를 졸졸 따라다니며 그녀를 쿡 찔렀고, 그녀의 얼굴을 빤히 쳐다보며 교감하려고 애썼다.

이런 이유에서 캐시는 훈련사들에게 입버릇처럼 말한다. "진심을 담아 말할 때는 미소를 지으십시오. 미소를 지으면 몸의 긴장이 풀리기 때문입니다. 개가 긴장을 풀고 꼬리를 흔들며 당신을 올려다보도록 해야 합니다. 여러분도 그랬으면 좋겠습니다." 캐시의 증언에 따르면, 훈련견들과 함께하는 시간이 깊어짐에 따라, 재소자 훈련사들의 딱딱하던 얼굴 표정이 풀리는 게 눈에 띈다. 그들의 표정이 부드러워진다.

교도소에서 캐시에게 훈련을 받았던 한 재소자가 NEADS의 강아지를 훈련시키던 경험을 글로 써서 공개한 적이 있었다. 그 글에서, 그는 강아지와 함께한 시간이 교도소라는 외롭고 이질적인 공간에서도 온전한 정신을 유지하는 데 도움이 되었다고 말했다. 또 결코 정상이라 인정하고 싶지 않은 곳에서도 강아지 덕분에 그가 정상적인 의식을 유지할 수 있었다고도 덧붙였다.

당신에 대해 전혀 판단하지 않으며 무조건 수긍하고, 갈색 눈동자를 반짝이며 당신의 지시를 간절히 기다리는 작은 강아지가 그런 비인간적인 환경에서 작은 빛줄기였을 수 있다는 것은 충분히 상상된다. 반려견과 관계를 맺겠다는 목표를 세우고, 그 목표를 제대로 해내고 올바로 해내겠다고 다짐하면 어떻게 되겠는가?

그들의 표정이 부드럽게 변했다고 놀라울 것은 없다.

개와 인간을 잇는 수단에 대해 캐시는 거리를 늘리는 신호와 거리를 줄이는 신호에 대해 많은 것을 말해주었다. 개는 보이지 않는 가죽끈을 따라 인간과 깊이 연결된 존재이지만, 자신이 독자적인 존재이고 때에 따라 평소보다 더 많은 공간이 필요하다는 것도 알고 있다. 개가 거리를 두고 싶을 때는 머리를 낮추고 으르렁거리며, 몸이 경직된다. 반면에 거리를 좁히고 싶을 때는 꼬리를 흔들고, 함께 놀자는 몸짓을 해 보인다. 요컨대 개는 함께하고 싶을 때와 혼자 있고 싶을 때를 명확히 구분해 주인에게 신호를 보낸다. 따라서 주인은 그 신호를 구분할 수 있어야 한다.

이런 정보는 개의 표정에서도 드러난다. 긴장을 풀고 헐떡거리느냐 입술을 말아 올리며 이를 드러내느냐, 눈을 어느 정도까지 크게 뜨고 힘을 풀었느냐, 눈동자가 얼마나 확장되었느냐를 기준으로 판단할 수 있다. 이 모든 것은 인간이 서로 교감하며 상대의 감정을 읽어낼 때 사용하는 신호이기도 하다.

캐시는 "그래서 개가 우리 얼굴 표정을 읽는 걸까요?"라고 묻고는 "물론입니다"라고 대답했다.

나는 우리에게 동료애와 사회적 연결망이 필요한 이유가 무엇이고, 개가 그 특별한 욕구를 채워주는 데 어떤 역할을 할 수 있는지에 대해 캐시에게 물었다. 그렇게 물으며, 석기시대의 유골이 작은 반려견의 유골과 함께 발견되었다는 고고학적 증거를 헤어의 책에서 읽었던 기억을 떠올렸다. 개가 상당히 오래전부터 우리 삶의 일부였다는 증거였다.

캐시는 NEADS가 반려견이 아니라 보조견을 제공하는 곳이란 사실을 강조하는 게 중요하다고 말했다. 보조견이 되려면, 장애나 질병 혹은 마비로 삶에 지장을 받는 사람들을 위해 특별한 목적을 수행하도록 고도의 훈련과 숙련된 능력이 필요하다. 그러나 썰매를 끄는 작업견도 인간의 감정에 적절히 대응하며, 주인을 무조건적으로 사랑한다.

NEADS는 보조견과 의뢰인이 서로에게 도움이 되도록 짝지워주는 데 탁월한 솜씨를 자랑한다. 훈련팀 직원과 고객대응팀 팀장 케이티 오스트로프가 의뢰인과 개의 프로필을 치밀하게 분석한다. 의뢰인은 자존감이 강한 사람인가, 개와 함께 지내는 걸 편하게 생각하는가, 보이지 않는 가죽끈을 관리하는 걸 귀찮게 생각하지는 않는가 등을 조사하고 분석한다. 개에 대한 분석도 소홀하지 않는다. 주인이 자신감을 북돋워주어야 하는 녀석인가? 계층의 사다리를 올라가려는 의욕에 불타는 녀석이어서 야심찬 주인이 필요하지 않을까? 사랑받는 걸 좋아하는 개에게 운동 능력이 제한된 주인은 어울리지 않는다. 그러나 언어적 칭찬을 더 좋아하고 "잘했어! 정말 잘하는구나!" 같은 칭찬을 듣기를 좋아하는 개라면 움직임에 제약이 있는 주인에게 어울릴 수 있다. 모두를 웃게 만드는 멍청한 개를 좋아하는 사람이 있는 반면에, 상대적으로 직선적이고 분석적인 개를 좋아하는 사람이 있다.

내가 짝짓는 과정이 데이트하는 것처럼 들린다고 말하자, 캐시는 수긍하며 말로는 표현하기 힘든 화학적인 부분이 있다고 덧붙였다. "보조견을 처음 만나려고 방에 들어가는 순간, 명확히 말하기 힘들지만 따뜻한 느낌을 받기도 합니다." 그럼 둘의 성향이 맞는 겁니다.

나는 캐시에게 특별히 기억에 남는 짝짓기 사례가 있느냐고 물었다.

캐시는 이 일에 종사한 지가 어느덧 35년이었다. 따라서 한 건만을 골라내기가 쉽지 않았을 것이다. 그러나 캐시는 유망한 산악자전거 선수이던 청년에 대한 이야기를 들려주었다. 편의상 그 청년을 벤, 그의 보조견을 팀버라고 하자.

"벤은 유럽에서 자전거 회사를 위해 일했습니다. 그런데 어느 날, 그의 자전거가 보도의 연석에 부딪쳤습니다. 이렇게 큰 연석을." 이렇게 말하며 두 손을 들어 10센티미터가량 벌려 보였고, 삶의 변덕에 고개를 저었다. 벤은 쓰러졌고, 척추가 부러지며 두 다리의 기능을 잃었다.

NEADS는 벤과 팀버를 짝지워주었다. 팀버는 약간 멍청하고 태평한 보조견이었다. 팀버는 매일 아침 벤의 옆구리를 찔러 잠을 깨웠다. "멍멍, 일어날 시간이에요." 벤이 침대에서 나오려면 간병인의 도움이 있어야 했다. 여기에서 캐시는 말을 멈추고, 한때 자전거를 타고 산악지대를 오르내리며 밥벌이를 하던 사람이 혼자 힘으로는 침대에서 내려서지도 못하게 된 안타까운 상황을 머릿속에 그리는 듯했다. 그러나 이제 그에게는 보조견이 있었고, 팀버가 그에게는 침대에서 일어나야 할 이유가 되었다. 하루에 몇 시간을 벤은 팀버하고만 지낸다. 허리 아래가 마비되었을 뿐만 아니라 손발의 움직임도 제한적이었던 까닭에, 팀버가 집에 있다는 사실만으로도 벤은 안전감을 느낀다.

그러나 캐시의 생각에는 팀버가 벤의 하루에서 중심이 되었다는 것이 팀버의 더 큰 기여였다. 달리 말하면, 벤에게는 팀버가 돌봐야 할 대상이다.

캐시가 말했다. "우리는 삶의 중심이 자신의 밖에 있기를 바랍니다. 우리는 웃고 미소 짓고 걱정합니다. 우리 자신이 아니라 다른 사람 때문에! 보조견이 많은 의뢰인에게 제공하는 것이 바로 그것입니다. 그들의 세계에서 새로운 중심이 되는 것입니다."

팀버는 벤에게 건강 외에 집중해야 할 무엇인가를 제공했을 뿐만 아니라, 벤이 간병인들과 공유해야 할 것까지 제공했다. 예컨대 벤은 부족한 것을 끝없이 요구하지 않고, 재밌는 일화와 즐거움 및 계획을 간병인들과 적극적으로 공유할 수 있었다. 또 밖에 나가면, 팀버는 벤에게 낯선 사람들과 함께할 이야깃거리를 제공했다. 캐시는 "벤은 물론이고 많은 의뢰인이 '사람들이 내 개를 먼저 보고, 내 휠체어는 나중에 보더라고요'라고 말합니다"라고 말했다. 결국 보조견은 어색함을 지워내며, 낯선 사람과 대화하는 연결 고리를 제공하는 매개체인 셈이다.

보조견은 인간의 정서적인 삶에서 다른 빈 공백도 메워줄 수 있다. NEADS의 교육 프로그램에 참여한 한 여인은 심한 지적장애가 있는 두 자녀의 어머니였다. NEADS는 그들에게도 보조견을 짝지워주었다. 훗날 그 여인은 보조견이 두 자녀를 한없이 사랑하기 때문에 영원히 그들의 곁에 있겠지만, 두 자녀가 지능에 한계가 있어 보조견에게 고맙다는 표현을 하지 못하는 게 아쉽다고 캐시에게 말했다.

캐시는 고개를 크게 저으며 말했다. "지적장애인을 돌보는 게 얼마나 힘든 일인지 상상조차 할 수 없을 겁니다. 엄청난 시간과 노력이 필요합니다. 그들이 어떻게 대응하는지 당신은 꿈에도 모를 겁니다. 그런 점에서 그 여인의 태도는 정말 사랑스럽고 정직한 것입니다. 그런데 그녀는 나에게 이런 말도 했습니다. '개가 나에게 고마워하는 것 같습니다. 항상 꼬리를 흔들면서 나를 핥습니다. 그 때문에 내가 고생한다는 걸 인정하며 나에게 고마워하는 존재가 있다는 기분에 젖습니다. 누군가 내 행동을 지켜보며 고마워하는 것 같습니다.'"

캐시의 개들은 의뢰인들이 격변과 고난을 맞아서도 좌절하지 않고 품위 있게 삶을 사는 용기를 되찾도록 도와준다.

캐시와 인터뷰하는 과정에서 나는 헤어의 가정을 떠올리지 않을 수 없었다. 개와 인간은 수만 년 동안 서로 선택하고 서로 가축화하며 연대감과 동료애와 애착을 형성해왔다는 것이 헤어의 가정이다.

내가 보기에 개와 인간의 결속은 낭만적 사랑과 다를 바가 없었다.

우리 세계의
새로운 중심

──────── 사회 비평가, 바버라 에런라이크^{Barbara Ehrenreich}가 집단 환희를 다룬 책을 읽은 후, 나는 어떻게 하면 집단 환희를 직접 경험할 수 있을지 생각해보았다. 가장 먼저 블랙록 사막의 버닝맨을 떠올렸지만, 그 행사는 비용도 많이 들고 너무 복잡한 듯했다. 게다가 나는 그렇게 분방한 행사를 충분히 감당할 수 있을 정도로 개방적이지도 않았다. '데이브레이커^{Daybreaker}'라는 프로그램을 알리는 공지도 솔깃하게 보였다. 그 명칭은 뱀파이어를 생각나게 했지만 실제로는 아침 요가 겸 댄스 파티였다. 향정신성 물질을 사용하지 않아 괜찮아 보였지만 아침 시간에 국한된 것이었다. 나는 쾌적한 무도장에서 즐기는 춤을 좋아하지만 요즘에는 주로 결혼식이 있을 때에나 댄스파티가 있는 데서 한두 잔의 진토닉까지 더해져야 집단 환희를 맛볼 수 있을 뿐이다.

결국 나는 매사추세츠 팰머스의 코드 곶에서 매년 열리는 팰머스 로드 레이스에 NEADS를 대표한 기금 모금 팀의 일원으로 달리기로 했다. 참가자마다 그 행사에서 기대하는 효과가 있었을 것이다. 나는 거의 연습하지 않았지만 10~12킬로미터를 달리고 싶었다. 그 거리이면 팀의 기대를 저버리지 않으면서도, 종과 악기, 고함과 오렌지 조각을 들고 거리에 나와 응원하는 인파와 함께 달리는 사람들의 열기를 느낄 수 있을 것 같았다. 튀튀 치마를 입은 젊은 아가씨들로 구성된 무용단은 커다란 현수막을 펼쳐 보였다. "달리다가 싫증나면 춤을 추세요!"

첫 경주에서 나는 내 이름까지 인쇄된 번호판을 달고 뛰었다. 군중들은 우리 이름을 부르며 힘을 북돋워주었다. 한 지점에서 내가 속도를 늦추자 누군가 소리쳤다. "세라! 할 수 있어요! 3킬로미터만 더 가면 돼요!"

나는 NEADS 셔츠를 자랑스레 입었고, 내 옆을 달리는 사람들도 루게릭병 협회, 다나 파버 암 연구소, 소아암 환자를 위한 경찰 등 다른 자선단체를 대표한 사람들이었다. 한 남자는 다운증후군을 지닌 아들과 함께 포용정책과 정신 건강을 촉구하는 문구가 쓰인 셔츠를 입고 나란히 달렸다. 자선단체를 대표한 팀원들의 셔츠에는 "＿＿＿＿를 위해 달립니다"와 어떤 사람의 이름이 쓰여 있었다. 이번 행사에 참가해 달려야겠다는 영감을 준 사람의 사진을 셔츠에 넣은 사람들도 눈에 많이 띄었다. 한동안 나는 미숙아의 모습을 등판에 넣은 사람의 뒤에서 뛰었다. 손발이 작고, 무수한 전선이 몸에 뱀처럼 연결된 미숙아였다. 나는 과거의 기억이 되살아나며 복부를 심하게 얻어맞은 기분이었고, 다리가 휘청거렸지만 곧 회복했다. 그때 행사 진행자의 목소리가 들렸다. 자선단체를 위해 뛰는 사람들 덕분에 수백만 달러의 기금이 모금되었다고!

나와 함께 10킬로미터를 뛰었던 사람들만이 아니라 우리를 응원하려고 떼 지어 나온 사람들까지 하나로 연결해주는 집단 환희를 경험할 수 있는 행사였다. 또 많은 인터뷰와 연구 논문 및 책이 나에게 가르쳐준 소중한 교훈 하나를 확실히 재확인한 행사이기도 했다.

우리는 서로를 위해 살아간다. 나는 캐시 포먼과의 인터뷰에서 많은 말을 이 책에 인용했지만, 내 뇌리에 가장 오랫동안 남았던 말은 "우리는 삶의 중심이 자신의 밖에 있기를 바랍니다. 우리는 웃고 미소 짓고 걱정합니다. 우리 자신이 아니라 다른 사람 때문에! 보조견이 많은 의뢰인에게 제공하는 것이 바로 그것입니다. 그들의 세계에서 새로운 중심이 되는 것입니다"였다.

캐시의 생각은 NEADS가 제공하는 경이로운 프로그램의 장점을 강력히 대변하는 것이다. 특히 이 책의 논점에서 그녀의 생각은 더욱더 중요하다. 개는 우리의 사회적 연결망에서 빈 공백을 채워준다. 특히 일상의 삶에서 사소한 것까지 공유하는 사람을 위해 그 공백을 채워준다. 누구도 사람으로는 그 공백을 충분히 채울 수 없다는 것이 진짜 문제이다. 우리는 맹목적인 동조를 피하고 싶어 한다. 집단 사고에 순응하면 우리는 분열적이고 음모론적이며 탈인간적인 사고로 치달을 수 있기 때문이다. 그러나 개인주의도 그 자체로 위험을 내포하고 있다.

언론인 윌 스토Will Storr는《셀피: 우리는 어떻게 자기 집착에 빠지고, 그 결과가 우리에게 어떤 영향을 미치는가》에서, 아리스토텔레스가 활동한 그리스의 화창한 섬부터 20대의 부유한 청년들이 등장하는 실리콘 밸리까지 자아와 개인주의의 문화사를 추적했다.

스토는 관련된 문헌을 검토하고 다수의 전문가들과 대담한 끝에, 자아와 의식의 본질에 대해 신경과학자 데이비드 이글먼과 같은 결론에 도달했다. 우리는 무의식적인 동기에 기반에 의사결정을 내리는 경우가 많지만, 나중에 우리의 의식적 자아가 그 동기를 멋지게 포장하고, 그럴듯한 이야기로 꾸민다는 것이다. 나와 양봉가 댄콘론도 이런 결론에 동의한다. 스토의 주장에 따르면, 이렇게 이야기를 지어내는 행위는 심리적으로 적응하려는 노력이다. 이야기를 꾸미는 과정에서, 우리가 겪는 많은 불화와 혼란이 좋은 것, 즉 우리가 운명을 통제할 수 있다는 확신으로 바뀔 수 있기 때문이다. 그러나 스토는 그런 순응적 타협 때문에 우리가 현실의 진정한 모습을 보지 못한다고 경고한다.

스토는 우리가 자신을 서사적 모험에 내던져진 존재라 생각한다며 "우리는 간단없이 전개되는 삶이란 이야기, 즉 협력자와 악당, 갑작스런 반전, 행복과 보상을 얻기 위한 까다로운 모험으로 채워지는 이야기의 주인공이 된 듯한 기분에 젖는다. 우리의 부족주의적 사고는 친구들에게는 후광을 두르고, 적의 머리에는 뿔을 심는다"라고 썼다.

그러나 스토는 집단적 자아, 즉 하이브 마인드를 형성하는 정도로 초점을 맞추지 않고, 호모 두플렉스의 다른 면, 즉 개인적인 속성을 집중적으로 다루었다. 제시 워커가 적과 잠재적 위협에 대한 우리의 편집증을 추적하고, 본 벨이 사회적 테크놀로지에 대한 도덕적 공황을 추적했듯이, 윌 스토는 우리는 집단보다 완벽한 개인적 자아를 추구하려는 욕망을 버린 적이 없지만, 그 욕망은 다른 문화적 경향과 중요한 사건의 등장으로 영고성쇠를 반복한다고 주장했다.

스토는 실리콘 밸리에서 책을 마무리 짓는다. 실리콘 밸리는 기업가 정신이 사회적 가치이고, 신생 기업들이 인간에게 미치는 영향을 생각하지 않고 온갖 직업을 쓸모없게 만드는 기발한 장치와 애플리케이션을 발명하는 곳이며, 집단 가치에 대한 경멸이 널리 만연된 곳이다. 스토의 책에서 이 부분은 나에게 자칭 '바이오 해커' 세르주 파게Serge Faguet가 블로그에 올려 논란을 일으킨 글을 떠올리게 했다.[2] 파게는 몸의 효율을 극대화하기 위해 하루에 한 번만 식사하고, 기분과 집중력과 수면을 관리하기 위해 다양한 약물을 섭취하고, 시간과 감정을 복잡하게 투자할 필요가 없는 성매매 종사자에게 돈을 주고 성적 욕구를 해소하는 방법을 옹호한다. 특히 파게는 가까운 장래에는 두 유형의 인간이 있게 될 것이라고 즐겨 말한다. 하나는 우월한 인간, 즉 이런 바이오해킹에 적극적으로 참여해 '향상된' 인간이고, 다른 하나는 기본적인 상태를 벗어나지 못한 인간이다. 이런 저급한 기본적인 인간은 "잘 돌봐지겠지만, 일상생활에서 일어나는 일에 실질적인 발언권을 갖지 못할 것이다."

스토는 이런 자유의지론이 아인 랜드의 글에서 많은 영향을 받은 것으로 보았다. 앞에서 이미 언급했듯이, 아인 랜드의 철학에서는 각 개인이 사리사욕을 추구하고 사회 규범이나 정부 규제에 의해 방해받지 않을 때 인간 사회는 크게 번성한다. 아인 랜드는 자신에게 유일하게 영향을 미친 철학자로 아리스토텔레스를 꼽았지만, 스토는 아리스토텔레스를 '개인주의의 아버지'로 규정했다.

이렇게 개인적 자아를 신성시하면 적잖은 문제가 야기된다. 첫째, 개개인에게 외모와 기질과 성과에서 완벽해야 한다는 과도한 압박이 가해진다. 이런 목표를 추구하고 그 과정을 점검하는 데 소요되는 수고가 너무 크다. 너무 수고스러울 뿐만 아니라 기분까지 울적하게 만든다. 중년에 이르러서도 꿈을 성취하지 못했다면, 배는 불룩 나오고 아이들에게서는 원망이 빗발친다면, 따라서 행복은커녕 자기회의와 자기비판에 시달린다면, 실패한 삶이란 기분을 떨치기 힘들 것이다. 최고의 완벽함을 이루지 못했기 때문에도 실패한 것이지만, 순전히 마음으로 인정해야 할 때 그러지 못하기 때문에도 실패한 것이다.

둘째로는 우리가 개인적인 면을 수용할 때 집단적인 면을 등한시하게 되는 것도 문제이다. 스토는 "먼 옛날, 우리는 자신을 환경과 분리된 존재이고 서로 독립된 존재로 정의했다. 그러나 이런 정의는 공자의 후손들이 정확히 알았던 진실과는 동떨어진 것이었다"라고 말했다. 다시 말하면, 우리는 개인적인 존재인 만큼 집단적인 존재이고, 개인으로서 자기완성에 집중하는 것보다 집단의 일원으로서 배려하고 노력할 때 더 지성적이고 더 이타적이며 더 도덕적으로 행동하게 된다는 뜻이다. "개인을 중시하며 신성한 자아 외에 누구에게도 책임을 지지 않겠다는 선언이 편하고 매력적으로 보이지만" 우리가 행하는 모든 것이 눈에 보이지 않게 파급 효과를 일으켜 다른 사람들에게 영향을 미친다는 뜻이기도 하다.

다시 1장으로 돌아가 보자. 조녀선 하이트와 에밀 뒤르켐은 어떤 사회에서나 개인과 집단의 충돌하는 욕구를 균형 맞추는 법을 알아내야 한다고 주장했다. 특히 하이트는 "대부분의 사회는 사회중심적인 답을 선택하며 집단과 제도의 욕구를 앞에 두고, 개인의 욕구를 뒤에 놓았다. 반면에 개인주의적인 답은 개인을 중심에 두고, 사회를 개인의 종복으로 삼는다"라고 말했다.[3] 내 생각에, 미국 사회는 집단을 희생하면서까지 개인을 더욱더 강조하는 듯하다.

공동체 의식, 즉 개인은 시공간을 막론하고 더 큰 전체의 일부라는 생각은 인간의 행복을 위해 무척 중요하다. 큰 재난이 닥치면 공동체 전체가 일상을 제쳐두고 합심해 문제를 해결하려고 나섰다는 뜻밖의 보도도 공동체 의식으로 설명될 수 있다. 리베카 솔닛Rebecca Solnit은 《이 폐허를 응시하라》에서 "평소의 구분과 양식이 모두 파괴되면 모두는 아니지만 압도적 다수가 형제를 보살피는 사람이 되려 한다. 그런 목적의식과 유대감이 상실과 죽음 속에서도 기쁨을 가져온다"라고 말했다. 그때 우리는 전통적인 과거에 맞추려는 상태로 되돌아가고, 그때 깊은 삶의 의미를 되찾는다.

종교 공동체에 가입하면 건강과 행복과 장수에 대한 기대치가 높아진다는 것은 많은 연구에서 확인되었다. 대부분의 종교가 지나친 알코올 남용, 성병을 옮길 가능성이 있는 낯선 사람과의 성관계에 대해 명시적으로나 묵시적으로 규제하듯이, 이런 효과는 사회적 지원, 명상, 건강한 생활방식 등과 같은 변수를 선택하는 데 영향을 준다.[4]

종교는 많은 사람이 기왕에 공유하는 사회적 의미로 구성된 시스템, 즉 세계를 중심으로 설득력 있게 꾸며진 이야기를 제공한다. 하이트에 따르면, 종교는 진화론으로 풀리지 않는 의문들에 효과적인 해법을 제시하기도 한다. 어떻게 하면 유전적 관계가 없는 사람들의 협력을 합리적으로 설명하고 규정할 수 있을까? 어떻게 하면 사람들에게 서로 나누고 배려하며, 집단의 이익을 위해 이기적 행동을 억제하라고 독려할 수 있을까? 어떻게 하면 개인적인 보상이나 우선적인 대우를 바라지 않으면서도 너그럽게 생각하고 행동하도록 유도할 수 있을까? 역사적으로 보면 우리는 종교심을 향상함으로써 이런 의문들을 부분적으로 해결할 수 있었고, 여기에서 종교가 지속되는 이유도 부분적으로 설명되는 듯하다.

이런 이유에서 하이트는 인류의 미래가 세속적일 것이란 주장에 동의하지 않는다.

사람들에게 신성하게 여겨지는 모든 형태의 소속감을 버리고 순전히 '이성적'인 믿음에만 의거해 살라고 한다면, 지구를 떠나 달의 궤도를 따라 도는 식민 도시에서 살라고 하는 것과 다를 바가 없을 것이다. 물론 가능성이야 있는 이야기이지만 이를 위해서는 고도의 첨단 공학이 대거 동원되어야 할 것이고, 설령 이주했더라도 식민 도시의 후손들이 문제이다. 10세대만 지나도 그들은 지구의 중력과 녹음을 까닭 없이 그리워할 것이기 때문이다.[5]

요즘의 사회 구조와 개인주의에 대한 지나친 강조는, 삶의 관계와 의미를 이 세상 너머까지 연장하고 싶은 욕구를 배신하는 것일 수 있다. 어쩌면 우리가 사회적 테크놀로지를 보는 데 너무 많은 시간을 보낸다는 사실보다, 현재의 안타까운 현실을 더 잘 설명하는 현상일 수도 있다.

음모론이 대중의 의식에서 기승을 부리는 이유도 부분적으로는 개인주의의 발호로 설명된다. 6장에서 보았듯이, 음모론과 광신적 종교는 삶의 의미와 연결 고리를 찾고, 불확실성을 줄이려는 인간의 욕구를 채워주기 때문에 주목받는 것이다. 사회적 소외 현상이 확대되면 미신과 음모론에 대한 믿음이 확산된다.[6] 초기의 연구에서 확인되었듯이, 음모론적 사고가 주목받는 데는 사회적 동기가 큰 역할을 한다.[7] 또 사회 운동에 처음 참여할 때는 별다른 확신이 없어도, 공동체 운동에 참여하는 과정에서 그 믿음이 더욱 깊어진다.[8] 1920년대 KKK도 이런 과정을 통해 미국 사회에서 강력한 기반을 구축했다.

친사회적인 공동체를 강화하면 개인과 집단의 행복감을 높여주는 데 그치지 않고, '융합형 편집증fusion paranoia'의 호소력을 낮추는 데도 효과가 있을 수 있다.

우리는 개인적인 차원에서 더 행복해지는 방법에 집중하는 경우가 많다. 행복하려면 우리는 어떤 일을 하고, 어떤 성취를 이루어야 할까? 어떤 종류의 식습관과 건강 관리법이 행복지수를 높이는 데 효과가 있을까? 동네 서점을 샅샅이 뒤지면 개인적 자아를 완벽하게 다듬는 방법을 다룬 책을 얼마든지 찾아낼 수 있을 것이다. 그러나 행복의 집단적인 면도 고려해야 한다. 주변 사람들과 함께 번창하며 행복하게 지내고 싶다면, 그들에게 세계관과 가치관을 공유하

는 더 큰 사회나 집단에 소속되고 싶은가를 물어야 할 필요가 있다.[9]

사회적 타자에 대한 의존을 줄이는 변수들은 높은 자살률과 관계가 있다. 재물과 성공처럼 삶을 더 편하게 해주는 변수들도 마찬가지이다. 에밀 뒤르켐은 '아노미anomie', 즉 행위를 규제하는 공통 가치나 도덕 기준이 없는 혼돈 상태에서 그 원인을 찾았다. 행동과 관련된 사회 규범과 사회 상규가 무너지면 사람들은 원초적 욕망을 따르고, 쾌락적 행복을 추구할 수 있다. 바이오 해커 세르주 파게처럼 우리도 뇌 능력을 향상시키기 위해 약물을 복용하고, 뒷날을 생각하지 않는 매력적인 짝들과 섹스하는 데 돈을 펑펑 쓸 수 있다. 이런 행위는 순간적인 쾌락을 안겨주지만 우리를 진정으로 행복하게 해주지는 않는다. 역설적으로 들리겠지만, 우리가 누릴 수 있는 쾌락이나 재물의 양에는 한계가 없기 때문에 전적으로 욕망을 쫓는다면, 항상 움직이는 표적을 추적하는 것과 다를 바가 없을 것이다.[10]

행복의 추구와 그 역설적 효과에 대한 광범위한 심리학 연구에서도 이 점이 강조된다. 우리는 다양한 방법을 동원해 더 행복해지려고 애쓰지만 오히려 역효과를 불러일으키며, 더 불행해진다는 것이다. 예컨대 행복과 관련된 애플리케이션을 다운로드받고, 구석기시대처럼 식사하며 사골을 우린 국물을 마시고, 곳곳에 옥(玉)을 숨겨두더라도[11] 그런 행위가 행복을 쫓는 욕망과 관련된 것이라면, 행복을 찾지 못할 가능성이 크다. 이 규칙에도 당연히 예외가 있지 않을까? 그렇다, 행복해지고 싶은 욕심에, 당신이 사랑하는 사람들과 더 많은 시간을 보내면 더 행복해질 수 있을 것이다.[12]

자신에게 집중하는 정신 과정도 불행의 원인이 된다는 많은 증거가 있다. 반추, 즉 당신이 삶에서 다르게 할 수 있었던 것에 대해 되풀이해 음미하고 생각하는 행위는 우울증의 가장 뚜렷한 특징 중 하나이다.[13] 마음챙김 명상mindfulness meditation을 하면 당사자의 주의를 현재로 되돌리며, 반추에서 비롯되는 온갖 생각들, 예컨대 걱정, 습관적인 근심, 자기폄하적인 생각을 줄일 수 있다. 미국에서 마음챙김에 대한 관심이 지금처럼 높았던 적이 없다. 2016년 잡지 〈타임〉은 마음챙김이 거의 우리 의식을 하이브 마인드적으로 사로잡은 정도를 다룬 특별호를 발간했다.[14] 어느 때보다 많은 사람이 마음챙김이란 과거의 수행법을 사용해 삶의 의미를 추구하고 있는 듯하다.

행복, 우울과 외로움, 보조견, 철학과 심리학, 종교 등 무척 이질적인 분야들에서 수집한 정보들이 합쳐지며 명확한 결론을 끌어낸다.

자신을 위한 삶, 혼자 사는 삶은 결국 불행해진다는 것이다.

소속감이
필요하다

──────── 지상에서 18미터 위에 팽팽하게 매인 밧줄에 올라 앞을 똑바로 바라보았다. 입 안이 바싹바싹 마르는 것 같았다. 안전모를 쓰고, 도르래에 연결된 벨트까지 안전장치를 완전히 갖춘 까닭에

기술적으로 안전했지만, 내 눈에 바닥은 아득히 멀어 보였다.

나는 높은 곳을 그다지 두려워하지 않지만, 어떤 사회적 상황에 갇히는 것은 두려워하는 편이다. 곡예줄에서 중간쯤에 있다는 것은 탈출구가 하나밖에 없다는 뜻이었다. 아득히 먼 곳에 눈을 두고 흔들거리는 통들을 하나씩 넘어 무작정 앞으로 나가는 것이었다. 그래도 캄캄한 밤에 검은 소나무들이 내 주변에서 흔들리며 속삭이는 듯한 극한적 두려움을 떨쳐내는 데는 도움이 되지 않았다. 내가 비행기를 오래 탈 때 가끔 복용하는 노란 알약이 간절히 생각났다. 하지만 그 알약은 지갑에 있었고, 지갑은 로커에 던져져 있었다. 나는 불안하게 숨을 내쉬며, 창피를 무릅쓰더라도 이 상황을 포기해야 하는지 생각했다.

그때 나는 뒤를 돌아보았다.

내 사촌 엘리자베스가 뒤따라오고 있었다. 엘리자베스는 침착하고 경쾌하게 장애물들을 이겨냈다. 그녀의 곱슬한 머리칼이 안전모 때문에 양쪽으로 삐져나와 깃털처럼 보였다. 심지어 그녀는 영화 〈인디애나 존스〉의 주제곡까지 흥얼거렸다.

그 음률에 나도 모르게 빙그레 미소를 지었다. 엘리자베스가 흥얼거리는 음률이 그 상황에 완벽하게 맞아떨어진 때문이다. 덕분에 내 몸도 안정을 되찾았다. 나는 엘리자베스의 느긋한 모습에서 용기를 얻었고, 그녀의 침착한 모습에서 힘을 얻었다. 나는 다시 줄타기를 계속했다. 내 평가가 위협과 올가미에서 안전과 여유로 바뀌었다. 흔들거리는 검은 소나무들이 주변의 녹음과 장애물 사이에서 밝게 반짝이는 하얀 빛에 덩달아 얌전해진 듯했다. 게다가 풍경까지 섬뜩한 방탈출 게임보다 아름다운 동화의 세계로 변한 듯했다. 우리는 신나는 집라인을 타고, 활활 타오르는 모닥불까지 내려오는 것으로 모험 놀이를 마무리 지었다. 그곳에서 우리 일행이 와인과 치즈 크래커를 준비해두고 우리를 기다리고 있었다.

우리는 20대 초반부터 시작한 연 2회의 모임, '여자의 주말womyn weekend'을 보내고 있었다. 당시 친구 줄리와 나는 잡지 〈리얼 심플〉에서, 여자 친구들끼리 모임을 만들어 주말을 함께 보낸다는 기사를 읽었다. 그들은 집을 통째로 빌려, 각자가 전공한 분야를 공유했다. 한 친구는 요가를 가르쳤고, 요리와 명상을 가르치는 친구도 있었다. 당시의 우리는 어렸고 수입도 변변찮았다. 그런데 내 할아버지가 매사추세츠 웨스트포트의 바닷가에 작은 오두막을 갖고 있었다. 1970년대쯤 중산층이면 그런 오두막을 가질 수 있었다. 우리는 어느 주말에 그 집을 독차지할 수 있었다. 그 주말에 줄리와 나는 각자 한 명의 친척과 한두 명의 친구를 초대했다. 그러고는 우리 생각을 설명하고, 어떤 목표를 세워 함께 추진하기로 결정했다.

그렇게 함께 지낸 첫 주말이 끝날 쯤, 우리는 테이블에 둥그렇게 둘러앉아 바닷바람을 맞으며, 깜빡이는 촛불을 앞에 두고 우리 모두가 그때까지 경험하지 못한 것들에 대해 허심탄회하게 이야기를 나누었다. 그 후에는 모두가 해변을 향해 달리며 옷을 하나씩 벗어던 졌고, 소리를 지르고 웃으며 달빛이 교교한 차가운 바닷물에 뛰어들었다. 나는 눈가에 눈물이 맺혔고, 내 삶에서 여느 순간보다 세상에 깊이 뿌리내리고 친구들과 연결되었다는 기분에 젖어들었다.

우리는 1년에 두 번씩, 여름과 겨울에 만나기 시작했다. 우리는 여러 목표를 세웠고, 즐거운 때는 물론이고 힘든 때에도 서로 도왔다. 우리는 많은 이야기를 나누었고, 많은 계획을 세웠으며, 많은 문제를 함께 해결했다. 심지어 컬러링 북이 유행하기 훨씬 전에 색칠하기에 열중하기도 했다. 언젠가 우리 오두막에 장작 난로를 수리하려고 온 남자 관리인이 어리둥절한 표정으로 "저건…… 성인용 크레용인가요?"라고 물었을 정도였다.

시간은 쏜살같이 흘렀다. 그 사이에 우리는 새로운 관계를 시작하고 끝냈고, 진정한 사랑을 만나지 못할 거라고 걱정했지만 진정한 사랑을 만났고, 또 결혼하고 이혼했다. 또 직장에 취직하고 퇴직했으며, 대학원에 입학하고 졸업했다. 불임과 싸운 끝에 마침내 임신했지만 유산했거나 아기를 낳았거나, 자식을 두지 않기로 결정하기도 했다. 우리는 하나의 집단으로 단단히 결속된 까닭에 어떤 위협도 크게 위협적으로 느껴지지 않았고, 어떤 문제도 해결할 수 있다는 확신이 있었으며, 모든 결정이 다함께 머리를 맞댄 집단 결정으로 느껴졌다. 나는 골치 아픈 문제가 생길 때마다 결코 서둘지 않고 차분히 접근했다. 다음 '여자의 주말'에서 해답을 찾을 걸 알았기 때문이다.

10주년이 되던 해, 우리는 반짝이는 옷을 입고 깃털 목도리를 두른 채 각자 그때까지 이룬 모든 성과를 빠짐없이 작은 종이쪽지에 썼다. 그러고는 모든 종이쪽지를 벨벳 실크해트에 넣고 흔든 후에 하나씩 꺼내 읽으며 샴페인을 나누어 마셨다. 그 사이에, 활활 타오르는 모닥불 앞에서 춤을 추기도 했다.

나는 이 책을 나 혼자 썼다고는 생각하지 않는다. 이 책에서 다룬 주제들은 우리가 '여자의 주말'을 시작하며 내적인 충동과 호기심에서 숙고하며 논의했던 문제들이기도 했지만, 거의 20년 동안 그들과 함께 성장하며 살아온 삶은 내 세계관과, 그 안에서 살아가는 방법에 대한 내 생각에 많은 영향을 미쳤다.

우리 주변 사람은 한결같이 연결을 갈망하고, 어딘가에 소속되기를 바란다. 우리는 지금도 그렇지만, 과거에도 혼자인 적이 없었다. 주변으로 손을 뻗어 공동체를 구축하는 것이 우리 모두의 건강과 행복에 무엇보다 중요하다.

이 기본적인 원칙은 결국 이 책을 시작하며 제시한 가정, 즉 우리는 개인주의적 종으로 진화한 만큼이나 집단주의적인 종으로도 진화했다는 가정을 되풀이하는 것과 같다. 맨디 렌 캐트런Mandy Len Catron은 잡지 〈럼퍼스〉에 기고한 글에서, 끝에 행복이 있다고 정해진 길을 따를 필요가 없다고 조언하며 "좋은 삶을 살기 위해서 반드시 자식이나 남편이나 말뚝 울타리가 필요한 것은 아니다. 당신에게 중요한 사람들을 찾고, 그들을 향해 꾸준히 걸어가기만 하면 된다"라고 말했다.[15]

집단주의적 자아를 무시하는 것은 우리의 진실한 속성을 부인하는 것이고, 외로움을 자초하며 일시적으로 유행하는 건강 프로그램과 음모론에서 삶의 의미를 찾으려는 것과 같다.

우리는 먼 길을 돌아 다시 원점으로 돌아왔다. 이 책에서 우리에게 가르쳐준 교훈들을 정리해보자.

꿀벌의 교훈

베설, 메인

나는 얼마 전에 마흔 고개를 넘어섰다.

불혹에 들어선 것을 축하하려고 나는 남동생들과 그들의 자녀들, 또 사촌 엘리자베스와 그녀의 자녀들과 함께 산행에 나섰다. 우리는 어린 꼬마들을 끌고 마운트 윌의 가파른 산길을 걸었다.

우리가 산행을 끝내고 삼촌 집에 돌아왔을 때는 올케 캐시가 식당을 완벽하게 꾸민 뒤였다. 앙증맞게 작은 하얀 전구와 장식용 부채가 곳곳에 매달려 있었고, 내가 눈을 돌리는 곳마다 형형색색의 종이 하트가 있었다. 물론 종이 하트에는 감동적인 글이 쓰여 있었다. 캐시는 페이스북을 이용해 내 절친한 친구 40명에게 연락해 나를 좋아하는 이유를 한 문장으로 요약해달라고 부탁했고, 그래서 40회 생일을 맞이해 나는 친구들의 한마디로 둘러싸일 수 있었다.

물론 매년 똑같은 사람에게 받는 사랑의 쪽지도 있었다.*

유치원 시절의 절친한 친구, 박사후 과정의 지도교수, 어머니가 보낸 쪽지도 있었다. 내가 삶의 매 단계에서 만났던 사람들이었고, 친밀함의 정도가 각각 다른 사람들이었다. 당연한 말이겠지만 나는 눈물을 쏟았다. 그날 밤, 사촌의 바로 맞은편에 간이침대를 펴고 누웠다. 내 발치에서 사촌의 반려견이 코를 고는 소리를 들으며 나는 그 사랑의 쪽지를 하나씩 다시 읽었다. 사랑의 보호막에 싸여 잠이 들었다.

캐시가 내 생일을 이틀 앞두고 그 모든 것을 준비했다는 걸 나중에야 알았다. 과거에는 그 짧은 시간에 그런 일을 해낸다는 것은 거의 불가능했다. 이제는 사랑의 행위가 너무도 쉽고 일사천리로 진행된다. 문자 그대로 지구 반대편에 있는 사람들의 생각을 짧은 시간 내에 받아낼 수 있다.

심리학자 셰리 터클Sherry Turkle은 "우리가 테크놀로지를 만들면, 그 테크놀로지가 우리에게 영향을 미친다. 따라서 우리는 모든 테크놀로지에 대해 '인류의 목적에 부합하는가?'라고 물어야 한다"라고 말했다.[1]

그렇다고 우리 신상 정보를 모두 삭제하고 스마트폰을 쓰레기통에 버리자는 것은 아니다. 그러나 사회적 테크놀로지에 대해 '어떻게 하면 테크놀로지나 그 용도를 인류의 목적에 부합하도록 바꿔갈

---

* 그렇다. 자신을 못난이라고 걱정하는 올케 캐시의 편지이다.

수 있을까?'라고 물어야 한다고는 생각한다.

교훈 1:

──────── 연결을 위해 소셜미디어를 사용하라. 좋은 점은 더 살려라, 감추지 말라! 분노는 누그러뜨리고 공감 능력은 높여라. 실수를 용납하라.

전문가들을 인터뷰하며 관련된 연구들을 분석하고, 다른 저자들의 책을 읽으면 읽을수록 소셜미디어에 우리를 하나로 이어주고, 지적 능력과 창의력만이 아니라 공감력까지 확대해주는 잠재력이 있다는 느낌을 지울 수 없었다. 그러나 그 잠재력이 거의 실현되지 못하고 있다는 안타까움도 있었다. 래너 라파인과 테리 클라크를 비롯한 젊은이들이 페이스북으로 시작한 사회운동에서 그 잠재력이 현실화된 듯한 사례 연구가 분명히 있기는 하다. 그러나 내가 이 책을 쓰는 동안 접촉하고 대화한 친구들과 가족들은 소셜미디어가 자신과 자녀의 삶에 대체로 부정적인 영향을 미친다고 확신하는 듯하다.

나의 긍정적인 생각을 순진하다고 생각할 사람도 있겠지만, 나는 소셜미디어에 여전히 잠재력이 존재한다고 믿으며, 그 힘을 지금이라도 극대화해도 늦지 않다고 생각한다. 그렇게 하기 위해서는 개인적인 사용에는 초인지적meta-cogntive 관점으로 접근해 재평가라는 해독제를 적용하고, 집단주의적 사용에는 사회 정책의 하나로 접근해야 할 것이다.

소셜미디어와 사회적 테크놀로지가 시민의 행복, 특히 젊은이의 행복에 미치는 영향에 대해서는 더 많은 연구가 필요하다. 그러나 지금까지의 자료를 개인적으로 분석한 결론에 따르면, 우리가 소셜미디어를 어떻게 사용하느냐도 상당히 중요하다. 무엇보다 기존의 사회적 연결망을 위축시키지 않고 더 살리는 방향으로 사회적 테크놀로지를 사용해야 한다. 능동적이고 친사회적으로, 요컨대 대면 관계를 보강하는 방향으로 소셜미디어를 사용해야 한다. 인스타그램의 하트 표시로 점심 데이트를 대신하지 말라. "소셜 네트워크 서비스Social Networking Service, SNS가 '사회적 간식거리', 즉 사회적 욕구를 일시적으로 헛되이 채우려는 수단으로 사용된다면 외로움으로 치닫는 지름길일 수 있기 때문이다."[2] 당신이 좋아하는 풋볼 팀의 동정을 살피겠다고, 식탁 맞은편에 앉아 눈을 반짝이는 사람의 존재를 무시하지 말라. 친구들의 시간표에 당신들끼리만 통하는 재밌는 농담을 게시하고, 10년 전에 있었던 사촌의 결혼식 사진을 새로운 가족이 된 인척에게도 공유하라. 또 걸음마를 배우기 시작한 아기의 뒤뚱거리는 모습을 할머니에게 보내고, 그 모습이 당신의 하루를 즐겁게 해주었다고 덧붙여보라.

소셜미디어를 사용할 때는 분노를 누그러뜨리고 공감력을 배가할 필요가 있다. 또한 사람들의 실수를 기꺼이 용납하는 아량도 필요하다. 샬러츠빌에서 나는 짐 코언에게 소셜미디어가 그의 '사회적 기준선 이론'에 얼마나 부합하는지, 즉 소셜미디어가 모방하고 공감하는 과정을 증폭하는 정도에 대해 물었다. 짐은 이 질문에, 소셜미디어와 사회적 테크놀로지는 우리를 연결하고 결속시키는 놀라운 도구가 될 수 있었지만, 우리가 소셜미디어를 사용하며 성장한 문화는 이점보다 더 많은 문제점을 야기했다고 대답했다. 그러나 그는 여전히 낙관주의자였던 까닭에, 우리가 그 도구들을 올바로 활용하는 새로운 사회 규범을 만들어낼 수 있을 것이라 확신했다.

"내가 텔레비전이나 영화에서 별로 좋아하지 않는 장면이 있습니다. 두 사람이 진지하게 대화하다가, 한 사람이 상대에게 심한 상처를 주고는 자리를 박차고 일어나 나갑니다. 왜 상대는 멍하니 있는 걸까요? 왜 그를 뒤쫓아 가 '잠깐만 기다려! 그렇게 화를 내는 이유가 뭐야?'라고 묻지 않는 걸까요? 그런 장면을 보면 정말 돌아버리겠습니다! 트위터에서 '크크, 그렇게 헤어져!'라고 빈정대는 것 같습니다. 이런 장면들이 끝없이 되풀이됩니다." 짐은 고개를 저으며 덧붙여 말했다. "소셜미디어 문제의 해법은 도구를 개선하는 방법, 우리의 뒤죽박죽인 엉터리 현대 문화를 해결하는 방법, 부정적인 감정을 용인하는 방법 등이 종합되어야 하는 일종의 벤다이어그램이라 생각합니다. 겹치는 원들의 중심에서, 우리와 다른 사람들이 범한 멍청한 짓을 용납하는 분위기가 점점 커져야 할 겁니다."

평등과 공감, 공평한 대우를 사회 규범으로 강요할 필요가 있지만, 대화 통로를 차단하고 밈 문화에 휩쓸리는 걸 중단해야 한다. 영화나 텔레비전 드라마의 등장인물들처럼, 상대에게 상처를 주는 말을 남기고 뒤돌아서는 행동도 그만두어야 한다. 키스 매덕스와 헤더 어리의 연구에서 밝혀졌듯이, 우리는 감정을 조절하고 어려운 대화라도 시작해야 한다. 그래야 더 나은 세상을 향해 첫걸음을 내딛을 수 있다. 의견 불일치가 시작되는 미묘한 차이를 찾아내 해소하려고 애써야 한다.

온라인에서 너무나 많은 시간을 보낸다는 우려가 있는 것은 사실이다. 디지털 세계도 우리가 삶의 다른 영역에서 개발한 동일한 규칙들이 대체로 적용되는 새로운 영역일 뿐이다. 성인은 무의미한 텔레비전 시청을 제한하며 터득한 교훈을 거의 그대로 적용할 수 있다. 그렇지 않으면 디지털과 함께하는 시간에 치즈 크래커를 끝없이 씹어댈 염려가 있다. 이 문제를 해결하기 위해서는 목표 설정, 계획된 보상, 선정성을 낮추는 환경 조성 등이 전략적으로 필요하다.

청소년과 그보다 어린 아이들에게 경계 설정만이 아니라 본받아 배울 만한 좋은 표본이 필요하다. 그러나 부모도 '주베노이아'(젊은 세대에 대한 두려움—옮긴이)를 떨쳐내고 가벼운 마음으로 그런 본보기가 될 수 있다. 심리학자 캔디스 오저스Candice Odgers는 "안전하고 포용적이며 자극적이면서도 모두를 감싸 안는 디지털 세계를 설계하려면, 두려움에서 비롯되는 반응을 이겨내야 한다"라며,[3] 아이들과 함께하는 질적으로 소중한 시간, 긍정적인 관계, 합리적인 제약의 중요성을 강조했다. 자신의 불안감을 자식에게 전하고 싶어 할 부모는 어디에도 없다. 아이들이 복잡한 디지털 세계를 헤쳐나갈 도구와 자신감을 키우도록 돕고 싶을 뿐이다.

그럼 당신부터 솔선수범해야 한다. 디지털 화면에 매몰되지 않고, 절제하는 모습을 보여주어야 한다. 예컨대 집에서는 모두가 준수해야 할 디지털 규칙을 정해보라. 온라인에 얼마나 자주, 얼마나 오랫동안 접속할지에 대한 규칙을 정할 때는 영양분 섭취와 관련된 규칙을 정할 때처럼 접근하면 된다. 아이에게 사탕가게 열쇠를 맡기고 무제한적으로 접근하는 걸 허락하는 부모는 없을 것이다. 마찬가지로, 아이에게 아무런 제한도 없이 스마트폰을 주는 것은 좋은 생각이라 할 수 없다. 데버라 하이트너Devorah Heitner가 《디지털 원주민 키우기: 스마트폰 시대의 미디어 교육법》에서 명명했듯이, 각 가정마다 고유한 '미디어 생태계media ecology'를 마련해야 한다. 어린아이만이 아니라 성인도 준수하는 미디어 규칙을 정하면 성공할 확률이 높아진다.

디지털 세계를 자녀와 함께 정복해보라. 미디어 및 아동 보건 센터의 콘텐츠 전략가, 크리스텔 라발리Kristelle Lavallee는 당신과 자녀가 상의해서 합의한 원칙, 가령 당신이 모든 행동을 감시하지 않고 간혹 간섭하지만, 그때 당신이 본 것에 대해 대화를 시작하는 원칙을 세워보라고 권한다. 크리스텔과 센터의 동료들은 미디어와 테크놀로지와 현실의 경계가 명확하지 않기 때문에 모든 영역에서의 양육이 필요하다고 역설한다. 특히 크리스텔은 "그 모든 것이 현실이다. 디지털 생활도 당신의 실제 삶이다"라고 말한다.

끝으로, 어른들이 십 대의 공적 영역과 자율성과 일상생활을 끊임없이 통제하기 때문에 십 대가 사회적 테크놀로지에 몰두한다는 주장에 동의한다면, 또 그런 통제가 손안의 스마트폰보다 아이들에게 불안과 우울을 안겨줄 가능성이 더 크다고 생각한다면, 리노어 스커네이지Lenore Skenazy가 시작한 '자유방목육아#freeangekids' 운동을 확인해보기 바란다.[4] 자녀, 특히 십 대 자녀에게 혼자 돌아다니고 모험하는 자유를 허락하라. 자녀가 과감히 모험하면서도 위험을 최소화하는 데 도움을 주기 위한 목적에서 자녀의 디지털 세계를 살펴보라. 자녀가 부모의 시선을 벗어난 곳에서 친구들과 모이는 기회를 허락하라. 자녀의 일거수일투족을 감시하고, 당신의 뜻을 자녀에게 강요하고 싶은 충동을 억누르라. 자녀의 디지털 시민권을 존중하라.

물론 쉬운 것은 하나도 없다. 시바 바이디야나단이 말했듯이 "새로운 규범의 설정이 테크놀로지 발달보다 훨씬 어렵다."[5] 그러나 규범의 설정이 무엇보다 중요하고, 그것도 잘해내야 한다.

교훈 2:

───────── **집단의 힘을 수용하더라도 반론과 혁신으로 그 힘을 완화하라.**

나는 고등학교 졸업생을 대표한 연설문을 작성할 때 랠프 월도 에머슨Ralph Waldo Emerson의 "세상에서 세상의 의견을 좇아 살아가기는 쉽다. 혼자여서 마음대로 살아가는 것도 쉽다. 그러나 위대한 사람은 뭇사람과 어울리면서도 종용자약從容自若하게 독립불기獨立不羈하는 사람이다"라는 말을 중심에 두었다.

20년이 지난 후, 나는 에머슨과 17세의 나에게 반론을 제기할 수밖에 없었다. 그 사이에 많은 논문과 책을 읽었고, 이 책과 관련된 많은 인터뷰를 시도한 끝에 에머슨의 명언이 불완전하다는 결론에 도달한 때문이다. 주변 사람 모두가 흥분하고 허둥대더라도 당신은 침착함을 잃지 않는 것이 중요하다. 권위에 대한 무조건적인 맹종은 위험하다. 작가 필립 고레비치Philip Gourevitch가 말했듯이 "여하튼 종족 학살은 공동체 구축의 한 과정이다."[6] 우리는 자신의 편견을 공개적으로 점검하고, 사회의 구조적인 불평등을 혁파하며 혁신을 시도해야 한다. 기존의 규범과 사회 구조에 도전하지 않는 사회는 정체될 수밖에 없다. 프레더릭 더글러스Frederick Douglass(1818~1895)는 "투쟁이 없으면 진보도 없다. 입으로는 자유를 옹호한다면서 투쟁에 나서지 않는 사람은 밭을 갈지 않고 곡물을 수확하려는 사람과 같다. 천둥과 번개도 없이 비가 오기를 바라고, 거센 풍랑이 없는 바다를 원하는 사람과 같다"라고 말했다.[7] 우리가 예술가이고 영웅이라 칭송하는 사람들은 혼자 힘으로 일어서고, 기존의 체제에 반발하고 저항하는 사람이다. 우리는 독립적인 개인이 되어야 한다.

그러나 자기애적인 자아에 지나친 집착은 불행의 원인이 된다. 우리는 공동체와 연대를 갈망하고, 다 함께 목표를 추구하기를 바란다. 실제로 많은 학자가 본질적으로 동일한 결론에 도달했다. 인간은 의미를 공유하는 집단주의적 경험과 집단주의적 시스템을 갈망한다는 것이다. 자본주의가 지배하는 경쟁적이고 산업화된 핵가족인 세계에서 이런 집단주의적인 경험은 줄어들고 있지만, 요즘 십대에서 흔히 목격되는 문제처럼 정신 건강과 관련된 문제를 해결하는 데 기여할 수 있을 것이다.

언론인이며 작가인 요한 하리Johann Hari는 《물어봐줘서 고마워요》에서 "행복으로 향하는 진정한 길은 자아가 쌓아올린 벽을 허물

때 생겨난다"라는 것이 전문가들을 인터뷰하며 얻은 공통된 결론이라고 말했다. 달리 말하면 "당신이 다른 사람들의 이야기에 기꺼이 스며들며 다른 사람들의 이야기를 기꺼이 당신의 이야기에 받아들일 때, 또 당신은 결코 혼자이지도 않고 영웅적이지도 않으며 서글픈 존재도 아니라는 걸 깨달음으로써 당신의 정체성을 공유할 때" 진정한 행복으로 가는 길이 찾아진다는 뜻이다. 우리가 천사 같은 협력자들과 함께 장엄하게 모험하며 사방팔방에서 적들과 싸우는 개인적인 영웅이라는 낡은 이야기를 버려야 한다. 이제는 더 나은 세상을 위해 투쟁하는 집단의 일원이고, 좌우에서 많은 사람, 그것도 더 적은 자원으로 투쟁을 시작한 사람들에게 도움을 받는 존재라 생각해야 한다.

요즘 젊은이들을 눈여겨보면, 부당한 순응을 거부하면서도 함께 공존하는 좋은 본보기를 보여주는 듯하다. 하지만 우리는 젊은이들을 무시하고 깔보는 경향이 있다. 여러 세대가 함께할 때 예부터 윗세대는 아랫세대가 절제력이 부족하고, 과거의 가치관을 위험할 정도로 무시한다고 비판해왔다. 소셜미디어와 이른바 심층 기사는 이런 비판을 극한까지 끌어올렸고, 그 때문에 밀레니엄세대는 골프부터 섬유유연제와 주택 보유까지 모든 것을 부정하는 원흉으로 내몰렸다. 그러나 사회학자 찰스 호튼 쿨리Charles Horton Cooley의 주장에 따르면, 요즘의 젊은 층은 집단의 하이브 마인드를 벗어나 자주적으로 생각하는 데 있어 어느 세대보다 뛰어나다. "중년에는 더 많은 관성이 있다는 점에서 중년의 의지가 더 강하다. 그러나 중년에는 가속력이 떨어지고 습관에 의존하는 경우가 많다. 따라서 참신한 선택을 행할 가능성은 떨어진다."[8] 우리는 틀에 박혀 생각하고 행동하며, 사회적으로 용인되는 행동으로 인식되는 범위를 벗어나지 않으려고 조심한다. 또 믿음도 경직되고, 경험의 다양성도 줄어든다. 또한 내집단에서 밀려나지 않고 외부의 적과 내부의 적으로부터 안전하기 위해 규범을 위반하지 않으려고도 애쓴다. 따라서 젊은 층에 귀를 기울이고, 그들에게 더 큰 목소리를 허락해야 한다.

물론 우리 자신을 직접 평가하며 군중의 힘에 저항할 수 있다. 군중의 영향력을 알고도 그 힘에 의식적으로 저항한다는 뜻이다. 터프츠 대학교의 심리학과 교수, 샘 소머스Sam Sommers는《무엇이 우리의 선택을 좌우하는가》에서, 우리가 처한 사회적 상황이 우리 선택과 행동 및 인식에 어떻게 영향을 미치는지에 대해 모든 가능성을 검토했다. 소머스의 조언은 군중과 함께하면서도 침착함을 잃지 않는 방법에 집중된다. 예컨대 군중 중 누군가가 책임을 떠맡을 것이라 가정하지 않고 위급한 상황에 개입하는 방법, 집단주의적 사회가 비주류 사회 집단에 대한 무의식적 편견을 우리에게 심어주었다는 걸 깨닫고, 그에 따른 고정 관념과 연상을 의식적으로 떨쳐내는 방법, 도덕적으로 행동하기 위해 어색함을 견뎌내는 방법 등에 대해 조언했다.

요컨대 창의적인 개인이면서도 공동체와 긴밀히 연결된 존재가 되어야 한다.

교훈 3:

━━━━━━━ **해독제를 복용하라: 감정을 조절하라.**

재평가는 개인과 집단 모두의 정서와 행동에 친사회적으로 영향을 미친다. 이런 내 주장에 모두가 동의해주면 바랄 것이 없겠다. 그럼 어떤 정서가 가장 생산적이고 가장 보람이 있어, 우리에게 더 좋은 사회와 더 좋은 삶을 안겨줄 수 있을까?

첫째로 두려움을 멀리하라. 내가 모두에게 알려주고 싶은 조언이다. 많은 사람이 요즘을 격변의 시기, 급격한 변화의 시대, 발밑의 지축이 흔들리는 시대라 생각한다. 따라서 과거를 그리워하며, 그때가 더 안전했고 안정적이었으며 덜 혼란스러웠다고 생각한다.* 하나의 예만 들어보자. 1895년 철학자 귀스타브 르 봉은 "현시대도 그렇게 인간의 생각이 변화를 겪는 중대한 순간들 중 하나이다. 이런 변화의 근저에는 두 가지 근본 요인이 있다. 첫째는 서양 문명의 모든 요소가 뿌리를 두고 있던 종교·정치·사회적 믿음이 파괴되었다는 것이다. 둘째는 현대에 이루어진 과학적이고 산업적인 발견의 결과로 완전히 새로운 생활조건과 사유조건이 만들어졌다는 것이다"라고 말했다.⁹ 르 봉도 그 시대에 테크놀로지와 사회 운동의 급작스런 변화로 과거의 전통이 무너지는 걸 목격했다. 내가 말하고 싶은 것은 르 봉이 틀렸다는 게 아니다. 과거를 뒤돌아보며, 역사책과 영화 등이 빚어낸 일차원적인 이야기에 감동받아, 과거는 더 단순했던 시

---

* 적어도, 이야기의 구성에 영향을 주는 사람들은 이렇게 생각한다. 게다가 이런 향수가 특권의 표식일 수 있다.

대, 즉 오랜 전통이 지켜지고 느릿하게 점진적으로 진보하던 시대였다고 결론짓는 것은 하이브 마인드의 속성일 뿐, 그 시대에 살던 사람에게는 그렇게 보이지 않았다는 것이다.

우리는 전례가 없던 시대에 살고 있다. 그렇다고 하늘이 무너져 내리는 것은 아니다. 철학자 마사 누스바움이 말했듯이, 두려움은 다른 사람을 통제하고 불확실성과 취약성을 멀리하려는 우리의 욕망과 관계가 있다.[10] 두려움이 사방에 숨어, 우리를 방해하려고 호시탐탐 기회를 엿보고 있다.

물론 상대적으로 더 현실적인 두려움이 있고, 어떤 사회 집단을 두려워할 이유가 분명한 경우도 있다. 지배 집단이 편집증에 사로잡혀 탄압을 강화하며, 소속감과 정체성을 부여하기 위해 희생양을 찾는 사람들의 집단이 대표적인 예이다. 하지만 현재의 하이브 마인드에서 두려움에 대한 지배적인 이야기, 즉 스마트폰, 이민과 문화 전쟁, 위와 아래의 적, 외부와 내부의 적에 대한 이야기는 분열적이어서 진보에 어떤 기여도 하지 못한다.

둘째로는 희망의 돛을 활짝 펴라. 두려움은 축소해야 하지만, 희망은 독려하고 크게 키워야 한다.

희망이 순진한 응원 구호로 그쳐서는 안 된다. 역사학자 리베카 솔닛은 "희망은 미지의 것과 불가지한 것을 끌어안고, 낙관주의자와 비관주의자 모두에게 확실성을 대신하는 것이다. 낙관주의자는 우리가 개입하지 않더라도 만사가 좋아질 것이라 생각하고, 비관주의자는 정반대로 생각한다. 따라서 둘 모두에게 희망은 행동하지 않는

변명거리가 된다"라고 말했다.[11]

나는 사람들에게 이 책의 내용을 설명할 때 "모든 것이 겁나는 것이다. 하지만 두려워하지는 말라"는 말로 요약해주었다. 모순되게 들리지만 그렇지 않다. 우리에게는 낙관주의자도 필요 없고 비관주의자도 필요 없다. 우리에게 필요한 사람은 두려움을 억누르고 희망을 불어넣으며 행동하는 사람, 즉 변화를 유도하는 사람이다. 이런 사려 깊은 문제 해결사들이 디지털 미디어를 포함해 이용할 수 있는 모든 도구를 동원한다면 더욱 좋을 것이다.

교육자이며 작가인 보니 스튜어트Bonnie Stewart가 이 분야의 선구자이다. 보니는 앤티고니시 2.0이라 명명한 풀뿌리 운동을 시작했다. 그 운동은 캐나다 노바스코샤 주의 앤티고니시에서 20세기 초에 사회·경제적인 공동체를 수립하려고 풀뿌리 운동을 시작한 성직자들과 학자들로 구성된 단체의 이름을 딴 것이다. 포퓰리즘과 정치적 양극화가 전 세계적으로 확산되는 걸 걱정스레 지켜보던 스튜어트는 디지털 문해력을 높이고 시민 참여를 독려하는 데 관심이 많은 대담한 학자들로 조직을 결성했고, 원래의 앤티고니시 운동이 사용한 방법을 사용해 내부적으로 영향력을 확대해갔다. 앤티고니시 2.0은 지금까지 무료 온라인 강의를 실시했고, 트위터에서 짧은 이야기를 꾸미는 시간을 주최했으며, 온라인 채팅방을 운영하기도 했다.

딜레마를 해결하려고 안간힘을 다하는 우리에게도 이런 창의적인 아이디어가 필요하다. 이런 노력이 동일한 사회적 테크놀로지가 나쁜 목적보다 좋은 목적에 사용되도록 영향을 미침으로써 문제 해결에 일조할 수 있기를 바란다.

셋째로는 분노를 이용하되 분노에 사로잡히지는 마라. 분노는 특이한 감정이다. 대부분의 부정적인 감정은 중단이나 회피와 관계가 있다. 두려움이 밀려오면 달아나고, 역겨운 것을 보면 흠칫하기 마련이다. 부끄러우면 얼굴을 감춘다. 그러나 긍정적인 감정은 접근을 유도한다. 그래서 우리는 우정의 손길을 뻗고, 사랑으로 포용하고, 새로운 기회에 뛰어든다고 말한다.

대다수는 분노를 불편하게 생각하지만, 이상하게도 분노하면 회피하지 않고 오히려 가까이 다가간다. 요컨대 잘못된 것에 달려들어 때려서라도 바로잡고 싶어 한다. 또 분노하면 교감신경을 자극하는 아드레날린이 샘솟는다. 당신이 부당한 대우를 받았다고 생각할 때 그 상황을 어떻게 통제하느냐에 따라 두려움이나 혐오 같은 회피 감정을 느끼거나 분노를 느끼게 된다.[12] 게다가 분노가 실리적인 목적에 활용되며, 치열한 게임이나 협상에서 성과를 내는 데 이용될 수 있다는 것도 많은 연구에서 확인되었다.[13]

분노와 격분은 부정행위와 사회적 불의를 바로잡는 데도 중요한 요소이다. 따라서 분노를 무조건 억누를 필요는 없다. 현재의 양극화된 정치 환경이 해롭다고 생각되는 것도 부분적으로는 집단 분노에서 비롯된 것이다.

집단 분노에서 벗어날 방법은 없는 듯하다. 최근에 한 친구는 브렛 캐버노Brett Kavanaugh의 청문회가 있은 후 웨그먼스에 갔는데 순간적으로 눈에 들어오는 모든 피클병을 집어 바닥에 내동댕이치고 싶었다는 글을 페이스북에 올리기도 했다.*

결국 우리에게는 분노가 필요하지만, 그 분노를 유효하게 적절히 사용할 수 있어야 한다. 요컨대 분노에 사로잡히고 지배되어서는 안 된다.

넷째로는 친사회적인 정서, 즉 감사하는 마음과 연민과 긍지를 가져야 한다. 심리학자 데이비드 데스테노David DeSteno는《정서적 성공: 감사와 연민과 긍지의 힘》에서, 우리의 합리적 자아와 자제력이 극도로 제한적이기 때문에 책의 부제에서 나열한 친사회적인 정서들을 강화하는 편이 더 낫다고 주장한다.

이런 친사회적인 정서가 분위기를 지배할 때 우리는 서로에게 관심을 드러내고 친사회적으로 행동하며 공동체 의식을 강화하게 된다. 또한 욕구의 충족을 뒤로 미루고 사회적 자본을 축적하며, 더욱 건전하게 행동하게 된다.

요약하면, 당신의 감정을 재평가하고 조절하라는 것이다. 두려움을 멀리하고 희망과 감사, 연민과 긍지를 가져야 한다. 특히 사회적 정의를 추구할 때는 약간의 분노를 더하는 것도 도움이 된다.

이쯤에서 우리는 또 하나의 중요한 재평가에 이르게 된다.

---

* 그녀는 우연히 피클 매장에 있었던 것이지 심리학적인 이유에서 피클병을 깨고 싶었다고 말한 것은 아니다.

교훈 4:

──────── 더 포용적인 내집단을 구축하라. 우리는 침팬지보다 보노보에 가깝고, 꿀오소리보다 꿀벌에 가깝다.

오랫동안 과학자들은 암컷에 강력한 힘이 있다는 걸 상상할 수 없어, 진짜로 그렇게 믿었는지 의도적으로 모르는 척한 것인지는 몰라도 여왕벌이 실제로는 왕벌이라고 가정했다.[14] 객관성이 무엇보다 중요하게 여겨지던 과학계에서도 하이브 마인드적 평가의 결과는 현혹적이어서, 우리가 제기하는 질문, 우리가 평가에 사용하는 방법, 우리가 도출하는 결론에 영향을 미친다.

인간은 태생적으로 부족적인 성향, 즉 이기적으로 경쟁하고 폭력적이고 충돌하는 내집단을 결성하는 경향을 띤다는 생각을 우리는 지나치게 강조해온 듯하다. 1장에서 언급했듯이 조너선 하이트의 주장에 따르면, 우리 인간은 90퍼센트가 침팬지이고 10퍼센트가 꿀벌이다. 물론 이 주장은 비유이고, 백분율이 종의 관련성에서 생물학적인 분포를 정확히 반영한 것도 아니다. 그렇지만 나는 호모 두플렉스에서 집단주의적인 면에 더 많은 비율을 할애해야 한다고 생각한다.

인간이 태생적으로 부족적이란 의견은 얼핏 생각하면 이 책의 주장과 모순되는 듯하다. 우리가 지금까지 인터뷰하고 읽었던 전문가들, 특히 킴벌리 노리스 러셀, 세라 블래퍼 허디, 패트릭 클라킨, 프란스 더 발, 짐 코언의 일관된 주장에 따르면, 일반적인 믿음과 달리 우리 인간은 외집단에 적대적인 성향을 띠도록 진화되지 않았다. 요컨대 우리는 침팬지보다 보노보에 가깝고, 폭력적이고 편협하지 않고 평등주의를 지향하는 수렵 채집 부족에 가깝다(바다소와 멧돼지 이야기를 기억하는가?). 또한 사냥이나 전쟁보다 공동 양육이 초기 사회에 더 큰 영향을 미쳤을 수 있다.

이런 전문가들이 틀렸더라도, 즉 우리에게 평등주의적 성향보다 부족적 성향이 더 강하더라도 인간의 가장 뛰어난 면은 무한한 적응성, 즉 누가 '우리'이고 누가 '그들'인지를 규정할 때 보여주는 융통성이다. 우리는 초사회성이나 내집단을 결성하려는 경향을 벗어나지 못할 수 있지만, 훈련을 통해 내집단에 초대할 만한 사람을 알아낼 수 있다. 여러 실험에서 확인되었듯이, 조작을 통해서라도 사람들에게 내집단의 일원이라는 기분을 안겨주면 그들의 편향성을 바꿔놓을 수 있다. 같은 종족이지만 외집단에 속한 사람에 대한 편견보다, 다른 종족에 대한 외집단 편향성이 더 크다는 걸 보여준 연구가 실제로 있었다. 인류를 서로 싸우는 무리들의 결합체가 아니라 협력하는 꿀벌들의 거대한 벌 떼라 생각하고, 재평가할 때는 모든 인간을 당신의 내집단에 포함해보라.

이렇게 하려면, 우리가 내집단과 공유하는 결속력을 조금은 느슨하게 풀어야 한다. 내집단에 충실하다고, 반드시 외집단에 적대적일 것이라 속단할 필요는 없다. 시인이자 시민운동가였던 오드리 로드Audre Lorde(1934~1992)는 "살 만한 미래를 만들기 위해 공동의 전쟁에 우리의 차이를 어떻게 이용하면 좋을까?"라고 물었다.[15] 이 질문에 대답하자면, 우리는 동원할 수 있는 모든 도구를 이용해야 한다.

양봉가 댄 콜론이 1장에서 말했듯이, 가장 건강한 벌통은 가장 다양한 벌들이 공존하는 벌통이기 때문이다.

그레그 보일Greg Boyle 신부는《마음에 새긴 문신: 무한한 연민의 힘》에서 우리에게 연민의 원을 상상해보라며 이렇게 말했다. "그 원밖에 아무도 없고, 우리가 원둘레에 가까이 다가가면 원둘레가 저절로 지워진다고 상상해보라. 우리 곁에는 존엄성을 인정받지 못하는 사람들이 있다. 가난한 사람들, 힘없는 사람들, 목소리가 없는 사람들이 우리 옆에 있다. 그 가장자리에서 우리는 경멸받는 사람들과 버림받은 사람들을 만난다. 또 악마화된 사람들의 편에 선다. 그래야 악마화가 멈출 테니까."

악마화를 멈추고 싶다면, 탈인간화된 언어를 결코 사용하지 말라. 당신도 모르게 그런 언어를 사용하고 있다면 당장 중단하라.

교훈 5:

━━━━━━ 당신은 다빈치 코드의 주인공이 아니다!

언젠가부터 비판적 사고와 회의적 사고가 전문가에 대한 환멸과 동일시되는 하이브 마인드가 확산되기 시작했다. 그러나 벌 떼의 일원으로 일한다는 것은 어떤 일에 숙련된 벌에게 그 일을 하도록 믿고 맡긴다는 뜻이다. 요컨대 꿀이 있는 곳을 찾는 데 능숙한 벌에게는 그 역할을 맡기고, 새끼를 돌보는 데 능숙한 벌에게는 보육을 맡긴다.

언젠가 나는 '양극화 시대에서의 참여'라는 온라인 강의를 수강했다.[16] 그 강의에서, 워싱턴 주립대학 교수로 디지털 양극화 문제를 해결하기 위한 미국 민주주의 프로젝트를 운영하는 마이크 콜필드Mike Caulfield가 우리 모두가 소설과 영화로 크게 성공한 《다빈치 코드》의 주인공이라 생각하고 싶어 한다고 지적했다. 우리는 엄청난 미스터리가 주변에 맴돌고 있다고 생각하며, 우리가 그 비밀을 깨뜨리고 진실을 드러내는 주인공이 될 것이라 생각한다. 그러나 대부분의 경우, 우리는 전문가의 의견을 구해야 하는 것이 현실이다. 전문가는 어떤 현상을 연구하는 데 거의 평생을 바친 사람이다. 누구도 정비공에게 치근 치료를 맡기지 않고, 치과의사에게 기화기 수리를 맡기지 않을 것이다. 음모론의 냄새가 풍기는 이야기의 진위를 판단하고 싶다면, 레딧Reddit에서 시간을 보내는 사촌보다, 스놉스닷컴Snopes.ccom에 묻는 편이 나을 것이다.

코필드의 조언에서 설득력 있게 들리는 또 하나의 것은, 디지털 문해에 접근하는 방법들이 너무도 복잡하고 까다롭다는 것이다. 모든 방법이 우리에게 어떤 현상을 마주할 때마다 복잡한 사항들을 빠짐없이 점검하라고 요구한다. 사람, 특히 여가를 즐기는 사람으로는 도무지 감당하기 힘든 요구이다. 따라서 코필드는 자신이 온라인에 무료로 공개한 《사실을 확인하고 싶은 학생 및 일반인을 위한 디지털 문해력 검증법》에서 제시한 방법을 통해 우리에게 서로 믿고 의지하며 하이브 마인드를 이용하라고 권한다.

예를 들어 설명해보자. 당신이 인터넷에 떠도는 소문을 우연히 보았다고 해보자. 정치 스펙트럼의 좌우 모두에서 하나씩 실례를 들어보면, 트럼프가 선거운동을 하는 동안 프란치스코 교황이 트럼프를 공개적으로 지지했다는 소문(거짓)과, 1990년대 언젠가 트럼프가 대통령에 출마하면 공화당원들은 멍청해서 무엇이든 믿기 때문에 공화당 후보로 출마할 것이라 말했다는 소문(거짓)이 있었다. 코필드가 제안한 방법에 따르면, 디지털 문해는 이런 단계로 이루어진다. (1) 그 주장이 틀렸다는 걸 밝히려고 이미 많은 노력을 기울인 사람이 있는지를 확인한다. (2) 소문의 근원을 찾아 거슬러 올라가라. 그 주장을 가장 먼저 제기한 글이나 사진을 찾아내라. (3) 그 글을 비판적으로 읽어라. 객관적이라 인정받는 사람들은 그 최초의 글이나 관련된 웹사이트와 언론인을 어떻게 평가하는가? 그 사람이 상당한 신망을 얻고 있는가? 그렇다면 그를 믿는 계층이 얼마나 다양한가? (4) 그렇게 해서도 아직 답을 얻지 못했다면 다시 원점으로 돌아가라. 그래도 처음보다는 더 많은 것을 알고 있을 것이므로, 더 나은 검색 방식과 전략으로 다시 시작해보라.

나는 개인적으로 코필드의 조언이 마음에 든다. 그 조언이 "우리가 개인적으로는 모든 것을 알 수 없지만, 집단적 차원에서는 많은 것을 알고 있다"라는 하이브 마인드에 대한 깊은 이해에 기반을 두고 있기 때문이다.

솔트레이크시티를 둘러싼 산악지대에 위치한 자료 보관소가 그렇듯이, 음모론처럼 들리는 것이 진실인 경우가 적지 않다. 정확도는 차치하더라도 지난 수년 전부터 지겹도록 들었듯이, 진실인 듯

꾸며진 뉴스가 결국 거짓으로 판명 난 경우도 많았다. 누구도 개인적으로는 모든 것을 정확히 알 수 없다. 이런 현실을 편하게 받아들이고 인정해야 한다. 요컨대 애매함을 너그럽게 받아들이되 최악을 떠안지 않도록 배우고 학습해야 한다.

6장에서 살펴보았듯이 제시 워커는 미국 편집증의 역사를 개괄한 책에서, 끝없이 편집증에 사로잡혔던 미국의 역사에서 배워야 할 교훈을 이렇게 정리했다.

음모론자는 앞으로도 우리 옆에 있을 것이다. 바로 우리 자신이 음모론자가 될 것이기 때문이다. 우리는 앞으로도 어떤 패턴을 찾아내려고, 이야기를 꾸미는 수고를 멈추지 않을 것이다. 또 앞으로도 성급히 결론짓는 실수를 범할 것이다. 특히 다른 국가, 다른 당파, 다른 하위문화 등 다른 사회 계층을 다룰 때는 더더욱 그럴 것이다. 우리 민담에 출몰하는 많은 괴물과 달리, 음모는 실제로 존재한다. 따라서 우리가 음모를 두려워하는 게 항상 잘못된 것은 아니다. 인간종이 생존하는 한 편집증도 사라지지 않을 것이다.

하지만 편집증에서 비롯되는 피해를 줄일 수는 있다. 남들과 어울리지 못하는 사람들에게 공감하려고 노력할 수 있다. 우리에게 두려움을 심어주는 거짓된 문화적 신화들을 찾아내면 된다. 또 세계에서 우리가 찾았다고 생각하는 패턴을 부정하는 증거를 열린 마음으로 인정하면 된다. 그렇다. 우리를 조정하려고 음모를 꾸미는 사람들을 의심해야 한다. 그러나 우리 내면에 존재하며 실수를 범하는 자아도 의심하고 또 의심해야 한다.

잊지 말아야 할 또 하나의 조언이 있다면, 앞에서 말한 애매함을 받아들이더라도 어떤 것도 진실이 아니고 어떤 것도 중요하지 않다고 생각해서는 안 된다는 것이다. 과학기술과 경제, 기후 변화 등에서 처음 경험하는 현상들은 중요한 쟁점들이 위험에 처했고, 우리 모두의 도움이 필요하다는 뜻이기 때문이다. 현실에 대한 다수의 생각을 무시해서는 안 된다. 양립할 수 없는 당파들로 분열되면 파국적인 결과를 맞을 수밖에 없다.

교훈 6:

———— **사실과 허구를 따지지 말고, 사람들의 이야기에 귀를 기울여라.**

우리는 상대의 마음을 읽고, 어떤 상황을 머릿속으로 미리 그려보는 마음 이론theory of mind에 능숙하다. 그러나 그런 능력이 형편없기도 하다. 우리는 개인적인 경험을 기준으로, 세상이 어떻게 돌아가는지 짐작한다. 일상의 삶에서 인종차별을 경험하거나 목격한 적이 없으면 인종차별이 더는 문제가 아니라고 추정한다. 어둠이 가시지 않은 아침에 개인적인 안전을 생각하지 않고 조깅할 수 있다면, 모두가 세상을 그렇게 안전하게 돌아다닐 수 있을 것이라 추정한다.

따라서 우리는 사람들의 이야기를 귀담아들어야 한다. 특히 인종과 민족, 성별과 계급, 성적 지향성sexual orientation과 성 정체감gender identity, 정치적 관점에서 우리와 다른 사람들의 이야기를 유심히 들어야 한다. 위대한 작가 매들렌 렝글은 "우리가 서로 상대의 이야기를 귀담아듣지 않기 때문에 단편적으로 쪼개진 인류로 변해가고 있다"라고 한탄했다.

연구자들은 타인의 입장에서 생각하며 공감대를 형성하는 방법들을 성공적으로 개발해왔다. 그 방법은 건강한 대학생에게 휠체어를 타고 캠퍼스를 돌아보게 하거나, 의대생에게 조현병을 앓는 환자를 괴롭히는 환청과 비슷한 음을 듣게 하는 방법부터, 성범죄자에게 역할극을 통해 성범죄가 피해자에게 가하는 결과를 이해하게 하는 방법까지 무척 다양하다. 이런 방법들은 적어도 단기적으로는 효과가 있다.[17] 소설가와 영화 제작자 등 이야기꾼들은 먼 옛날부터 공감대를 형성하려고 노력해왔다. 따라서 심리 실험에 참여할 수 없다면, 다양한 장편과 단편 소설을 읽거나 영화를 시청하는 것도 공감 능력을 높이는 좋은 방법일 수 있다.

소설은 우리에게 다른 사람들과 공감하도록 독려할 뿐만 아니라 사회를 긍정적 방향으로 변화시키는 힘도 겸비한 듯하다. 사우스캐롤라이나 대학교가 운영하는 시민적 상상력 프로젝트의 선임 연구원, 헨리 젠킨스Henry Jenkins는 현대 사회를 다른 모습으로 시각화하는 능력이 '시민적 상상력civic imagination'이라 정의한다. 달리 말하면, 하이브 마인드를 벗어나 문화와 정치, 경제와 사회를 지배하는 규범이 현재의 조건과 다른 세계를 생각하는 능력을 뜻한다. 젠킨스의 연구에서 보듯이, 시민적 상상력을 활성화하고, 그런 상상이 결실을

맺게 하려면 여러 관련된 요소들이 융합되어야 한다.[18]

> 더 나은 세계가 어떤 모습일지 상상하는 능력, 변화를 만들어내는 본보
> 기를 구축하는 능력, 자신을 주체적 시민으로 인식하는 힘, 관점이 다
> 른 사람과도 연대감을 느끼는 능력, 이해관계를 공유하는 더 큰 집단에
> 속하는 능력…….

젠킨스는 시민적 상상력을 자극하는 유효한 방법의 하나로 대중
문화에 대한 허구적 이야기를 제안했다. 게다가 허구적 이야기는 시
민을 하나의 관점으로 결속시킬 수 있다. 세계에 대한 한 사람의 관
점이 허구적 이야기를 통해 전해지면 다수의 관점이 되기 때문이다.

젠킨스는 마블의 슈퍼히어로 영화 〈블랙 팬서〉를 예로 들어 시
민적 상상력을 설명했다. 이 영화는 극단적인 가난과 폭력이 횡횡하
는 캘리포니아 오클랜드와 와칸다라는 유토피아적 공간을 대조해
보여준다. 와칸다는 아프리카에 위치한 신비한 도시로, 문명권 밖
외부에 존재한다. 와칸다의 흑인 시민들은 식민지를 경험하지 않았
고, 노예가 된 적도 없다. 그들은 우월한 과학기술을 지니고도 과거
의 풍요로운 유산을 포기하지 않는다. 게다가 경쟁 관계에 있는 파
벌들이 평화롭게 공존한다. 아프리카가 무대이고, 전사와 평화주의
자, 성직자와 과학자, 의사와 정치인 등 모든 등장인물이 흑인이란
점에서 더욱 실감나게 느껴진다. 주인공, 왕자에서 왕이 되는 티찰
라는 한 사람이 어떻게 사회 변화를 끌어낼 수 있는지를 흥미진진하

게 보여준다. 영화에서는 주인공이 시도하는 변화에 적응하는 사람들과 그렇지 않은 사람들 사이의 갈등도 다룬다. 킬몽거는 전형적인 악당이 아니라, 중요한 부분들에서 티찰라와 다른 생각을 품지만 궁극적인 목표는 같은 인물로 묘사된다. 영화가 끝날 쯤, 각양각색의 생각을 지닌 등장인물들이 티찰라의 리더십하에 결집해 집단적 변화를 추구한다. 이때 와칸다 시민만이 아니라 지상의 모든 흑인 공동체가 참여한다.

영화 〈블랙 팬서〉는 비평적 찬사를 받았고 상업적으로도 성공을 거두었다. 이 영화가 현실 세계에서 시민들에게 실천적 행동을 촉구했는지는 평가하기 어렵지만, 젠킨스의 시민적 상상력이 집단 행동을 고취하는 본보기가 될 수 있다는 가능성은 보여주었다.

교훈 7:

──────── 뜻밖의 것이 발명되고 발견되는 환경을 조성하고 지원하라.

우리가 이념과 지역과 경제를 기준으로 분열되면 성장하고 변화를 시도할 기회를 잃기 마련이고, 편협한 사고방식에서 벗어날 가능성도 줄어든다. 이 책을 쓰기 위해 우리가 접촉하고 인터뷰한 학자들은 이 난해한 문제를 해결하기 위한 방법들을 다양하게 제시했다.

4장에서 다룬 《#공화국: 소셜미디어 시대에 분열된 민주주의》의 저자로 법학자인 캐스 선스타인은 정부와 공동체적 차원에서 다양한 사람들을 계획적으로 끌어모으는 프로그램—공회당, 지역 축제, 사회적 사건—이 필요하다고 생각했다.* 우리 마을과 공동체가 이념적 노선에 따라 점점 분열되고 있는 현실을 극복하는 것이 향후의 과제가 된다.

시바 바이디야나단이 조언하듯이, 우리는 심도 있는 학습을 위해 세워진 기관들, 예컨대 도서관과 박물관, 공립 고등교육기관, 과학 공동체를 지원해야 하고, 신중하고 빈틈없는 언론을 지원해야 한다. 또한 테크놀로지 기업들이 우리 경험을 의도적으로 조작하고, 우리가 편협한 틀을 벗어나 다양한 의견에 접근하는 능력을 제약할 때는 그 기업들을 규제할 필요도 있다. 우리가 추구하는 세계가 아니라, 현실 세계에 그대로의 우리를 드러내기 위해서도 소셜미디어가 필요하다. "우리의 문제를 집단적으로 깊이 생각하지 못하면 우리 삶이 전체적으로 위협받기 때문이다." 또한 그런 제도적 기관들과 규제들은 오로지 그런 집단주의적 사고를 위해 고안된 것이다.

특히 국가가 젊은 세대를 위한 의무적인 프로그램을 지원해야 한다는 철학자 마사 누스바움의 주장은 무척 도발적이다. 모든 고등학생이 3년 동안 공동체를 위한 봉사 활동(각자가 지닌 재능과 향후의 계획에 따라 노인 돌봄이나 아동 돌봄, 사회기반시설과 관련된 업무)에 참여하도록 유도하는 프로그램을 만들어야 한다는 주장이었다. 더 큰 효과를 기대하려면, 지리적으로나 인종적으로 또 정치적으로 무척 다른 지역

---

* 뜻밖의 것이 발견되는 환경을 인위적으로 조성할 필요가 있다.

에서 이런 봉사 활동에 참여해야 할 것이다. 짐 코언과 서배스천 영거는 인구 통계를 허물어뜨린 다양한 공동체의 대표적인 예로 군대를 제시했다.

다양한 사람과 사상을 만나기 위해서는 고등교육의 필요성을 역설하고 지원할 필요가 있다. 특히 대학 기숙사 생활 같은 것이 필요하다. 그런 공간에서는 다른 생각과 성격을 지닌 사람들과 필연적으로 교류해야 하기 때문이다. 물론 현재의 고등교육에는 바로잡아야 할 구조적인 문제가 있지만, 고등교육기관은 우리 사회에서 당신이 뜻밖의 발명과 발견을 기대할 수 있고, 역사와 문학 및 사회학의 형태로 사람들의 이야기를 들을 수 있으며, 죽을 때까지 당신과 함께하는 공동체가 형성되는 희소한 공간 중 하나이다. 또한 고등교육기관은 일자리와 소득과 안전이란 면에서 삶의 조건을 향상시키고, 태생의 한계를 극복하고 변화를 시도하게 해주는 기구이기도 하다.* 물론 나에게도 편견이 있다. 여하튼 대학이 내 일터이지만, 내가 원하는 세계는 모든 학생이 대학 학위를 목표로 삼고, '업무 능력'만이 아니라 '이 복잡한 세계에서도 인간됨을 유지하는 능력'까지 배우는 곳이다.**

1990년대 중엽의 어느 날, 내가 집에 돌아왔을 때 보스턴 대학교

---

* 이 가능성은 과장되는 경우가 많다. 특히 학생으로부터 이익을 취하려는 고등교육기관의 과장이 심하다. Tressie McMillan Cottom의 탁월한 저서 *Lower Ed: The Troubling Rise of For-Profit Colleges in the New Economy*를 참고할 것.

** Cathy Davidson은 *The New Education: How to Revolutionize the University to Prepare Students for a World in Flux*에서 '이 복잡한 세계에서도 인간됨을 유지하는 능력'이 곧 '업무 능력'이라고 말한다. 또한 무상 대학 교육의 필요성을 주장하기도 한다.

에서 곧 룸메이트가 될 친구의 편지가 도착해 있었다. 그 편지에는 그녀의 이름(케이트)과 전화번호 및 집 주소가 쓰여 있어, 내가 원하면 그녀에게 곧바로 연락을 취할 수 있었다. 나는 설레는 마음으로 책상에 앉아 답장을 썼다. 나는 대학 생활을 새로운 출발로 보았다. 동질적이고 지엽적인 교육에서 벗어나, 다양한 사람과 다양한 생각을 만나고 다양한 것을 경험하는 흥미진진한 새로운 세계에 들어서는 것이라 믿었다. 나는 답장에서 그런 생각을 분명히 밝혔다. 사회 활동에 참여하고, 대학의 전위적 연극반에 가입하고 싶다고 말했고, 무신론자이고 SF 소설과 판타지 소설을 좋아하며, 헤비메탈 음악을 좋아하지만 운동은 지독히 싫어한다고도 말했다.

며칠 후, 그 미래의 룸메이트는 내 답장을 읽고 엄마의 어깨에 기대 한 시간을 울었다. 당시 그녀는 보수적인 기독교인이었고 치어리더였으며, 대중적인 음악과 소설을 좋아하는 평범한 소녀였다. 게다가 그녀가 전공하려는 과목은 체육 교육이었다.

케이트는 마음을 열고 어머니와 오랫동안 대화한 후에 나에게 전화를 걸었다. 그녀의 목소리는 자상하고 따뜻하게 들렸지만, 우리 둘이 한 방을 사용하는 것에 관련한 질문들에 나는 당황하지 않을 수 없었다. 예컨대 케이트는 나에게 다림질에 사용할 증류수를 가져올 것인지, 나에게 좋은 다리미가 있는지 그렇지 않으면 그녀의 것을 가져가야 하는지를 물었다. 침실에서 전화를 받던 내 눈에는 바닥에 나뒹구는 구겨진 셔츠, 동물의 권리를 주장하는 구호가 쓰인 티셔츠가 들어왔다. 솔직히 말해서, 뭐라고 대답해야 할지 몰랐다.

케이트는 나에게 신발장을 가져올 것인지도 물었다. 나는 바닥에 널브러진 운동화를 보고는 "아니"라고 대답했다. 더구나 그때 나에게는 신발장이란 것이 없었다. 하기야 착한 친구가 고등학생 시절의 애인과 헤어지게 되었다고 방에 틀어박혀 몇 시간이고 훌쩍거린다면 좋을 것이 있겠는가? 나는 한숨이 저절로 나왔다.

여하튼 처음에 우리 관계는 그다지 원만하지 않았다. 케이트와 나는 서로 알아가고, 겉으로는 많이 다르지만 속으로는 많은 공통점이 있다는 걸 깨닫는 데 상당한 시간이 걸렸다. 둘 다 세상 물정을 모르는 멍텅구리였고, 가족과 지나칠 정도로 가까웠으며 글 쓰는 걸 좋아했다. 게다가 그즈음 '재기드 리틀 필'을 발표한 캐나다 가수 앨라니스 모리셋Alanis Morissette을 똑같이 좋아하는 것도 알았고, 텔레비전 드라마 〈파티 오브 파이브〉에 등장하는 인물들의 익살스런 행동에도 함께 흠뻑 빠져들었다. 수년 후 나는 케이트를 내 결혼식에 초대했고, 그 드라마의 주제곡에 맞춰 함께 춤을 추었다.

케이트와 나는 둘의 차이가 각자의 부족한 부분을 보완한다는 것도 알게 되었다. 케이트의 명랑하고 외향적인 성격이 나를 내향적인 껍데기 밖으로 끌어냈다. 내가 혼자 자신 있게 나서지 않으면 케이트가 내 등을 떠밀며 열렬히 응원해주었다. 나는 그때까지 운동이라곤 해본 적이 없었지만 케이트가 나를 체육관에 끌고 갔고, 결국에는 케이트의 설득을 받아들여 에어로빅 강의를 신청했고, 나중에는 조깅까지 시작하게 되었다.

케이트가 또래에 비해 남달리 강하고 회복탄력성이 뛰어나다는 걸 알게 되는 데는 오랜 시간이 걸리지 않았다. 케이트는 고등학교 시절에 아버지를 암으로 잃었다. 대학을 다닐 때도 케이트는 다발성 경화증으로 고생하는 어머니를 돌봐야 했다. 따라서 주말이면 고향에 돌아가 건강보험회사와 싸웠고, 당시 고등학생이던 남동생을 대신해 집을 청소하고 장을 봤다. 3학년이었을 때 어느 날, 우리는 그녀의 어머니가 사망했다는 소식에 아침 일찍 잠에서 깨야 했다. 나는 케이트가 상실감을 딛고 일어나 결혼해서 멋진 딸을 키워내고, 이혼하고는 다시 사랑을 찾고, 두 번의 유방암 수술을 견뎌내는 걸 지켜보았다. 케이트는 새롭게 만난 사랑과 바닷가에서 결혼식을 치렀다. 당시 케이트는 세 번째 항암 치료를 받고 있었지만 어깨끈이 없는 웨딩드레스를 입은 채 남동생 밴드의 연주에 맞춰 브레이크댄스를 추었다. 나는 그 모습을 보며 눈물을 감출 수 없었다. 적어도 내 눈에는 인간이 보여줄 수 있는 가장 아름답고 긍정적이며 활기찬 모습이었다.

케이트는 결국 암으로 세상을 떠났다. 그녀가 세상을 떠나기 며칠 전, 나는 케이트를 방문했다. 케이트는 의식이 오락가락했다. 나는 케이트에게 "지금껏 내가 만나본 사람 중에는 네가 최고야! 정말이야"라고 말했다.

케이트는 정말 내가 사랑한 친구 중 한 명이었다. 뜻밖에도 룸메이트가 되지 않았더라면 우리는 결코 친구가 되지 못했을 것이다. 이름들을 섞어 무작위로 룸메이트를 짝지워주는 보스턴 대학교의 시스템이 없었더라면, 우리는 서로의 차이를 메워가며 서로 사랑하고 존중하는 마음을 키워가지 못했을 것이고, 다른 생각과 삶의 방식을 만나지도 못했을 것이다. 그랬더라면 훨씬 더 각박하게 살았을 것이다.

다양한 사람들을 찾아 나서고 그들과 교류하라.

진영에서 빠져나와, 다른 사람들과 관계를 맺어보라.

◯ 감사의 글

이 책에서는 우리가 하이브 마인드로 움직인다는 주장을 여러 관점에서 살펴보았다. 그중 가장 설득력 있게 와닿은 증거는 당신이 지금 손에 들고 있는 이 책이다. 이 책에 담긴 모든 생각과 주장은 많은 사람이 힘을 합한 집단 노력의 결실이다.

먼저 내 저작권 대리인, 다이스텔-고드리치-부렛 유한책임회사의 제시카 패핀과 교열을 맡아준 레아 밀러에게 고맙다는 말을 전하고 싶다. 제시카는 오래전 눈이 펑펑 내리던 오후에 내 제안서를 꼼꼼히 읽고는 내게 기회를 주기로 결정했고, 출판사를 선정하고 책을 제작하는 단계마다 능숙하게 대처하고 뛰어난 유머감각을 발휘하며 나를 올바른 길로 안내했다.

레아 밀러가 전 과정에서 놀라운 교열 솜씨를 보여주지 않았더라면 이 책은 완전히 다른 책이 되었을 것이다. 이 책에서 특히 눈에 띄는 몇몇 표현은 내 것이 아니라 레아의 것이다. 레아는 이야기의 핵심을 짚어내는 데서 나보다 나았고, 그 결과를 책에 반영하는 데 도움을 주었다. 나에게 노골적으로 논쟁적인 글을 쓰도록 강요하지 않고 미묘한 차이와 복잡성을 고려하도록 유도한 부분에서 특히 감사하고 싶다.

내가 이 책을 쓰기 위해 인터뷰한 전문가들은 너그럽게도 소중한 시간과 지식을 나누어주었다. 댄 콜론, 킴벌리 노리스 러셀, 패트릭 클라킨, 라파인 래너, 테리 클라크, 켈리 베이커, 은남디 폴, 크리스텔 라발리, 앤 콜리어, 키스 매덕스, 헤더 어리, 캐시 포먼에게 깊이 감사한다. 그들은 나에게 가장 소중한 자원인 시간을 기꺼이 할애해주었다. 온라인과 오프라인에서 나와 아무런 인연도 없었지만 느닷없는 부탁에도 흔쾌히 응하며 그때까지 쌓은 지식을 아낌없이 나누어준 전문가들에게 특히 감사한다.

두 글쓰기 집단에게도 큰 은혜를 입었다. 하나는 정기적으로 공동 명의로 글을 쓰는 즐거움을 나누었던 키스 매덕스와 아이아나 토머스와 헤더 어리이다. 다른 하나는 마이크 랜드와 짐 랭이다. 그들은 이 책의 많은 부분을 읽는 수고를 아끼지 않았다. 특히 마이크는 SF소설과 관련된 부분에 대한 조언을 해주었고, 짐은 내가 머릿속에 맴도는 생각을 선적으로 펼쳐내는 데 큰 도움을 주었다.

물론 가족에게도 감사의 말을 전하고 싶다. 부모님 로즈메리와 윌리엄 캐버너는 나에게 가장 중요한 집단, 즉 가족이란 집단을 만들어주었고, 평생 사랑으로 나를 응원해주었다. 남동생 앤디와 댄은 내가 글을 쓴다고 징징대며 나를 힘들게 하지 않고 묵묵히 기다려주었다. 나에게 가장 중요한 타자이며 형이상적인 동반자로, 이혼한 후에도 아버지의 역할을 해내는 브라이언 챈들리는 내가 이 책을 완성할 수 있도록 시간과 공간을 마련해주었다. 내 딸, 노엘 마저리 챈들리는 초자연적인 연애소설을 작업하는 와중에도 내 글을 부분적으로 읽어주는 아량을 보여주었다. 이 책에서 가끔 등장하는 사촌 누이 엘리자베스 제인 캐버너와 올케 캐시 크리벨리는 내 곁에서 여러모로 많은 도움을 주었다. 내가 어렸을 때부터 역할 모델로 삼았던 숙모이며 대모인 디어드러 캐버너는 자신의 생각을 숨김없이 전해주고, 개인적으로 아끼는 아름다운 작품까지 이 책의 앞에 싣는 걸 허락해주었다.

엘리자베스 캐버너, 로라 필립, 줄리 사전트와 캐슬린 사전트에게도 감사한다. 그들이 없다면 삶이 지금처럼 신나지는 않을 것이다. 그들은 내가 유연하게 생각하고 행동하도록 도와주었고, 삶의 여정을 함께한 그들에게 감사할 따름이다.

내 학생들에게도 감사하고 싶다. 가르치는 것은 내가 세상에서 가장 좋아하는 것이고, 나에게 주어진 커다란 특권이라 생각한다. 가르칠 때 나는 머리를 열고 생각을 마음껏 펼칠 수 있기 때문이다. 나는 학생들에게 많은 것을 배웠다. 특히 이 책을 쓰는 데 도움을 주었던 학생들, 케이틀린 듀셋, 루크 구스타브슨, 줄리 머천트, 타이숀 톰스에게 감사하고 싶다. 무엇보다 나에게 논문 지도를 받은 첫 학생이던 에린 피츠제럴드와 라이언 글로디에게 특별히 감사한다. 그들이 어엿한 학자로 성장한 것이 자랑스럽다.

끝으로 트위터에도 감사하고 싶다. 많은 사람이 그렇듯이 나도 트위터를 간혹 원망하고 짜증스럽게 생각하지만, 여전히 트위터를 사랑한다. 적어도 이 책의 절반은 내가 트위터를 통해 찾아낸 저자들의 논문과 저서 및 그들과의 대화를 기초로 쓰인 것이다.

⬡ 주

서문

1   Alan C. Kerckhoff and Kurt W. Back, The June Bug: A Study of Hysterical Contagion (New York: Appleton-Century-Crofts, 1968).

2   Elaine Showalter, "Scratching the Bin Laden Itch," New Statesman 131, no. 717 (2002): 12-13.

3   Susan Dominus, "What Happened to the Girls in Le Roy." The New York Times Magazine, 2012년 3월 7일.

4   Jenna L. Clark, Sara B. Algoe, and Melanie C. Green, "Social Network Sites and Well-Being: The Role of Social Connection." Current Directions in Psychological Science 27, no. 1 (2018): 32-37.

5   Charles Horton Cooley, Human Nature and the Social Order (Abingdon-on-Thames, UK: Routledge, 2017).

6   Kelly J. Baker, The Zombies Are Coming!: The Realities of the Zombie Apocalypse in American Culture (New York: RosettaBooks, 2013).

7   Tressie McMillan Cottom, "In an Age of Wicked Problems, Beware of Simple Solutions," Huffington Post (2018).

01. 하이브 마인드에 오신 것을 환영합니다

1   1. E. J. Masicampo, "Conscious Thought Does Not Guide Moment-to-Moment Actions—It Serves Social and Cultural Functions," Frontiers in Psychology 2013: 1-5.

2   Jonathan Haidt, The Righteous Mind: Why Good People Are Divided by

Politics and Religion (New York: Vintage, 2012).

3   Christian Von Scheve and Sven Ismer, "Towards a Theory of Collective Emotions," Emotion Review 5, no. 4 (2013): 406-413.

4   Margaret Thaler Singer, and Janja Lalich, Cults in Our Midst (San Francisco: Jossey-Bass, 1995).

5   Sandra Manninen et al. "Social Laughter Triggers Endogenous Opioid Release in Humans." Journal of Neuroscience 37, no. 25 (2017): 6125-6131.

6   Ruth Feldman, "The Neurobiology of Human Attachments," Trends in Cognitive Sciences 21, no. 2 (2017): 80-99.

7   Carsten K. W. De Dreu, Lindred L. Greer, Gerben A. Van Kleef, Shaul Shalvi, and Michel J. J. Handgraaf. "Oxytocin Promotes Human Ethnocentrism," Proceedings of the National Academy of Sciences 108, no. 4 (2011): 1262-1266.

8   Weihua Zhao, Shuxia Yao, Qin Li, Yayuan Geng, Xiaole Ma, Lizhu Luo, Lei Xu, and Keith M. Kendrick, "Oxytocin Blurs the Self-Other Distinction During Trait Judgments and Reduces Medial Prefrontal Cortex Responses," Human Brain Mapping 37, no. 7 (2016): 2512-2527.

9   Miho Nagasawa, Shouhei Mitsui, Shiori En, Nobuyo Ohtani, Mitsuaki Ohta, Yasuo Sakuma, Tatsushi Onaka, Kazutaka Mogi, and Takefumi Kikusui, "Oxytocin-Gaze Positive Loop and the Coevolution of Human-Dog Bonds," Science 348, no. 6232 (2015): 333-336.

10 Giacomo Rizzolatti, Luciano Fadiga, Léonardo Fogassi, and Vittorio Gallese, "Resonance Behaviors and Mirror Neurons," Archives Italiennes de Biologie 137, no. 2 (1999): 85-100.

11 Giacomo Rizzolatti and Laila Craighero, "The Mirror- Neuron System," Annual Review of Neuroscience 27 (2004): 169-192.

12 V. S. Ramachandran, The Tell-Tale Brain (New York: W. W. Norton & Company, 2011).

13 이에 대한 내용의 대부분은 내가 신경과학자 James Coan을 인터뷰한 내용과(5장 참고), 그의 Circle of Willis가 팟캐스트에서 Marco Iacoboni를 인터뷰한 내용에 근

거해 쓴 것이다.

14 Marco Iacoboni, Roger P. Woods, Marcel Brass, Harold Bekkering, John C. Mazziotta, and Giacomo Rizzolatti, "Cortical Mechanisms of Human Imitation," Science 286, no. 5449 (1999): 2526-2528.

15 Simone G. Shamay-Tsoory, Nira Saporta, Inbar Z. Marton-Alper, and Hila Z. Gvirts, "Herding Brains: A Core Neural Mechanism for Social Alignment," Trends in Cognitive Sciences 23, no. 3 (2019): 174-186.

16 Elaine Hatfield, John T. Cacioppo, and Richard L. Rapson, "Primitive Emotional Contagion," Review of Personality and Social Psychology 14 (1992): 151-177.

17 Christian Von Scheve and Sven Ismer, "Towards a Theory of Collective Emotions," Emotion Review 5, no. 4 (2013): 406-413.

18 Lauri Nummenmaa, Juha Lahnakoski, and Enrico Glerean, "Sharing the Social World via Intersubject Neural Synchronization," Current Opinion in Psychology (2018).

19 M. Tomasello, The Natural History of Human Thinking (Cambridge, MA: Harvard University Press. 2014).

20 Richard Dawkins, The Selfish Gene (30th Anniversary Edition— with a New Introduction by the Author) (New York: Oxford University Press, 2006).

21 L. Coviello, Y. Sohn, A. D. I. Kramer, et al., "Detecting Emotional Contagion in Massive Social Networks," PLOS ONE 9, no. 3: e90315-e90316, doi: 10.1371/journal.pone.0090315.

22 Adam D. I. Kramer, Jamie E. Guillory, and Jeffrey T. Hancock, "Experimental Evidence of Massive-Scale Emotional Contagion Through Social Networks," Proceedings of the National Academy of Sciences 111, no. 24 (2014): 8788-8790.

23 Y-R Lin and D. Margolin, "The Ripple of Fear, Sympathy and Solidarity During the Boston Bombings," EPJ Data Science 3, no. 1 (2014): 1-28, doi:10.1140/epjds/s13688-014-0031-z.

24 G. Shteynberg, J. B. Hirsh, E. P. Apfelbaum, J. T. Larsen, A. D. Galinsky, N. J. Roese, "Feeling More Together: Group Attention Intensifies Emotion," Emotion 14, no. 6 (2014): 1102-1114, doi:10.1037/a0037697.

25 John Brownlee, "This Massive Twitter Brain Visualized the News of David Bowie's Death in Real Time," Fast Company, February 2016.

26 Jasper H. B. de Groot, Monique A. M. Smeets, Annemarie Kaldewaij, Maarten J. A. Duijndam, and Gün R. Semin, "Chemosignals Communicate Human Emotions," Psychological Science 23, no. 11 (2012): 1417-1424.

27 Jasper H. B. de Groot, Gün R. Semin, and Monique A. M. Smeets, "I Can See, Hear, and Smell Your Fear: Comparing Olfactory and Audiovisual Media in Fear Communication," Journal of Experimental Psychology: General 143, no. 2 (2014): 825.

28 J. H. B. de Groot, M. A. M. Smeets, M. J. Rowson, et al. "A Sniff of Happiness." Psychological Science 26, no. 6 (2015): 684-700, doi: 10.1177/0956797614566318.

02. 우리 자아는 허구

1   D. R. Johnson, B. L. Huffman, and D. M. Jasper, "Changing Race Boundary Perception by Reading Narrative Fiction," Basic and Applied Social Psychology 36, no. 1 (2014): 83-90, doi:10.1080/01973533.2013.856791.

2   Maria Eugenia Panero, Deena Skolnick Weisberg, Jessica Black, Thalia R. Goldstein, Jennifer L. Barnes, Hiram Brownell, and Ellen Winner, "Does Reading a Single Passage of Literary Fiction Really Improve Theory of Mind? An Attempt at Replication," Journal of Personality and Social Psychology 111, no. 5 (2016): e46.

3   Panero, et al., "Does Reading a Single," e46.

4   Joe O'Connor, "Shark Phobia: The Memory of Jaws Continues to Scare

Swimmers Away from the Ocean," National Post, 2013.

5   Daniel Kahneman, "Maps of Bounded Rationality: Psychology for Behavioral Economics," American Economic Review 93, no. 5 (2003): 1449- 1475.

6   World Health Organization, Eliminating Virginity Testing: An Interagency Statement, no. WHO/RHR/18.15, World Health Organization, 2018.

7   Elizabeth Levy Paluck, "What's in a Norm? Sources and Processes of Norm Change," Journal of Personality and Social Psychology (2009): 594.

8   Michael Tomasello, A Natural History of Human Morality (Cambridge, MA: Harvard University Press, 2016).

9   Tomasello, A Natural History.

10 Matthew D. Lieberman, Social: Why Our Brains Are Wired to Connect (Oxford University Press, 2013).

11 Lieberman, Social.

12 D. Centola, J. Becker, D. Brackbill, and A. Baronchelli, "Experimental Evidence for Tipping Points in Social Convention," Science 360 (2018) (6393): 1116-1119.

13 E. Yong, "The Tipping Point when Minority Views Take Over" Atlantic, June 2018.

14 Yong, "The Tipping Point."

15 R. B. Cialdini, L. J. Demaine, B. J. Sagarin, D. W. Barrett, K. Rhoads, and P. L. Winter, "Managing Social Norms for Persuasive Impact," Social Influence 1, no. 1 (2006): 3-15, doi:10.1080/15534510500181459.

16 R. Schank and R. Abelson, Knowledge and Memory: The Real Story, lead article in Knowledge and Memory: The Real Story, edited by Robert S. Wyer, Jr. (Hillsdale, NJ: Lawrence Erlbaum Associates, 1995).

17 Brian A. Nosek, Frederick L. Smyth, Jeffrey J. Hansen, Thierry Devos, Nicole M. Lindner, Kate A. Ranganath, Colin Tucker Smith, et al., "Pervasiveness and Correlates of Implicit Attitudes and Stereotypes," European Review of

Social Psychology 18, no. 1 (2007).

18 Denise Sekaquaptewa, Penelope Espinoza, Mischa Thompson, Patrick Vargas, and William von Hippel, "Stereotypic Explanatory Bias: Implicit Stereotyping as a Predictor of Discrimination," Journal of Experimental Social Psychology 39, no. 1 (2003): 75-82.

19 D. Smith, P. Schlaepfer, K. Major, et al., "Cooperation and the Evolution of Hunter-Gatherer Storytelling," Nature Communications 8, no. 1 (2017): 1-9.

20 E. Giugni, R. Vadalà, and C. De Vincentiis, "The Brain's Default Mode Network: A Mind 'Sentinel' Role?" Functional Neurology 25, no. 4 (2010): 189.

21 Diana I. Tamir, Andrew B. Bricker, David Dodell-Feder, and Jason P. Mitchell, "Reading Fiction and Reading Minds: The Role of Simulation in the Default Network," Social Cognitive and Affective Neuroscience 11, no. 2 (2015): 215-224.

22 Véronique Boulenger, Olaf Hauk, and Friedemann Pulvermüller, "Grasping Ideas with the Motor System: Semantic Somatotopy in Idiom Comprehension," Cerebral Cortex 19, no. 8 (2008): 1905-1914; Simon Lacey, Randall Stilla, and Krish Sathian, "Metaphorically Feeling: Comprehending Textural Metaphors Activates Somatosensory Cortex," Brain and Language 120, no. 3 (2012): 416-421.

23 Scherer, Klaus R., Angela Schorr, and Tom Johnstone, eds. Appraisal Processes in Emotion: Theory, Methods, Research (Oxford University Press, 2001).

03. 진영의 문턱

1 David Foster Wallace, This Is Water: Some Thoughts, Delivered on a Significant Occasion, About Living a Compassionate Life (London: Hachette, 2009).

2 J. Warner, "A Million Thoughts on 'The Coddling of the American Mind,' " Inside Higher Education, 2019년 9월.

3   Sara Goldrick-Rab, Paying the Price: College Costs, Financial Aid, and the Betrayal of the American Dream (Chicago: University of Chicago Press, 2016).

4   Patrick Clarkin, "Thresholds of Inclusion." kevishere, July, 2016.

5   Frans de Waal, Primates and Philosophers: How Morality Evolved (Princeton, NJ: Princeton University Press, 2009).

6   Sasha Y. Kimel, Rowell Huesmann, Jonas R. Kunst, and Eran Halperin, "Living in a Genetic World: How Learning About Interethnic Genetic Similarities and Differences Affects Peace and Conflict," Personality and Social Psychology Bulletin 42, no. 5 (2016): 688-700.

7   Carolyn Parkinson, Adam M. Kleinbaum, and Thalia Wheatley, "Similar Neural Responses Predict Friendship," Nature Communications 9, no. 1 (2018): 332.

8   Janice Chen, Yuan Chang Leong, Christopher J. Honey, Chung H. Yong, Kenneth A. Norman, and Uri Hasson, "Shared Memories Reveal Shared Structure in Neural Activity Across Individuals," Nature Neuroscience 20, no. 1 (2017): 115.

9   L. Munoz, "Shared Neural Activity for Shared Memories," DeepStuff.org, 2017.

10 Lauri Nummenmaa, Enrico Glerean, Mikko Viinikainen, Iiro P. Jääskeläinen, Riitta Hari, and Mikko Sams, "Emotions Promote Social Interaction by Synchronizing Brain Activity Across Individuals," Proceedings of the National Academy of Sciences 109, no. 24 (2012): 9599-9604.

11 Stephen C. Levinson, " Turn-Taking in Human Communication-Origins and Implications for Language Processing," Trends in Cognitive Sciences 20, no. 1 (2016): 6-14.

12 Lauri Nummenmaa, Juha Lahnakoski, and Enrico Glerean, "Sharing the Social World via Intersubject Neural Synchronization," Current Opinion in Psychology (2018).

04. 소셜미디어의 장점과 단점

1 Jenna L. Clark, Sara B. Algoe, and Melanie C. Green, "Social Network Sites and Well-Being: The Role of Social Connection," Current Directions in Psychological Science 27, no. 1 (2018): 32-37.

2 P. Verduyn, O. Ybarra, M. Résibois, J. Jonides, and E. Kross, "Do Social Network Sites Enhance or Undermine Subjective Well-Being? A Critical Review," Social Issues and Policy Review 11, no. 1 (2017): 274-302, doi:10.1111/sipr.12033.

3 Dohyun Ahn and Dong-Hee Shin. "Is the Social Use of Media for Seeking Connectedness or for Avoiding Social Isolation? Mechanisms Underlying Media Use and Subjective Well-Being," Computers in Human Behavior 29, no. 6 (2013): 2453-2462; Eveline Teppers, Koen Luyckx, Theo A. Klimstra, and Luc Goossens, "Loneliness and Facebook Motives in Adolescence: A Longitudinal Inquiry into Directionality of Effect," Journal of Adolescence 37, no. 5 (2014): 691-699.

4 M. K. Burke and R. E. Kraut, "The Relationship Between Facebook Use and Well-Being Depends on Communication Type and Tie Strength," Journal of Computer-Mediated Communication 21, no. 4 (2016): 265-281, doi:10.1111/jcc4.12162.

5 N. B. Ellison, C. Steinfield, and C. Lampe, "The Benefits of Facebook 'Friends': Social Capital and College Students' Use of Online Social Network Sites," Journal of Computer-Mediated Communication 12, no. 4 (2007): 1143-1168, doi:10.1111/j. 1083- 6101.2007.00367.x.

6 Clay Shirky, Here Comes Everybody: The Power of Organizing Without Organizations (New York: Penguin, 2008).

7 David G. Myers and Helmut Lamm. "The Group Polarization Phenomenon," Psychological Bulletin 83, no. 4 (1976): 602.

8 John Suler, "The Online Disinhibition Effect," Cyberpsychology & Behavior 7,

no. 3 (2004): 321-326.

9 John Suler, "The Online Disinhibition Effect," 321-326.

10 L. Rösner and N. C. Kramer, "Verbal Venting in the Social Web: Effects of Anonymity and Group Norms on Aggressive Language Use in Online Comments," Social Media + Society 2, no. 3 (2016).

11 Elias Aboujaoude, Matthew W. Savage, Vladan Starcevic, and Wael O. Salame, "Cyberbullying: Review of an Old Problem Gone Viral," Journal of Adolescent Health 57, no. 1 (2015): 10-18.

12 M. J. Crockett, "Moral Outrage in the Digital Age," Nature Publishing Group 1, no. 11 (2017): 1-3, doi:10.1038/ s41562-017-0213-3.

13 M. J. Crockett, "Moral Outrage," 1-3.

14 M. J. Crockett, "Moral Outrage," 1-3.

15 W. J. Brady, J. A. Wills, J. T. Jost, J. A. Tucker, and J. J. Van Bavel, "Emotion Shapes the Diffusion of Moralized Content in Social Networks," Proceedings of the National Academy of Sciences. 2017;114(28): 7313-7318. doi:10.1073/ pnas.1618923114.

16 T. Sawaoka and B. Monin, "The Paradox of Viral Outrage," Psychological Science 29, no. 10 (2018): 1665–1678, doi:10.1177/0956797618780658.

17 A. Waytz and K. Gray, "Does Online Technology Make Us More or Less Sociable? A Preliminary Review and Call for Research," Perspectives on Psychological Science 13, no. 4 (2018): 473-491, doi:10.1177 /1745691617746509.

05. 자아화와 타자화

1 Charlottesville Critical Incident Review 2017, https://www. policefoundation.org/wp-content/uploads/2017/12/Charlottesville-Critical-Incident-Review-2017.pdf.

2   James A. Coan and David A. Sbarra, "Social Baseline Theory: The Social
    Regulation of Risk and Effort," Current Opinion in Psychology 1 (2015): 87-91.

3   James A. Coan, Hillary S. Schaefer, and Richard J. Davidson, "Lending a
    Hand: Social Regulation of the Neural Response to Threat," Psychological
    Science 17, no. 12 (2006): 1032-1039.

4   Robert B. Zajonc, "Attitudinal Effects of Mere Exposure," Journal of
    Personality and Social Psychology 9, no. 2 pt.2 (1968): 1.

5   A. Waytz and N. Epley, "Social Connection Enables Dehumanization,"
    Journal of Experimental Social Psychology 48, no. 1 (2012): 70-76,
    doi:10.1016/j.jesp.2011.07.012.

6   Jeff Greenberg and Spee Kosloff. "Terror Management Theory: Implications
    for Understanding Prejudice, Stereotyping, Intergroup Conflict, and Political
    Attitudes." Social and Personality Psychology Compass 2, no. 5 (2008): 1881-1894.

7   Barbara Ehrenreich, Dancing in the Streets: A History of Collective Joy (New
    York: Macmillan, 2007)에서 인용.

8   Ehrenreich, Dancing에서 인용.

9   Dr. Robert Jay Lifton The Nazi Doctors: Medical Killing and the Psychology
    of   Genocide (New York: Basic Books, 2017), http://phdn.org/archives/
    holocaust-history.org/lifton/LiftonT021.shtml.

10 Johanna K. Turunen, In the Face of Violence: Identity, Justification and the
    Individual in Rwanda (University of Eastern Finland, 2012).

11 Nour Kteily, Emile Bruneau, Adam Waytz, and Sarah Cotterill, "The Ascent
    of Man: Theoretical and Empirical Evidence for Blatant Dehumanization,"
    Journal of Personality and Social Psychology 109, no. 5 (2015): 901.

12 S. S. Wiltermuth, Synchronous Activity Boosts Compliance with Requests
    to Aggress, Journal of Experimental Social Psychology 48, no. 1 (2012): 453-
    456, doi:10.1016/j.jesp.2011.10.007.

13 S. Wiltermuth, Synchrony and Destructive Obedience, Social Influence 7,

no. 2 (2012): 78-89, doi:10.1080/15534510.2012.658653.

14 M. Cikara and Elizabeth Levy Paluck, "When Going Along Gets You Nowhere and the Upside of Conflict Behaviors," Wiley Online Library 7, no. 8 (2013): 559-571.

15 Elizabeth Levy Paluck and Donald P. Green, "Deference, Dissent, and Dispute Resolution: An Experimental Intervention Using Mass Media to Change Norms and Behavior in Rwanda," American Political Science Review 103, no. 4 (2009): 622-644.

16 Lasana T. Harris and Susan T. Fiske, "Social Groups That Elicit Disgust Are Differentially Processed in mPFC," Social Cognitive and Affective Neuroscience 2, no. 1 (2007): 45–51.

17 Don A. Vaughn, Ricky R. Savjani, Mark S. Cohen, and David M. Eagleman, "Empathic Neural Responses Predict Group Allegiance," Frontiers in Human Neuroscience 12 (2018).

18 Greg Toppo, "Education for All … Even a 'Nazi?'" Inside Higher Education, (September 2018).

19 Orrin Johnson, "Why Free Speech is Society's Immune System," TEDx University of Nevada, February 2018. https://www.youtube .com/ watch?v=o9KzMWdHLhQ.

06. 내부의 적

1 Jesse Walker, The United States of Paranoia: A Conspiracy Theory (New York: Harper, 2013).

2 Kelly J. Baker, The Zombies Are Coming!: The Realities of the Zombie Apocalypse in American Culture, (New York: RosettaBooks, 2013).

3 Kelly J. Baker, Gospel According to the Klan: The KKK's Appeal to Protestant America, 1915-1930 (Lawrence, Kansas: University Press of Kansas, 2011).

4 Janja Lalich, "Cults Today: A New Social-Psychological Perspective," Cult Research (January, 2017).

5 Susan M. Reverby and Henry W. Foster. "Examining Tuskegee: The Infamous Syphilis Study and Its Legacy" Journal of the National Medical Association 102, no. 2 (2010): 148-150.

6 United States Congress, Senate Select Committee on Intelligence, and Stephen Foster, The Project MKULTRA Compendium: The CIA's Program of Research in Behavioral Modification, Lulu.com, 2009.

7 Krishnadev Calamur, "Ferguson Documents: Officer Darren Wilson's Testimony," National Public Radio Online (2014).

8 John M. Curtis and Mimi J. Curtis. "Factors related to Susceptibility and Recruitment by Cults," Psychological Reports 73, no. 2 (1993): 451-460.

9 Michaela Pfundmair, "Ostracism Promotes a Terroristic Mindset," Behavioral Sciences of Terrorism and Political Aggression (2018): 1-15.

10 Michael A. Hogg, Christie Meehan, and Jayne Farquharson, "The Solace of Radicalism: Self-Uncertainty and Group Identification in the Face of Threat," Journal of Experimental Social Psychology 46, no. 6 (2010): 1061-1066.

11 Michael A. Hogg, "From Uncertainty to Extremism: Social Categorization and Identity Processes," Current Directions in Psychological Science 23, no. 5 (2014): 338-342.

12 Lawrence Wright and Morton Sellers, Going Clear: Scientology, Hollywood, and The Prison of Belief (New York: Vintage Books, 2013).

13 Curtis and Curtis, "Factors," 451-460.

14 Latson, Jennifer. "The Jonestown massacre, remembered." TIME, November, 2014.

15 Doris Lessing, Prisons We Choose to Live Inside (Toronto: House of Anansi, 1992).

16 Janja Lalich, Bounded Choice: True Believers and Charismatic Cults (Berkeley: University of California Press, 2004).

17 Michael Barkun, "Conspiracy Theories as Stigmatized Knowledge."

Diogenes (2016): 0392192116669288.

18 Richard Hofstadter, The Paranoid Style in American Politics (New York: Vintage, 2012).

19 Heikki Peltola, Annamari Patja, Pauli Leinikki, Martti Valle, Irja Davidkin, and Mikko Paunio, "No Evidence for Measles, Mumps, and Rubella Vaccine-Associated Inflammatory Bowel Disease or Autism in a 14-Year Prospective Study," Lancet 351, no. 9112 (1998): 1327-1328.

20 Falz Siddiqui and Susan Svrluga, "N.C. Man Told Police He Went to D.C. Pizzeria with Gun to Investigate Conspiracy Theory," Washington Post, December 5, 2016.

21 Tracy Clark-Flory, "Inside the Terrifying, Twisted Online World of Involuntary Celibates," Salon, May 2014.

07. 난도질

1 Lisa M. Shin, Christopher I. Wright, Paul A. Cannistraro, Michelle M. Wedig, Katherine McMullin, Brian Martis, Michael L. Macklin, Natasha B. Lasko, Sarah R. Cavanagh, Terri S. Krangel, Scott P. Orr, Roger K. Pitman, Paul J. Whalen, and Scott L. Rauch, "A Functional Magnetic Resonance Imaging Study of Amygdala and Medial Prefrontal Cortex Responses to Overtly Presented Fearful Faces in Posttraumatic Stress Disorder," Archives of General Psychiatry 62, no. 3 (2005): 273-281.

2 Sarah R. Cavanagh, Lisa M. Shin, Nasser Karamouz, and Scott L. Rauch, "Psychiatric and Emotional Sequelae of Surgical Amputation," Psychosomatics 47, no. 6 (2006): 459-464.

3 Olivia Solon, "Facebook Is Hiring Moderators. But Is the Job Too Gruesome to Handle?" Guardian, 2017.

4 Jonah Engel Bromwich, "Logan Paul, YouTube Star, Says Posting Video of

Dead Body was 'Misguided.' " New York Times, 2018.

5 Yasmeen Serhan, " 'I Don't Want You to Get Shooted,' " Atlantic, June, 2017.

6 Jean M. Twenge, "Have Smartphones Destroyed a Generation?" Atlantic, September 2017.

7 T. Vigen, Spurious Correlations (New York: Hachette Books, 2015).

8 Amy Orben and Andrew K. Przybylski, "The Association Between Adolescent Well-Being and Digital Technology Use," Nature Human Behaviour (2019): 1.

9 Andrew K. Przybylski and Netta Weinstein, "A Large-Scale Test of the Goldilocks Hypothesis: Quantifying the Relations Between Digital-Screen Use and the Mental Well-Being of Adolescents," Psychological Science 28, no. 2 (2017): 204-215.

10 https://twitter.com/JonHaidt/status/1093535204692684800.

11 J. M. Twenge, T. E. Joiner, G. Martin, and M. L. Rogers, "Amount of Time Online Is Problematic If It Displaces Face-to-Face Social Interaction and Sleep," Clinical Psychological Science 6, no. 4 (2018): 456-457.

12 Andrew K. Przybylski, Kou Murayama, Cody R. DeHaan, and Valerie Gladwell, "Motivational, Emotional, and Behavioral Correlates of Fear of Missing Out," Computers in Human Behavior 29, no. 4 (2013): 1841-1848.

13 Jenna L. Clark, Sara B. Algoe, and Melanie C. Green. "Social Network Sites and Well-Being: The Role of Social Connection," Current Directions in Psychological Science 27, no. 1 (2018): 32-37.

14 Anthony Robinson, Aaron Bonnette, Krista Howard, Natalie Ceballos, Stephanie Dailey, Yongmei Lu, and Tom Grimes, "Social Comparisons, Social Media Addiction, and Social Interaction: An Examination of Specific Social Media Behaviors Related to Major Depressive Disorder in a Millennial Population," Journal of Applied Biobehavioral Research (2019): e12158.

15 Robinson et al., "Social Comparisons," e12158.

16 Melissa G. Hunt, Rachel Marx, Courtney Lipson, and Jordyn Young, "No More FOMO: Limiting Social Media Decreases Loneliness and Depression," Journal of Social and Clinical Psychology 37, no. 10 (2018): 751-768; Christina Sagioglou and Tobias Greitemeyer, "Facebook's Emotional Consequences: Why Facebook Causes a Decrease in Mood and Why People Still Use It," Computers in Human Behavior 35 (2014): 359-363.

17 Siva Vaidhyanathan, Antisocial Media: How Facebook Disconnects Us and Undermines Democracy (Oxford University Press, 2018).

18 Robert R. Morris, Stephen M. Schueller, and Rosalind W. Picard, "Efficacy of a Web-Based, Crowdsourced Peer-to-Peer Cognitive Reappraisal Platform for Depression: Randomized Controlled Trial," Journal of Medical Internet Research 17, no. 3 (2015).

19 A. Waytz and K. Gray, "Does Online Technology Make Us More or Less Sociable? A Preliminary Review and Call for Research," Perspectives on Psychological Science 13, no. 4 (2018): 473-491, doi:10.1177/1745691617746509.

20 Vaughan Bell, "Don't Touch That Dial! A History of Media Technology Scares, from the Printing Press to Facebook," Slate, February 15, 2010.

21 Nelli Bowles, "A Dark Consensus About Screens and Kids Begins to Emerge in Silicon Valley," New York Times, October 26, 2018.

08. 워킹 아미그달라

1 danah boyd, It's Complicated: The Social Lives of Networked Teens (New Haven, CT: Yale University Press, 2014).

2 D. Finklehor, "The Internet, Youth Safety and the Problem of 'Juvenoia'" Crimes Against Children Research Center, 2011.

3 Robert M. Sapolsky, Why Zebras Don't Get Ulcers: The Acclaimed Guide to

Stress, Stress-Related Diseases, and Coping-Now, Revised and Updated (New York: Holt Paperbacks, 2004).

4 Sonia Livingstone, Lucyna Kirwil, Cristina Ponte, and Elisabeth Staksrud, In Their Own Words: What Bothers Children Online? (EU Kids Online Network, 2013).

5 Raisa Bruner, "Meet the Teen Who is Pushing for an End to 'Period Poverty,' " TIME, January 9, 2019.

09. 해독제

1 Kevin N. Ochsner and James J. Gross, "Cognitive Emotion Regulation: Insights from Social Cognitive and Affective Neuroscience," Current Directions in Psychological Science 17, no. 2 (2008): 153-158.

2 James J. Gross, "The Extended Process Model of Emotion Regulation: Elaborations, Applications, and Future Directions," Psychological Inquiry 26, no. 1 (2015): 130-137.

3 Sarah R. Cavanagh, Erin J. Fitzgerald, and Heather L. Urry. "Emotion Reactivity and Regulation Are Associated with Psychological Functioning Following the 2011 Earthquake, Tsunami, and Nuclear Crisis in Japan," Emotion 14, no. 2 (2014): 235.

4 Keith B. Maddox, "Perspectives on Racial Phenotypicality Bias," Personality and Social Psychology Review 8, no. 4 (2004): 383-401.

5 Heather L. Urry, "Seeing, Thinking, and Feeling: Emotion-Regulating Effects of Gaze- Directed Cognitive Reappraisal," Emotion 10, no. 1 (2010): 125.

6 Jennifer R. Schultz, Sarah E. Gaither, Heather L. Urry, and Keith B. Maddox, "Reframing Anxiety to Encourage Interracial Interactions," Translational Issues in Psychological Science 1, no. 4 (2015): 392.

7 S. Iyengar, G. Sood, and Y. Lelkes, "Affect, Not Ideology," Public Opinion Quarterly 76, no. 3 (2012): 405-431.

8   Boaz Hameiri, Roni Porat, Daniel Bar-Tal, Atara Bieler, and Eran Halperin, "Paradoxical Thinking as a New Avenue of Intervention to Promote Peace," Proceedings of the National Academy of Sciences 111, no. 30 (2014): 10996-11001.

9   A. Goldenberg, S. Cohen-Chen, J. P. Goyer, C. S. Dweck, J. J. Gross, E. Halperin, "Testing the Impact and Durability of a Group Malleability Intervention in the Context of the Israeli-Palestinian Conflict," Proceedings of the National Academy of Sciences 115, no. 4 (2018): 696-701, doi:10.1073/pnas.1706800115.

10 David Broockman, and Joshua Kalla, "Durably Reducing Transphobia: A Field Experiment on Door-to-Door Canvassing," Science 352, no. 6282 (2016): 220-224.

11 S. Cohen, R. J. Crisp, and E. Halperin, "A New Appraisal-Based Framework Underlying Hope in Conflict Resolution," Emotion Review 9 (2016): 208-214.

12 Joseph Lehman, "A Brief Explanation of the Overton Window," (Mackinac Center for Public Policy, 2012).

13 "FBI: US Hate Crimes Rise for Second Straight Year," BBC, November 13, 2017.

14 Elizabeth Levy Paluck and Michael Suk-Young Chwe, "Confronting Hate Collectively," PS: Political Science & Politics 50, no. 4 (2017): 990-992.

15 Elizabeth Levy Paluck and Donald P. Green, "Deference, Dissent, and Dispute Resolution: An Experimental Intervention Using Mass Media to Change Norms and Behavior in Rwanda," American Political Science Review 103, no. 4 (2009): 622-644.

16 Maanvi Singh, "'Genius Grant' Winner Used a Soap Opera to Prove a Point About Prejudice," NPR, October 2017.

17 http://noelle-neumann.de/scientific-work/spiral-of-silence/.

18 Elizabeth Levy Paluck and Hana Shepherd, "The Salience of Social Referents: A Field Experiment on Collective Norms and Harassment Behavior in a School Social Network," Journal of Personality and Social

Psychology 103, no. 6 (2012): 899.

19 Kevin Munger, "Tweetment Effects on the Tweeted: Experimentally Reducing Racist Harassment," Political Behavior 39, no. 3 (2017): 629-649.

20 Ayn Rand, For the New Intellectual: The Philosophy of Ayn Rand (New York: Penguin, 1963).

21 Ayn Rand and Leonard Peikoff, The Journals of Ayn Rand (New York: Penguin, 1999).

10. 보이지 않는 가죽끈

1 Jenna Woginrich, "What Makes Dogs Different," Orvis, July 2013.

2 Serge Faguet, "How to Biohack Your Intelligence?—?with Everything from Sex to Modafinil to MDMA," Medium.com, 2018.

3 Jonathan Haidt, The Righteous Mind: Why Good People Are Divided by Politics and Religion (New York: Vintage, 2012).

4 Kevin S. Seybold and Peter C. Hill, "The Role of Religion and Spirituality in Mental and Physical Health," Current Directions in Psychological Science 10, no. 1 (2001): 21-24.

5 Jonathan Haidt, The Righteous Mind: Why Good People Are Divided by Politics and Religion (New York: Vintage, 2012).

6 Damaris Graeupner and Alin Coman, "The Dark Side of Meaning-Making: How Social Exclusion Leads to Superstitious Thinking," Journal of Experimental Social Psychology 69 (2017): 218-222.

7 Karen M. Douglas, Robbie M. Sutton, and Aleksandra Cichocka, "The Psychology of Conspiracy Theories," Current Directions in Psychological Science 26, no. 6 (2017): 538-542.

8 Ziad W. Munson, The Making of Pro-Life Activists: How Social Movement Mobilization Works (Chicago: University of Chicago Press, 2010).

9 Jonathan Haidt, J. Patrick Seder, and Selin Kesebir, "Hive Psychology,

Happiness, and Public Policy," Journal of Legal Studies 37, no. S2 (2008): S133-S156.

10 Iris B. Mauss, Maya Tamir, Craig L. Anderson, and Nicole S. Savino, "Can Seeking Happiness Make People Unhappy? Paradoxical Effects of Valuing Happiness," Emotion 11, no. 4 (2011): 807.

11 Gunter, Jen. "Dear Gwyneth Paltrow, I'm a GYN and your vaginal jade eggs are a bad idea," Dr. Jen Gunter, 2017.

12 Julia M. Rohrer, David Richter, Martin Brümmer, Gert G. Wagner, and Stefan C. Schmukle, "Successfully Striving for Happiness: Socially Engaged Pursuits Predict Increases in Life Satisfaction," Psychological Science 29, no. 8 (2018): 1291-1298.

13 S. Nolen-Hoeksema, B. Wisco, and S. Lyubomirsky, "Rethinking Rumination," Perspectives on Psychological Science 3, no. 5 (2008): 400.

14 Kate Pickert, "The Mindful Revolution," TIME, February 3, 2014: 34-48.

15 Mandy Len Catron, "Mixed Feelings: Two Roads Diverged at a Picket Fence," Rumpus, November 19, 2018.

11. 꿀벌의 교훈

1 Sherry Turkle, Alone Together: Why We Expect More from Technology and Less from Each Other (London: Hachette UK, 2017).

2 Moira Burke, Cameron Marlow, and Thomas Lento, "Social Network Activity and Social Well-Being," in Proceedings of the SIGCHI Conference on Human Factors in Computing Systems (ACM, 2010): 1909-1912.

3 Candice Odgers, "Smartphones Are Bad for Some Teens, Not All," Nature, February 21, 2018.

4 http://www.freerangekids.com/.

5 Siva Vaidhyanathan, Antisocial Media: How Facebook Disconnects Us and

Undermines Democracy (Oxford University Press, 2018).

6 Philip Gourevitch, We Wish to Inform You that Tomorrow We Will Be Killed with Our Families vol. 24 (Basingstoke, UK: Pan Macmillan, 2015).

7 Frederick Douglass, "West India Emancipation Speech," 1857년 8월 3일 발표.

8 Charles Horton Cooley, Human Nature and the Social Order (Abingdonon-Thames, UK: Routledge, 2017).

9 Gustave L. Bon, "The Crowd: A Study of the Popular Mind" (1896).

10 Martha C. Nussbaum, The Monarchy of Fear: A Philosopher Looks at Our Political Crisis (Oxford University Press, 2018).

11 Rebecca Solnit, "Hope Is an Embrace of the Unknown," Guardian, July 15, 2016.

12 Dacher Keltner, Deborah H. Gruenfeld, and Cameron Anderson, "Power, Approach, and Inhibition," Psychological Review 110, no. 2 (2003): 265.

13 M. Tamir, B. Q. Ford, M. Gilliam, "Evidence for Utilitarian Motives in Emotion Regulation," Cognition and Emotion (2012): 1-9; J. J Van Bavel, and W. A. Cunningham, "Self-Categorization with a Novel Mixed-Race Group Moderates Automatic Social and Racial Biases," Personality and Social Psychology Bulletin 35, no. 3 (2008): 321-335.

14 Sophia Swinford, "The Curious Feminist History of Queen Bees," Aleteia, 2018.

15 Rudolph P. Byrd, Johnnetta Betsch Cole, and Beverly Guy-Sheftall, I Am Your Sister: Collected and Unpublished Writings of Audre Lorde (New York: Oxford University Press, 2009).

16 https://www.edx.org/course/engagement-time-polarization-davidsonx-davnowxpolarization.

17 Erika Weisz and Jamil Zaki, "Empathy Building Interventions: A Review of Existing Work and Suggestions for Future Directions," in The Oxford Handbook of Compassion Science (Oxford University Press 2017), pp. 205-217.

18 Henry Jenkins, "What Black Panther Can Teach Us About Civic Imagination," Global-e, 2018.

○ 하이브 마인드 추천도서 목록

Alter, Adam. *Irresistible: The Rise of Addictive Technology and the Business of Keeping Us Hooked*. New York: Penguin, 2017.

Atwood, Margaret. *Oryx and Crake*. Vol. 1. Toronto: Vintage Canada, 2010.

Baker, Kelly J. *Gospel According to the Klan: The KKK's Appeal to Protestant America, 1915–1930*. Lawrence, Kansas: University Press of Kansas, 2011.

Baker, K. J. *The Zombies Are Coming!: The Realities of the Zombie Apocalypse in American Culture*. New York: Rosettabooks, 2013.

Bayard, Pierre. *How to Talk About Books You Haven't Read*. New York: Bloomsbury Publishing, 2007.

Bergner, Daniel. *What Do Women Want?: Adventures in the Science of Female Desire*. Edinburgh: Canongate Books, 2013.

Blaffer Hrdy, Sarah. *Mothers and Others: The Evolutionary Origins of Mutual Understanding*. Cambridge: Belknap, 2009.

Bon, Gustave L. *The Crowd: A Study of the Popular Mind*. 1896.

boyd, danah. *It's Complicated: The Social Lives of Networked Teens*. New Haven, CT: Yale University Press, 2014.

Boyle, Greg. *Tattoos on the Heart: The Power of Boundless Compassion*. New York: Simon and Schuster, 2011.

Brooks, Kinitra, Linda D. Addison, and Susana Morris. *Sycorax's Daughters*. San Francisco: Cedar Grove Publishing, 2017.

Catling, Brian. *The Vorrh*. New York: Vintage, 2015.

Catron, Mandy Len. *How to Fall in Love with Anyone: A Memoir in Essays*. New

York: Simon and Schuster, 2017.

Caulfield, Mike. *Web Literacy for Student Fact-Checkers*. Monteal: Pressbooks, 2017.

Christakis, Nicholas A., and James H. Fowler. *Connected: How Your Friends' Friends' Friends Affect Everything You Feel, Think, and Do*. New York: Back Bay Books, 2009.

Cooley, Charles Horton. *Human Nature and the Social Order*. Abingdon-on-Thames, UK: Routledge, 2017.

Cottom, Tressie McMillan. *Lower Ed: The Troubling Rise of For-Profit Colleges in the New Economy*. New York: The New Press, 2017.

Davidson, Cathy N. *The New Education: How to Revolutionize the University to Prepare Students for a World in Flux*. London: Hachette UK, 2017.

DeSteno, David. *Emotional Success: The Power of Gratitude, Compassion, and Pride*. New York: Houghton Mifflin Harcourt, 2018.

Eagleman, David. *Incognito: the Secret Lives of the Brain*. New York: Vintage, 2012.

Ehrenreich, Barbara. *Dancing in the Streets: A History of Collective Joy*. New York: Macmillan, 2007.

Freeman, Jacqueline. *Song of Increase: Listening to the Wisdom of Honeybees for Kinder Beekeeping and a Better World*. Louisville, Co: Sounds True, Inc., 2016.

Gazzaley, Adam, and Larry D. Rosen. *The Distracted Mind: Ancient Brains in a High-Tech World*. Cambridge, MA: MIT Press, 2016.

Goldrick-Rab, Sara. *Paying the Price: College Costs, Financial Aid, and the Betrayal of the American Dream*. Chicago: University of Chicago Press, 2016.

Haidt, Jonathan. *The Righteous Mind: Why Good People Are Divided by Politics and Religion*. New York: Vintage, 2012.

Hare, Brian, and Vanessa Woods. *The Genius of Dogs: How Dogs Are Smarter Than You Think*. New York: Penguin, 2013.

Hari, Johann. *Lost Connections: Uncovering the Real Causes of Depression—and the Unexpected Solutions*. New York: Bloomsbury Publishing, 2018.

Harris, Lasana T. *Invisible Mind: Flexible Social Cognition and Dehumanization*. Cambridge, MA: MIT Press, 2017.

Heitner, Devorah. *Screenwise: Helping Kids Thrive (and Survive) in Their Digital World*. Abingdon-on-Thames, UK: Routledge, 2016.

Hoffer, Eric. *The True Believer: Thoughts on the Nature of Mass Movements*. New York: Mentor, 1961.

Hunt, Lynn Avery. *Inventing Human Rights: A History*. New York: W. W. Norton & Company, 2007.

Junger, Sebastian. *Tribe: On Homecoming and Belonging*. New York: Twelve, 2016.

King, Stephen. *On Writing*. New York: Simon and Schuster, 2002.

Lalich, Janja. *Bounded Choice: True Believers and Charismatic Cults*. Berkeley, CA: University of California Press, 2004.

L'Engle, Madeleine. *A Wrinkle in Time*, 50th anniversary commemorative edition. Vol. 1. New York: Macmillan, 2012.

Lieberman, Matthew D. *Social: Why Our Brains Are Wired to Connect*. Oxford University Press, 2013.

Livingstone, Sonia, and Julian Sefton-Green. *The Class: Living and Learning in the Digital Age*. New York: NYU Press, 2016.

Lukianoff, Greg, and Jonathan Haidt. *The Coddling of the American Mind: How Good Intentions and Bad Ideas Are Setting Up a Generation for Failure*. New York: Penguin, 2018.

Mandel, Emily St. John. *Station Eleven: A Novel*. New York: Vintage, 2014.

Martin, George R. R. *A Game of Thrones*. New York: Bantam, 2011.

McNeill, William H. *Keeping Together in Time*. Cambridge, MA: Harvard University Press, 1997.

Mitchell, David. *The Bone Clocks*. London: Hachette UK, 2014.

Nagoski, Emily. *Come as You Are: The Surprising New Science That Will Transform Your Sex Life*. New York: Simon and Schuster, 2015.

Nussbaum, Martha C. *The Monarchy of Fear: A Philosopher Looks at Our Political Crisis*. Oxford University Press, 2018.

Ramachandran, V. S. *The Tell-Tale Brain*. New York: W. W. Norton & Company 2011.

Rutherford, Adam. *A Brief History of Everyone Who Ever Lived: The Human Story Retold Through Our Genes*. New York: The Experiment, 2018.

Sapolsky, Robert M. *Why Zebras Don't Get Ulcers: The Acclaimed Guide to Stress, Stress-Related Diseases, and Coping—Now Revised and Updated*. New York: Holt Paperbacks, 2004.

Shirky, Clay. *Here Comes Everybody: The Power of Organizing Without Organizations*. New York: Penguin, 2008.

Solnit, Rebecca. *A Paradise Built in Hell: The Extraordinary Communities That Arise in Disaster*. New York: Penguin, 2010.

Sommers, Sam. *Situations Matter: Understanding How Context Transforms Your World*. New York: Riverhead Books, 2012.

Storr, Will. *Selfie: How We Became So Self-Obsessed and What It's Doing to Us*. New York: The Overlook Press, 2018.

Sunstein, Cass R. *#Republic: Divided Democracy in the Age of Social Media*. Princeton, NJ: Princeton University Press, 2018.

Thompson, Clive. *Smarter Than You Think: How Technology Is Changing Our Minds for the Better*. New York: Penguin, 2013.

Tolkien, J. R. R. *The Lord of the Rings: Fellowship of the Ring*. 1954.

Tomasello, Michael. *A Natural History of Human Morality*. Cambridge, MA:

Harvard University Press, 2016.

Tomasello M. A *Natural History of Human Thinking*. Cambridge, MA: Harvard University Press. 2014.

Turkle, Sherry. *Alone Together: Why We Expect More from Technology and Less from Each Other.* London: Hachette UK, 2017. Twenge, Jean M. IGen: Why Today's Super-Connected Kids Are Growing Up Less Rebellious, More Tolerant, Less Happy—and Completely Unprepared for Adulthood—and What That Means for the Rest of Us. New York: Simon and Schuster, 2017.

Vaidhyanathan, Siva. *Antisocial Media: How Facebook Disconnects Us and Undermines Democracy.* Oxford University Press, 2018.

Walker, Jesse. *The United States of Paranoia: A Conspiracy Theory.* New York: Harper, 2013.

Wright, Lawrence, and Morton Sellers. *Going Clear: Scientology, Hollywood, and the Prison of Belief.* New York: Vintage Books, 2013.

Wroblewski, David. *The Story of Edgar Sawtelle.* Toronto: Anchor Canada, 2009.

Yanagihara, Hanya. *A Little Life.* Basingstoke, UK: Pan Macmillan, 2016.

○ 찾아보기